Bänz Friedli

DER HAUSMANN

KOLUMNEN AUS DEM MIGROS-MAGAZIN

hagen**buch**

Für meine Schwester Fränzi.
Du weisst gar nicht, dass du als Hausfrau immer mein Vorbild warst.

ISBN 978-3-9522920-2-0

Bänz Friedli_Texte und Fotos
Wernie Baumeler_Gestaltung
Sam Bieri_Lektorat und Korrektorat
Paco Carrascosa_Umschlagbild

Brunner AG, Kriens_Druck
buch 2000, Zürich / AVA, Affoltern a. A._Vertrieb

Fonts_Life, DIN
Papier_Euroset weiss, FSC-Papierqualität

Die FSC-Zertifizierung soll weltweit die Nachfrage nach Holz steigern, das umweltgerecht, sozialverträglich und nachhaltig erzeugt worden ist.

NUR, DAMIT DAS KLAR IST_ Darf man das? Das eigene Familienleben in der Öffentlichkeit ausbreiten? Nachdem ich meinen ersten Text fürs «Migros-Magazin» abgeliefert hatte, lag ich bang wach. Sollte unser Alltag wirklich zur Soap Opera für zweieinhalb Millionen Leserinnen und Leser werden? Ich wusste, die Druckmaschinen waren angerollt – es gab kein Zurück. Zwar hatte ich seit 1985 Hunderte Kolumnen geschrieben, doch darin gab ich selten Privates preis. Zuletzt hatte ich für «20 Minuten» fremde Sonderlinge beobachtet, die sich in Trams und S-Bahnen tummeln. Und jetzt meine Familie. «Himmel, darf ich das?», fragte ich mich in jener Nacht und am nächsten Tag. Am übernächsten hat Nick Auf der Maur mich gerettet: Das Buch «Nick: A Montreal Life» fiel mir in die Hände.

Nick Auf der Maur? Ich werde Ihnen gleich erklären, wer er war. Seine Eltern verliessen Schwyz 1929 Richtung Kanada, weil sie hier als Käser kein Auskommen hatten. Sohn Nick wurde in Montreal zum Stadtoriginal, als Politiker, der zu unabhängig dachte, um über längere Frist einer Partei angehören zu können, als furchtloser Journalist und als Autor von Kolumnen für den «Montreal Star» und die «Montreal Gazette». Dem Kolumnisten Auf der Maur war nichts heilig. Zuletzt kommentierte er die eigene Krebserkrankung sarkastisch: «Kurt Cobain had a shotgun, and I had cigarettes.» Nach seinem Tod wurde eine Strasse nach ihm benannt, seine 100-jährige Mutter Theresia und seine Tochter Melissa enthüllten das Schild. Ihr habe ich gemailt. Wie sie sich denn gefühlt habe als Kind, wollte ich wissen, wenn in der Zeitung gestanden habe, was zu Hause geschehen war. Melissa Auf der Maur ist nicht nur eine bezaubernde Musikerin, sondern auch ein grossartiger Mensch. Ihre Antwort hat mich ermutigt: «Mein Vater hatte seine ganz eigene Art, mir seine Zuneigung und sein Einverständnis zu zeigen

und mir zu versichern, dass er mich in allem unterstützte, was ich unternahm. Er tat es in seinen Kolumnen. Manchmal war es mir in der Schule schon unangenehm, aber im Grund wusste ich stets: Es ging nur ihn und mich etwas an. Aus jeder Kolumne spürte ich seine Liebe heraus, und ich fand die Texte immer sehr lustig. Mach dir also keine Sorgen, geniess die Zeit mit deinen Kindern! Melissa.»

Nick Auf der Maur (1942–1998), den ich leider nicht gekannt habe, wurde mir so zur Leitfigur. Denn ich teile sein angelsächsisches Verständnis der Kolumne: Sie darf persönliche Ansichten vertreten, sie soll den Alltag reportieren, soll die kleine Welt schildern, um die grosse zu deuten, doch sie bleibt stets eine journalistische Disziplin. Also muss sie wahrheitsgetreu sein. Wenn es denn Slam Poetry gibt, dann ist dies vielleicht Slam Journalism. Aber auch als Hausmann bleibe ich Journalist: Erfinden geht nicht. Jetzt kommt in der Stadt halt manchmal ein Grosi auf uns zu, schaut mich an, dann Hans, und sagt – was er nicht so lustig findet – zu ihm: «Dänn bisch du also d Anna Luna.» Er trägt drum die Haare ein bisschen lang. So lang wie dem Kaspar seine sollen sie werden, aber das ist eine andere Geschichte.

Oft werde ich gefragt: «Aber, gäu, der Seich, den du schreibst, stimmt nicht?» Doch, der Seich stimmt, das ist ja das Wahnsinnige.

Alles, was in diesem Buch steht, ist wahr. Aber nicht alles, was wahr ist, steht in diesem Buch. Die heiligen Familienmomente behalten wir für uns. Das darf man.

Zürich, 30. Oktober 2007_Bänz Friedli

Melissa Auf der Maur war Bassistin bei Hole und The Smashing Pumpkins, jetzt hat sie eine eigene Band, und die heisst schlicht Auf der Maur.

HAUSMANN NENNEN SICH VIELE_Vorwort

von Bernhard Giger, Vater eines 19-jährigen Sohnes, Filmemacher und Autor in Bern._
Hausmann nennen sich viele. Es tönt so progressiv. Die Realität ist anders: Der Anteil jener Männer, die mindestens die Hälfte der Hausarbeit erledigen, liegt im Promillebereich. Bänz Friedli gibt dieser Minderheit in der auflagestärksten Schweizer Zeitung – über 2,3 Millionen Leserinnen und Leser – wöchentlich eine Stimme. Eine stolze Plattform für eine Splittergruppe.

Eine Splittergruppe? «Am liebsten würde ich mich ja Hausfrau nennen», gesteht Friedli in der ersten Zeile der ersten «Hausmann»-Kolumne. Warum nicht, so, wie er anpackt. Reisst einen Staubsaugersack auf, um nach dem Barbie-Schuh zu suchen, den er zuvor aufgesaugt hat. Kann kaum warten, die neue Telefonliste von Tochter Anna Luna zu laminieren, und fährt mit Sohn Hans noch vor dessen erstem Schultag an die Tellspiele nach Interlaken. Kauft keine Erdbeeren zur falschen Jahreszeit und steckt ein zweites Figürchen in den Dreikönigskuchen. Bänz Friedli ist ein Vorbild von einer Mutter und Hausfrau, beinahe SVP-kompatibel. Als Mann in der gleichen Rolle hingegen ist er ein Exot.

Gewiss, er geniesst die Rolle. Ist gern ein bisschen Hahn im Korb, mal still bewundert, mal ungläubig begafft. Er hat kein Problem, kokettiert eher charmant damit, wenn andere ihn Bünzli schelten. Tapfer steht er zu seinen Birkenstöcken, genüsslich zelebriert er seine Poliermanie. Der einstmals «jüngste Gemeinderat der Schweiz», als 1.-August-Redner vor vielen Jahren noch ein Bürgerschreck, nähert sich der Mitte, mischt sich unter die Mehrheit. Er weiss sich verstanden, wenn er von den Schrunden an den Fingerkuppen im Winter schreibt, er ist nicht allein, wenn er über teure Skiferien mit Familie in Graubünden stöhnt. Auch wenn er austeilt – spitz wie eh und je in seinen

Kolumnen –, ist sein Alltag als Hausmann und Vater Ausgangspunkt: Wenn er sich ausmalt, wie viel er verdienen könnte, würde er seinen Zeitaufwand beim Zusammensetzen eines Lego-U-Boots nach den Ansätzen von Banker Joe Ackermann berechnen. Wenn er sich von SVP-Präsident Maurer beleidigt fühlt, als der die angebliche Verwahrlosung der Jungen darauf zurückführt, dass Mütter ihre Kinder fremdbetreuen lassen.

Selbst Fussball ist Familiensache. Anna Luna spielt bei den E-Juniorinnen, der Vater feuert sie am Spielfeldrand viel zu laut an, geht mit ins Trainingslager und sagt dem Coach der Mädchen nach einem unglücklich verlorenen Spiel «Merci». Zum Abschluss der WM trägt die Tochter den blauen Italiendress, den ihr der Vater – schon Wochen im Voraus überzeugt von Italiens Sieg – früh besorgt, den sie aber lange verschmäht hatte.

Hausmann Friedli ist nicht, wie man vielleicht meinen könnte, eine fiktive Figur. Bänz Friedli überhöht und macht aus der Normalität Welttheater, aber was er erzählt, ist authentisch. Das kann komisch und absurd sein, berührend oder bitter, melancholisch und sanft, immer aber ist es Alltag. Die «Hausmann»-Kolumnen sind gerade deshalb vergnüglich, weil sie Vertrautes und selber Erlebtes liebevoll lästernd neu und oft überraschend auf den Punkt bringen. Was sie von tausend gleichen Familiengeschichten unterscheidet, ist die etwas verschobene Rollenverteilung: Schweizer Alltag, andere Besetzung.

Adam aus Kongo, Spielkamerad von Hans aus dem Kindergarten, kann nicht begreifen, dass der Papa seines Freundes Wäsche zusammenlegt. Bei ihm daheim machen das Mutter und Schwester. Was Adam nicht wissen kann: Auch in der Schweiz ist das nicht normal. Aber vielleicht wird jetzt alles anders: Es muss, liest man Bänz Friedlis Wochenrapporte, bei aller Aufregung und Schlaflosigkeit die normalste Sache der Welt sein, wenn der Mann die Hausfrau ist.

ZMORGE_Frühstück

DESPERATE HOUSEMAN_ Am liebsten würde ich mich ja Hausfrau nennen. Hausfrau ist eine anständige Berufsbezeichnung. Hausmann hingegen klingt mir zu sehr nach roter Brille mit runden Gläsern, nach gestreifter Latzhose, Birkenstöcken, Liegefahrrad und «Isch guet, hei mir drüber gredt». Nach Achtzigerjahre halt. Räucherstäbchen und so. Und nach Hodenbaden. Es gab damals tatsächlich Männer, die trafen sich in Männergruppen, um gemeinsam ihre Hodensäcke in warmem Wasser zu baden. Die ideale Temperatur für die Samenproduktion, liest man auf einschlägigen Websites, liegt nämlich zwei Grad unter der Körpertemperatur, daher hängen die Hoden ja schön exponiert im Sack. Durch regelmässiges Hodenbaden erhofften diese Softies sich Unfruchtbarkeit. Im Fachjargon hiess das: die thermische Verhütung.

Und weil die gar nichts verhütete, haben sie heute alle Familie. Aber Obacht, die Zeiten ändern sich, Teilzeitarbeit liegt für den zum Mann von heute gereiften Frauenversteher von gestern nicht mehr drin. Nach dem Motto: Man möchte ja schon, aber die Bude erlaubts nicht. Karriere geht vor. Und einer muss ja die Kohle anbaggern, gell, Schatz?

Also machen die Frauen der einstigen Männergruppenhodenbader den Job daheim am Herd. In neun von zehn Schweizer Haushalten schmeisst die Frau den Laden allein. Nur ist einigen die Bezeichnung Hausfrau zu bieder. Sie nennen sich deshalb Familienfrau. Wenn ich das Wort höre, sehe ich schampar engagierte Kandidatinnen fürs Gemeindeparlament vor mir, «Grüne Ortsgruppe», «Kritische WählerInnen», «Offene Liste». Familienmann? Keine Bezeichnung für mich. Die freisinnige Variante heisst übrigens Familienmanager. Passt mir auch nicht. Schon eher «Desperate Houseman».

Heute Morgen zum Beispiel: Den Stossdämpfer geflickt, der die Kehrichtschublade am Zuschletzen hindert. Geflucht. Online die Wohnungsmiete bezahlt. Dem Nachbarstöchterchen zugeredet wie einer kranken Kuh, es möge bei dieser Kälte doch bitte nicht barfuss auf dem Balkon rumstehen. In der Drogerie Filzstiftentferner besorgt. Hosen geblätzt. Zuckerfreien Bio-Eistee aufgegossen.

Und noch rasch Hausmannskost gekocht: Nüdeli, Rindsgeschnetzeltes an einer Champignonsauce, gedämpften Broccoli, Saisonsalat.

Klingt nach Eigenlob, ich weiss. Das ist ja das Problem: Der Anteil Männer, die mindestens die Hälfte der Hausarbeit erledigen, liegt bei 0,6 Prozent, es gibt also Hunderttausende Hausfrauen, pardon: Familienmanagerinnen, in der Schweiz, die still und leise ihre Büez verrichten. Nur wir Typen meinen, wir müssten damit auch noch in der Zeitung rumprahlen.

Isch guet, hei mir drüber gredt_Gut, dass wir darüber gesprochen haben.

SIBE CHUGELRUNDI SÖI_ Wieder vibrierts in meiner Hose. Jetzt darf ich mir auf gar keinen Fall etwas anmerken lassen. Um mich herum sitzen sie alle auf ihren Stühlchen an ihren Pültchen, blättern interessiert in der «Tobi-Fibel», dem Lehrbuch für das erste Lesealter, schauen sich die drolligen Illustrationen an und horchen den Ausführungen. Die Tobis, lernen wir, sind Kobolde, die unseren Kindern spielend das Lesen und Schreiben beibringen sollen.

Mir schreiben sie in Scharen, heut Abend, in meiner Hose vibrierts fortwährend. Doch ich darf nicht nachschauen. Man will ja nicht schon beim allerersten Kennenlernen unangenehm auffallen.

Diesmal vibriert es sogar noch etwas stärker, dünkts mich. Es ist, als kringelte das Kribbeln sich das Hosenbein runter bis in die Zehen des linken Fusses – und vorn an der Wandtafel wird der Zehnersprung erläutert. Der sei sehr, sehr schwierig, sagt die Fachperson, nein, nein, er werde den Schülern sicher nicht vor den Sportferien zugemutet. Und, ja, ja, am Ende habe ihn noch jedes Kind begriffen.

Der Zehnersprung? Ist in Rechnungen wie 12 minus 4 zu bewältigen. Oder 9 plus 7. Mich interessiert jetzt vor allem 4-5-1. Oder lässt Köbi heut angesichts des inferioren Gegners mit 4-4-2 stürmen? Es vibriert, aber ich muss stillsitzen.

In einem Moment, da ich mich unbeobachtet fühle, ziehe ich das Handy kurz hervor. Neun neue Mitteilungen! «I GLOUBÄS NID!!!!», schreibt Nils. Thomas SMSelt: «Einmal GC-Tubel, immer GC-Tubel», und mir ist natürlich schleierhaft, was er damit meint. «… haben wir jetzt das Liedlein ‹Sibe chugelrundi Söi› eingeübt», höre ich vorn die Lehrerin sagen, und schon singen die Erstklässler ab Kassette im Chor: «Sibe chugelrundi Söi lieged nebenand im Höi, alli tüend grunze, alli tüend schmatze und enand am Rugge chratze.» Ist ja herzig, aber was kümmern mich sibe chugelrundi Söi? Elf Freunde müsst ihr sein! Verstohlen lese ich weitere SMS. «Gröl!», «Zubidiot» und «Mir hei e Goooooli ;-)» helfen mir nicht weiter. «Deutschland, wir kommen NICHT», die SMS von Küse, lässt Schlimmes erahnen. Himmelheiland, die werden sich doch nicht etwa auf Zypern blamieren?

«Hesch das gseh, Mann?!», will Andrea wissen, kurz darauf SMSelt sie: «Ah, nei, du luegsch ja gar nid. Hihi.» Selber hihi, dumme Kuh. Sag du mir lieber das Pausenresultat!

Spät am Abend, in der Wiederholung am welschen Fernsehen, die Entwarnung: Trotz Zuberbühlers Flop haben wir auf Zypern noch gewonnen. Dennoch ergeht die dringende Bitte an die Lehrkräfte Dautaj und Feldmann: Setzen Sie bitte nie, nie mehr einen Elternabend an, wenn gleichzeitig ein Fussball-Länderspiel läuft.

Die Schweiz gewann auf Zypern trotz eines Goaliefehlers noch 3:1 und qualifizierte sich später für die Fussball-WM in Deutschland.

Sibe chugelrundi Söi_Sieben kugelrunde Schweinchen / I gloubäs nid!_Ich glaubs nicht! / Köbi_Jakob «Köbi» Kuhn, Schweizer Fussballnationalcoach / Tubel_Trottel / Hesch das gseh, Mann?!_Mann, hast du das gesehen?! / Du luegsch ja gar nid._Du schaust ja gar nicht TV. / Welsch_Bezeichnet die französischsprachige Schweiz.

UND WER PUTZT DEN PUTZSCHRANK?_

Einen Meter achtundneunzig gross müsste einer sein, wollte er den Staub oben auf dem Dampfabzug in unserer Küche sehen. Den Staub sieht also keiner. Nur bemerkts auch kein Schwein, wenn du ihn weggewischt hast.

Schaurig modern, das chromstählerne Aufhängsel über dem Herd, klar. Aber schwierig zu putzen. Nun könnte man ja sagen, es reiche vollauf, hin und wieder mit dem Lappen über die Front des Dampfabzugs zu fahren, die für jeden Besucher sichtbar ist. Aber wenn ich auf einen Schemel steige, um aus einem der höher gelegenen Fächer das Passe-vite herunterzuholen (man hat ja von Zeit zu Zeit den Ehrgeiz, echten Härdöpfelstock aufzutischen) oder die Springform hervorzukramen (was mindestens dreimal jährlich zwecks Geburtstagskuchenbackens nötig ist), dann fällt mein beschämter Blick auf die Oberseite des Dampfabzugs, die von einer klebrigen, fettigen Staubschicht überzogen ist. Ein bisschen Drüberwischen nützt da nichts, da brauchts mindestens Putzessig.

Stinken die Ihnen auch so, die Arbeiten im Haushalt, für die man nie ein Dankeschön bekommt, weil schlicht kein Mensch wahrnimmt, dass man sie ausgeführt hat? Zum Beispiel: die Gemüseschublade des Kühlschranks reinigen. Neue Filzli unten an die Stuhlbeine kleben, damit das Parkett nicht zerkratzt wird. Im Geschirrspüler den Spülglanz nachfüllen. Die Brösmeli aus der Besteckschublade klauben. Das Apothekerschränkchen ausmisten und dabei Heftpflaster, die nicht mehr haften, vertrocknete Wundsälbeli und Baby-Schmerzzäpfchen mit Verfalldatum 7/99 entsorgen. Die Wanderschuhe der Kinder imprägnieren. Die Mottenschutzstreifen ersetzen. Die Pneus des

Veloanhängers pumpen. Kindersocken stopfen. Kackspuren in der WC-Schüssel wegschrubben. Und der Gipfel: den Putzschrank putzen.

Nun gibt es gewiss Tricks, um stilles Wirken sichtbar zu machen. Etwa: das Bügeleisen, vordergründig zum Abkalten, so lang stehen lassen, bis die Partnerin merkt, dass man gebügelt hat. Aber ich putz lieber die Fenster, hat mehr Effekt. Halsbrecherisch und keineswegs Suva-konform stelle ich mich aussen auf den Sims, wissend, dass alle Mamis im Quartier zuschauen. Heute Abend sagen sie dann ihren Typen: «Du könntest auch mehr im Haushalt helfen!», und nennen mich als leuchtendes Beispiel!

Nur meine Frau merkt, als sie von der Arbeit heimkommt, mal wieder nichts. Kein Wort zu meinen blitzblanken Scheiben. Stattdessen wirkt sie verstimmt, und vor dem Zubettgehen kommt es dann: «Gopf», sagt sie, «hast du eigentlich nicht gemerkt, dass ich gestern, als du fort warst, die Fenster geputzt habe?»

Härdöpfelstock_Kartoffelpüree

BRRRM, BRRRM, BRRRRRM!_Mag ja sein, dass er in vielem nach mir geraten ist, mein Bub. Den Unmut, wenn er früh aufstehen muss, die Schusseligkeit beim Tee-Einschenken und die Tränensäckchen, die hat er vermutlich von mir. Er mag Eminem. Und er verschlingt Toastscheiben mit Rauchlachs und Kapern in ungesunder Anzahl. Wie ich.

Nur die Faszination für Autos – weiss der Himmel, woher der kleine Hans die hat, von mir nicht. Er kennt sich aus, der Pfüderi; vom Gabelstapler bis zum Sattelschlepper geniesst alles, was motorisiert fährt, seine Aufmerksamkeit. Und Schumi, den Lümmel mit der dauergreinenden Visage, verehrt er auf einer Stufe mit SpongeBob, Micheline Calmy-Rey und, eben, Eminem. Letzte Woche liess er an der Chilbi nicht locker, bis ich ihm einen synthetischen Pulswärmer mit dem Ferrari-Rösslein kaufte. Brrrm, brrrm, brrrrrm!

Doch wenn wir einkaufen fahren, bleibt ihm nichts anderes übrig, als behelmt im Veloanhänger Platz zu nehmen. Auto haben wir keins. Wozu auch? Gibt nur Ärger und Bussen. Okay, es ist kein Schleck, mit klammen Fingern im Novembernieselregen durch die Vorstadt zu strampeln, die beiden Kinder, sechs Doppelliter Mineral und zwei Papiersäcke voller Kommissionen hinter sich herziehend. Aber da muss ich durch. Denn wir wollen noch hurtig zum Bioladen im Bauernhaus. Ist ja eigentlich kein richtiges Bauernhaus mehr, das Kulturland ging für den Bau der Autobahn drauf, jetzt behelfen sie sich mit dem Verkauf von Gemüse, Früchten und Blumen.

Und die Damen und Herren Einfamilienhüslibesitzer schauen kurz vorbei, ehe sie auf der Autobahn Richtung Landsitz im Grünen brausen. Komme mir vor wie in einem

schlechten Film, wenn sie vor dem Bioladen ihre BMW-Cabrios und Mercedes-Limousinen parkieren. Oder wie in einem guten Song. Heute zum Beispiel bremst die Lady – wir laden grad einen Kürbis in den Veloanhänger – Zentimeter neben uns quietschend ihre knallrote schneidige Sportskarosse, und wie sie sich ungelenk aus dem Sicherheitsgurt zwängt und dann klapprig ihrem Wagen entsteigt, geht mir unweigerlich eine Liedzeile von Patent Ochsner durch den Sinn: «E riichi, runzligi Sou stigt gstabig uus.»

Geliftet ist sie. Und trägt doch tatsächlich einen Nerz! Ich büschele die Kinder und die Einkäufe, will grad das Regenverdeck zuklappen, fluche, weil sie uns die Wegfahrt versperrt hat, vor mich hin: «Doofs huere Schissouto!», und just in dem Moment, da die alte Dame aus dem Laden zurückkommt und wieder in Hörweite ist, krakelt der Kleine hinter mir aus seinem Anhänger: «Nei, Vati, das isch kes doofs huere Schissouto! Das isch e Ferrari.»

Micheline Calmy-Rey_Sozialdemokratin, Mitglied der Schweizer Landesregierung / E riichi, runzligi Sou stigt gstabig uus_Eine reiche, faltenreiche Sau steigt ungelenk aus / Das isch kes doofs huere Schiss-Outo!_Das ist kein doofes, verfluchtes Scheissauto!

MEIN SCHÖNSTES FERIENERLEBNIS_

Die Erleuchtung kam unversehens an einem regnerischen Herbstferiennachmittag in Catania. In der Knabenabteilung von Benetton – und ich musste mich dreimal vergewissern, dass es wirklich die Knabenabteilung war – hing ein rosaroter Pulli. R-O-S-A-R-O-T! Im Bubenrayon! Sonst ist die Herbstkollektion heuer ja für Girls wie immer bunt gehalten, Schwerpunkt Orange und, natürlich, Rosa. Für Boys gibts wie immer: Braun. Ein bisschen Dunkelblau – gähn. Und Military – würg.

Und jetzt hängt hier dieses rosa Ding! Ruhig Blut, wenn ich Hans den Pulli aufzuschwatzen versuche, will er ihn sowieso nicht. Ich bleibe cool. Ihm gefällt nichts. Dann halt ab zur Kasse. Wir kaufen fürs Schwesterchen einen – dreimal dürfen Sie raten! – rosa Jupe, sind schon fast wieder draussen im Regen, da zerrt der Bub mich am Hosenbein zurück in den Laden, er möchte, ähm, weisch, drum, ööh, Dings, diesen Pulli. Welchen? «Den rosaroten!»

Ich spurte in olympiaverdächtiger Manier die Treppe empor, reisse den Pulli vom Haken, werfe mich zurück ins Erdgeschoss, zücke die Kreditkarte mit der Lässigkeit eines texanischen Öltycoons und strahle die Verkäuferin so an, dass die sich denken muss, der Tedesco (man hält uns ja leider in Italien immer für Deutsche) sei wohl voll hinüber. Sechzehn Euro achtzig für die Glückseligkeit.

Leicht hat ers ja nicht, der Hans. Wenn er früher mit Monika, seinem Bäbi, in der Kinderkrippe ankam, umringten ihn ein kleiner Türke, zwei Albaner, ein Sizilianer und Lyndon aus Nigeria, zweijährig der Jüngste, sechs der Älteste, und der vorlauteste der Junior-Machos bellte: «Eymonn, bisch fol Maitli odrwass?» Worauf Hans mir seine

Monika in die Hand drückte, ich solle sie bitte wieder mitnehmen. Einige der Bubigkeiten hat er sich dann angeeignet, den Autofimmel zum Beispiel. Umso mehr jubiliere ich nun über den pink Pulli, und der ganz grosse Preis, Ladies and Gentlemen, geht an die Kindermodedesigner der Firma Benetton für den Mut, rosafarbene Kleider für Jungs anzubieten. Fanfare, tä-dä-rä-tää!

Hinaus auf die Via Etnea, elektrisiert vom Gedanken, dass mein Sohn sich den Stereotypen entzieht, beschwingt von der keimenden Hoffnung, all das mit den vorgegebenen Rollen, den unvermeidlichen rosa Prinzessinnen und schwarzen Piraten, den Rüschenröcken und den öden braunen Shirts, sei vielleicht doch nicht so ausweglos.

Minuten später schon, wir sind im Untergeschoss des Warenhauses Rinascente, weil wir mal müssen, bettelt er: «Darf i bittibittibätti usnahmswis ...», und er hat diese herzerweichende Art, «us-nahms-wiis» in die Länge zu ziehen, «us-nahms-wiis im Schtah bisle?»

Bäbi_Puppe / Maitli_Mädchen / Usnahmswiis im Schtah bisle_Ausnahmsweise stehend pinkeln

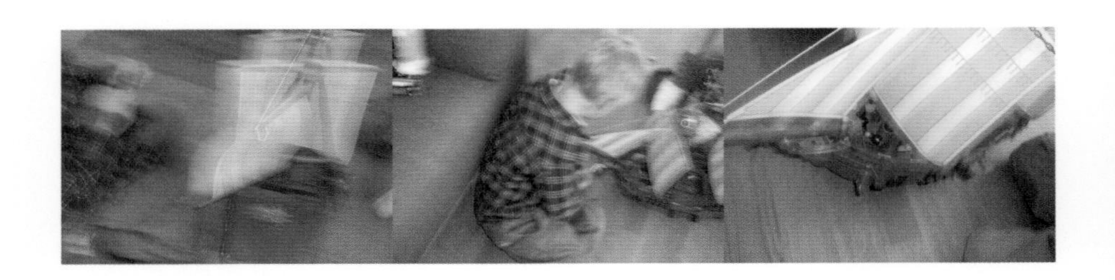

WIR SIND JA NICHT BLÖD!_Denken Sie bloss nicht, wir Hausfrauen (-männer sind mitgemeint) seien blöd. Nur weil wir kein Poulet mehr kaufen. Wir sind einfach noch nicht dazugekommen, uns zu der leidigen Vogelgrippe eine Meinung zu bilden, also lassen wir das Geflügel vorsichtshalber im Kühlregal liegen – dabei wäre der Verzehr vermutlich völlig ungefährlich, und jetzt ist das Zeugs erst noch Aktion. Aber wir haben ja auch während der Rinderwahnhysterie kein Rindsghackets mehr gebraten. Und wenn demnächst die Schweineseuche kommt oder der grosse Fischirrsinn oder was weiss ich, werden wir wieder so handeln.

Wir haben nämlich tausend andere Dinge im Kopf. Und im Gegensatz zu den Leuten, die in ihren Büros ein bisschen Zeitung lesen, im Internet Moorhühner und nackte Chicks jagen, mit Freunden telefonieren, mit dem Pultnachbarn albern, dazwischen Kaffee-, Zigaretten-, Znüni-, Mittags- und Zvieripause machen und danach zum Feierabendbier schreiten, sind wir Hausfrauen pausenlos am Krampfen. Wir putzen Kinderfüdlis und bündeln Altkarton, wir schnitzen Halloweenkürbisse und Räbeliechtli, und wir sammeln im Versteckten schon eifrig Kinkerlitzchen für den Advents-Gschänklikalender.

Und da sollen wir noch Zeit finden, uns übers Arbeitsgesetz Gedanken zu machen? Ob wir uns von ein paar Gewerkschaftern bevormunden lassen wollen, die zwar sonntags selber gern im HB shoppen, uns aber einreden, Sonntagsarbeit in Bahnhofsläden verstosse gegen Sitte und Moral? Nicht, dass ich häufig davon Gebrauch machen würde, aber manchmal fehlt am Sonntag halt schon eine Milch oder ein Brot. Weshalb sollten da all die Tankstellenshops offen sein und die Läden in den Zentren des

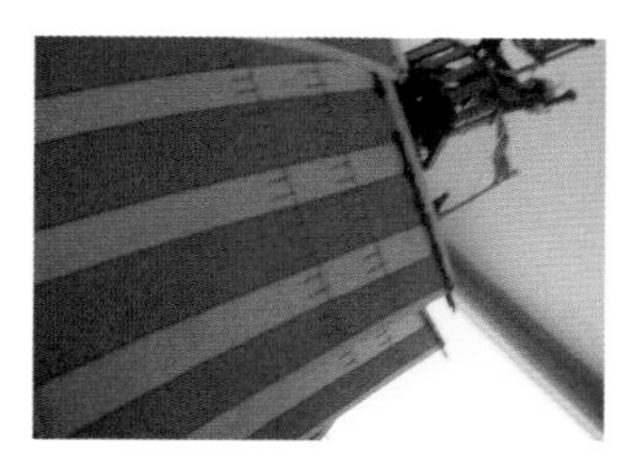

öffentlichen Verkehrs nicht? Aber wie gesagt, wir haben andere Sorgen. Wir müssen die Weihnachtskatalögli verschwinden lassen, die jetzt jeder Zeitung beiliegen, weil sich Anna Luna sonst das Barbie-Schloss UND die Ritterburg wünscht, Hans den Duplo-Zug UND die Thomas-Holzeisenbahn. Und ein Gummiboot. (Ist mein Bub noch normal? Ein Gummiboot zu Weihnachten?!) Und natürlich eine Feuerwehr, was, glaub ich, normal ist – aber muss es denn die Lego-Feuerwehr, die Playmobil-Feuerwehr, die Matchbox-Feuerwehr UND die hölzerne aus dem Pastorini-Katalog vom letzten Jahr sein (den ich dummerweise nicht habe verschwinden lassen)?

Und nun soll ich mich auch noch mit Aldi auseinandersetzen. Mir überlegen, ob ich für Champignons ein paar Rappen weniger bezahlen will, dafür wurden sie mit dem Laster aus Polen angekarrt. Und ich müsste vierunddreissig Kilometer weit in die nächstgelegene Filiale fahren. Nein danke. Wir Hausfrauen und -männer sind schliesslich nicht blöd.

Im November 2005 eröffnete Aldi die ersten Filialen in der Schweiz. Worauf «Aldisierung» zum Schweizer Wort des Jahres gewählt wurde.

Rindsghackets_Hackfleisch vom Rind / Gschänkli_Geschenklein

OBACHT, DER LAUCHGRATINBLICK_

Achtung, sie setzt den Lauchgratinblick auf. Schmollend und ein bisschen weinerlich guckt Anna Luna mich mit diesen grossen unschuldigen Augen an, gerade so, als hätte ich ihr etwas wirklich Böses getan. Man hatte ja, ehe man selber Kinder hatte, gedacht, die würden frühestens mit vierzehn pubertieren. Aber sie hier pubertiert schon mit sieben. Und tut einem doch fast leid, wenn sie jetzt tonlos hervordrückt: «Das ess ich nicht.» Was nützt es einem da, dass man noch gestern ihre Liste der weltbesten Salatsaucen vor Mueti, dem Steffisburg-Grosi (was etwas heissen will) und der Pizzeria Sapori del Sud in Laax angeführt hat? Dass sie bei Tisch lobte: «Also Vati, du könntest ein Reschti eröffnen!» Nichts nützt es einem, wenn sie nun das Lauchgratin mit einem Ekel mustert, als wärs ein halb verwester Tierkadaver.

Okay, ich könnte unentwegt Fischstäbchen braten, Chicken- oder sogar Gemüsenuggets, die Kinder schnallen den Unterschied nicht und finden, es schmecke «hundertmillione tuusig mega genau glich wie im Mäckdo», wobei «Mäckdo» McDonald's und also das höchste der gastronomischen Gefühle bedeutet. Selbst meine äusserste Notlösung, wenn ich dienstags binnen drei Minuten ein Zmittag erfinden muss, mögen sie: die Spinattaschen aus dem Tiefkühlfach. Aber eine Art Ehrgeiz treibt mich, stattdessen Kürbisauflauf, Kartoffel-Sellerie-Wähe, mit Bergkäse überbackenen Fenchel oder Kohlrabi-Carpaccio aufzutischen. Wüssten meine Sportkameraden, dass ich aus einem Gemüsekochbuch der «Erklärung von Bern» koche, gedruckt auf chlorfrei gebleichtem Recyclingpapier, sie würden mich einen Gutmenschen nennen, und es wäre nicht freundlich gemeint.

Noch immer der Lauchgratinblick. Sie isst keinen Bissen. Und irgendwie dünkt einen das undankbar. Liest man ihr nicht sonst jeden Wunsch von den grossen unschuldigen Augen ab? Hat man ihr nicht sieben Wochen lang täglich einen dieser blöden Silikonarmreifen von Panini gekauft, sich mit ihr zusammen genervt, dass nie der gewünschte Bändel mit der Aufschrift «Football Power» im Päckchen steckte? Jetzt haben wir achtmal «Smile Power», fünfmal «Dream Power», viermal «Games Power», je dreimal «Girls» und «Dance», dazu «Friends Power», «Passion Power», «Galactic Power» und «Music Power». Aber noch immer keine «Football Power». Macht dreiundsiebzig Franken fünfzig für die Katz! Ist ja klar, dass die italienische Firma, die bei uns binnen Monaten zwei Millionen Bändel abgesetzt hat, das begehrte «Football»-Motiv künstlich verknappt. Aber zugeben würden sies nie.

Apropos Zugeben. Vor den Kleinen konnte ich es ja nicht sagen. Aber, ehrlich gesagt, heute hat mein Lauchgratin wirklich scheusslich geschmeckt.

Grosi_Oma / Reschti_Restaurant

VOM KLEINEN UNENTSCHIEDEN_ Manchmal, wenn ich mit den Mamis im Quartier übers Fensterputzen plaudere, vergessen wir beinahe den kleinen Unterschied. Wir plaudern dann ganz von Hausfrau zu Hausfrau.

Und doch gibt es einen Unterschied. Einen grossen: Nie im Leben würde ich nordicwalken. Schon gut, ich weiss, es ist gesund, weil es alle Muskeln gleichmässig beansprucht. Aber wenn sie am Morgen ihre Kleinen in den Chindsgi bringen und dabei in ihren Sportpluderhosen und Thermopullis schon vorfreudig strahlen, sich dann ab in den nahen Wald machen, in jeder Hand einen dieser blöden Stöcke – dann sag ich: Nein danke. Nordic Walking sieht läppisch aus und ist für unter 80-Jährige schlicht entwürdigend.

Mann, freue ich mich aufs Fussballtraining heute Abend! Da geht es winters in der Halle hektisch zu. «Wi vil isch?», fragt einer, nachdem mir von schräg links ein Glücksschuss gelungen ist. «Sibe - sibe», erwidert der im Celtic-Dress, ich murmle, mehr zu mir selbst als zu den anderen: «Unentschide ischs nid.» – «Moll, Schofseggel!», blafft mich Remo, der sauschöne junge Kerl, in scharfem Ostschweizer Dialekt an, «moll, isch unentschide!»

Ach so, der kennt den Song nicht: «7:7» von Züri West bezog sich auf ein Brettspiel, Carambole, das damals in keiner WG fehlte, auch in unserer nicht. 1987 wars, im Lied gings um die neckische Frage «Blibsch hütt da, wenn i gwinne?» und den stillen Triumph des Typen: «Sibe - sibe, unentschide ischs nid. Es isch sibe - sibe für mi!»

Hmm, die Jungen werden auch immer jünger, denk ich. Als Teamältester bin ich sowieso mehr geduldet als geachtet. Und ein bisschen gefürchtet, weil meine hölzer-

nen Attacken schon manchen blauen Fleck verursacht haben. Später unter der Dusche spienzelt der schöne Remo seinen tätowierten Drachen im Intimbereich und sagt, ich hätte heut im Training ein geiles Vintage-Shirt getragen. Vintage, so viel weiss ich über die Mode der Jungen, ist Neuware, die künstlich auf alt getrimmt ist. «Nein, Remo, das Shirt ist echt alt. Juve mit der Nummer 10, Platini, hab ich 1984 in Paris gekauft.»

Jetzt sagt Remo gar nichts mehr. Er kam 1986 zur Welt. Ich muss ihm sehr, sehr alt vorkommen.

Am nächsten Morgen tut wie immer alles weh. Fühle mich ziemlich vintage, frühstücke mit Hans, dem Vierjährigen, blättere unmütig in der Zeitung. Da hats ein Bild von Ronaldinho. «Wer ist das?» – «Scheints der beste Fussballspieler der Welt», antworte ich schläfrig. Hans ist empört. «Gäu, das stimmt nid, Vati? Dr bescht Schütteler vor Wäut bisch nämlech du!»

Sie werden verstehen, dass ich ihm nachher beim Einkaufen ein Autöli gepostet habe, ohne dass er gross darum hätte betteln müssen.

Chindsgi_Kindergarten / Wi vil isch?_Wie steht das Spiel? / Blibsch hütt da, wenni gwinne? Unentschide ischs nid. Es isch sibe - sibe für mi!_Bleibst heut nacht hier, wenn ich gewinne? Es steht nicht unentschieden, es steht sieben zu sieben für mich. / Spienzeln_Vorzeigen / Dr bescht Schütteler vor Wäut bisch nämlech du! _Der beste Kicker der Welt bist nämlich du! / Posten_Kaufen

WIEDER MAL ALLES ORGANISIERT_ Die kleine Freiheit besteht für den Hausmann darin, von Zeit zu Zeit ein Eisenbahnfährtchen ganz ohne Kind und Kegel zu unternehmen. Zeit für Countrymusik.

Doch kurz vor Spreitenbach die schreckliche Entdeckung: Ich hab die iPod-Ohrstecker daheim liegen gelassen. Das Gerätchen wäre hier, schön parat, mich auf einer einsamen Landstrasse dorthin zu entführen, wo die Welt noch in Ordnung ist. Im kuscheligen Intercity-Polster würd ich mich jetzt der singenden Schlampe Gretchen Wilson aus Illinois' Hinterland hingeben, und niemand würde mich dabei erwischen. (Schon gar nicht meine Frau, die keinen Country erträgt und beim blossen Anblick einer Lapsteelgitarre sogleich Schüttelfrost erleidet.)

Scheisse nochmal, ohne Kopfhörer wird nichts aus meiner Kopfreise. Statt der kessen Gretchen muss ich nun dem Lackaffen im Anteil nebenan zuhören. Er sieht aus, wie Landärzte in Vorabendserien auf ORF 2 aussehen: zu proper. Drapiert seinen Roy-Robson-Kittel hübsch so an den Haken, dass das Etikett auf der Innenseite sichtbar bleibt, lässt sich wieder in den rot gesprenkelten Plüsch fallen, nimmt die «Volketswiler Woche» zur Hand, blättert kurz, greift zum Handy. Und erteilt barsch Kommandos: «Ufzgi mache, gäll!», «Ufpasse, gäll!», «Säischs em Mami, gäll!», prüft während des Gesprächs, ob das Haarteil noch sitzt, und bildet sich womöglich ein, kein Mensch merke, dass es ein Haarteil sei. Ich stelle mir seine Glatze vor, finde, er sähe damit besser aus, und muss schmunzeln. Er schmunzelt gequält zurück und hüstelt dann mit der beiläufigen Souveränität eines Linienpiloten ins Handy: «Näi, Zmittag sowieso nöd. Säischs em Mami. Zmittag bin ich z Bärn obe.» Vermutlich von irgend-

einer Lobby zum Viergänger ins Bellevue Palace geladen. «Znacht dänn au nöd, gäll, säischs em Mami.»

Nach dem Tonfall seines Machtdemonstratiönchens zu schliessen, mindestens Oberst im Generalstab. Dabei ist er wahrscheinlich nicht mal imstand, seine Krawatte selber zu binden, denk ich mir und muss wieder schmunzeln. «Klavier üebe, gäll. Und hätt de Reto nöd no Training? Söll dänn pünktlich gaa, gäll.» Es werde spät, er müsse noch zur Weindegustation mit den Altregierungsräten, deklamiert er jetzt in einer Lautstärke, die vermuten lässt, er habe es weniger dem Töchterchen als vielmehr dem ganzen Waggon mitteilen wollen. «Tschau, gäll.»

Er greift zur NZZ. Seinem Gegenüber – Typus Bundesparlamentarier aus einem Randkanton, der nie eine Einladung in die «Arena» kriegt – raunt er zu: «Soseli. Han wieder äinisch alls organisiert dihäi.»

Und ich bin mir sicher, hätte ich meine Ohrstecker dabei, Gretchen Wilson würde in diesem Moment ihre Songzeile singen: «Nur, damit dus weisst, Kerl: Kochen, Putzen, Waschen, Windelnwechseln – das ist im Fall ein Fulltimejob.»

Ufzgi_Hausaufgaben / Säischs em Mami?_Sagst dus der Mutter? / «Arena»_Politische Diskussionsrunde im Schweizer Fernsehen

NATÜRLICH GIBTS DEN SAMICHLAUS!_

Über dem Kirchplatz liegt, o heilige Dreifaltigkeit, der Duft von Bratwurst, Schüblig, Cervelat, und wir werweissen, ob uns das Magenbrot mehr gelüstet oder doch eher die selbst gebackene Rüeblitorte der Pfadi. Pünktlich zum Weihnachtsmärt liegt der erste Schnee wie Dekorationswatte auf den Birkenästen, und aus der Kirche gospelts, dass einem trotz der Saukälte warm ums Herz wird. Da tauchen aufs Mal mit röhrenden Motoren die Samichläuse auf. Ein halbes Dutzend rot gewandete Kerle, allesamt auf Harley-Davidsons.

Anna Luna ist ja nicht doof. «Das sind nur Verkleidete!», erkennt sie sofort. Denn erstens hat der echte Samichlaus keinen Töff, und zweitens gibt es ihn nur einmal. So tun als ob gilt bei ihr nicht. Dass der Schmutzli mit dem aufgeklebten Bart im Kindergarten letzten Winter eine Frau war, das sah ja jedes Kind. Aber damit das klar ist: Natürlich gibt es den Samichlaus. So, wie es das kleine Gespenst gibt, den kleinen Wassermann, den weltreisenden Stoffhasen Felix und – hmm, den Räuber Hotzenplotz? Nein, den lieber nicht, findet Anna Luna.

Will ich beim Fernsehen hurtig auf die halb blutten Tänzerinnen von Canale 5 umschalten, weil im Vorabendprogramm ein Krimi mit strubem Mordfall läuft, den die Kinder nicht sehen sollen, beschwichtigt Anna Luna gleich: «Weisch, Vati, das isch nid schlimm, dasch nume gspielt.» Tappt sie hingegen während der «Tagesschau» ins Wohnzimmer und erhascht einen Blick auf Panzer im Irak, empört sie sich über den megagemeinen Krieg, den dieser Herr Bush angezettelt hat. Den findet sie sowieso den Blödsten im Bundesrat. Was sie weiss, meine Tochter, das weiss sie mit Sicherheit. Zum

Beispiel, wer alles im Bundesrat sitzt: «Wart, ich weiss es! Eeh, ääh, Dings, Frau Gammliree, Blocher, Bush und Schri-Schra-Schröder.»

Schon verblüffend, einmal halten die Kinder Fiktion und Realität auseinander, als wärs ein Kinderspiel, dann wieder heben sie ab in eine geheimnisvolle Welt. Und ihr Vorstellungsvermögen ist beneidenswert. Unser Hansli glaubt an die Marsmenschen. Und natürlich findet er, klar lebe der Elvis noch, ich könnte ja sonst nicht mit ihm befreundet sein. An meiner Pinwand hängt drum ein Foto, das mich mit einem – übrigens lausigen – Elvis-Imitator an einer Chilbi in Louisiana zeigt.

Elvis lebt. Aber diese albernen Harley-Chläuse? Als Anna Luna nun einem von ihnen ein Värsli aufsagen sollte, steht sie in ihrer blassrosa Winterjacke verdattert da, die Wollmütze bis über die Brauen gezogen, den Blick zu Boden gerichtet, und sagt: nichts. Ist der vielleicht doch echt?

Nein, der Echte füllt erst in der Nacht auf den Nikolaustag die Gummistiefel vor der Wohnungstür. Und die Kleinen brauchen sich keine Sorgen zu machen, er könnte, weil wir umgezogen sind, unser Haus nicht finden. Ich hab ihm eine Adressänderung geschickt.

Samichlaus_Sankt Nikolaus / Schüblig_Brühwurstspezialität / Cervelat_Schweizer Nationalwurst / Chilbi_Kirmes, Jahrmarkt

DIE KESSE KARLA RETTET DEN TAG_

Es sind die Momente, in denen ich es verfluche, dass zu meinen Pflichten als Hausmann das Lesen von Frauenheftli gehört. «Die neuen Prolls, Machos und wilden Kerle sind angetreten, die Metrosexuals, Softies und Susis aus dem Feld zu schlagen», lese ich in der «Annabelle». Und weiss sogleich: Wenn du Böden schrubbst, Znünibrote schmierst und Blusen bügelst, bist du nur ein halber Mann. Scheints gefiel der Chefredaktorin beim Fussballgucken der Rüpel Wayne Rooney einfach besser als der gestylte David Beckham, und, schwupps, zauberte sie daraus eine Titelgeschichte – frau steht wieder auf Macker.

Wochen später klärt mich auch die «Weltwoche» auf, die Frauen hätten das gespürige Getue satt und wollten endlich mal wieder von einem verschwitzten Flegel gefickt werden. Was wiederum erklären würde, warum Marisa am Freitag beim Kerzenziehen im Quartierzentrum so aus dem Häuschen war darob, dass sie ein Konzertticket für Robbie Williams hatte ergattern können. Aber nur schon der Umstand, dass ich dabei war beim Kerzenziehen mit den Knirpsen an einem Werktag, entlarvt mich ja als – wie sagte die Chefredaktorin so schön? – Susi.

Man könnte Komplexe kriegen. Und dann noch täglich auf dem Heimweg vom Kömerle an dem Plakat vorbei, das mich im Weltformat fragt: «Schwache Erektion?», mir einen Typen zeigt, der denkt, er könne nicht, und eine Schöne, die glaubt, «Er will nicht», und mir schliesslich zuflüstert: «Sprechen Sie mit Ihrem Arzt.»

Was weiss ich, ob meine Erektion schwach ist oder nicht, ich hab ja nur die eine, und es gebricht mir an Vergleichsmöglichkeiten. Aber offenbar will die Werbung nun

auch uns jungen Männern einreden, wir hätten Viagra nötig. – Moment. Ich jung? Der Beau auf dem Plakat, der nicht kann, könnte mein Sohn sein. Das Sujet macht mich fertig. Kommen Sie mir jetzt nicht, ich hätte doch eben erst übers Altern gejammert, denn weshalb sollte man sich als Hausmann mittleren Alters nicht dieselben Sorgen machen wie die Hausfrau mittleren Alters? Wovon, bitte sehr, handelt «Sex and the City», wovon «Desperate Housewives»? Na eben, vom Vögeln und vom Altern. Dann darf auch ein Desperate Houseman darüber reden.

Übers Altern, mein ich. Da will ich mir beweisen, dass ich kein Oldie und schon gar nicht eine Susi bin, betrete die Snowboard Garage, einen der trendigsten Läden der Stadt, mit einem beherzten: «Tschou zäme!» Und ernte nur: «Grüezi... Händ Sii... Wänd Sii...» Fuck, die siezen mich. Raus hier. Gibt gottlob noch eine zweite Filiale, et voilà: Die Verkäuferin, wir nennen sie Karla, duzt mich. Ich probiere eine Jacke, Karla bringt mir den Schmus, wie toll ich darin aussähe, und jetzt steigert es meinen Coolnessfaktor sicher massiv, wenn ich ganz nebenbei fallen lasse, ich würde jeweils auch in ihrem Ableger in Laax einkaufen. Ob ich zum Snowboarden nach Laax fahre, fragt Karla. «Nein, zum Skifahren.» Kaum sprech ichs aus, könnt ich mich ohrfeigen. Herkömmlich Ski fahren! Ewig gestriger Grufti! Gleich siezt sie mich.

Aber Karla sagt nur locker: «Klar, Freeski, in der Halfpipe, gell? Ist eh viel cooler als Boarden.» Schwein gehabt, Susi.

Kömerle_Kommissionen machen, einkaufen

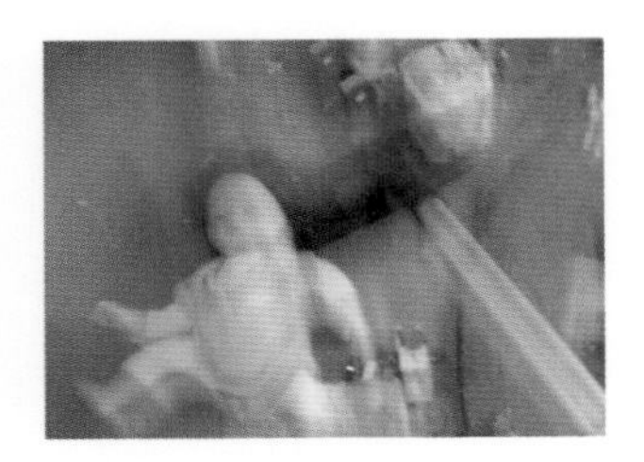

BARBIE VERMISST EINEN SCHUH_ Die Amis, bekanntlich hysterisch, schreiben «Choking Hazard» auf jede Spielzeugpackung – weil sie Sammelklagen von Eltern befürchten, deren Kiddies Bootsmotörchen verschluckt und danach wegen Würgekrämpfen womöglich in der Früherfassung fürs lokale Footballteam versagt haben, wodurch der Familie ungezählte Dollarmillionen einer späteren Profikarriere verloren gingen. Bei uns heissts: «Achtung kleine Teile, nicht für Kinder unter 3 Jahren geeignet.» Und nicht für Hausmänner über 40, herrgottnochmal! Dieser Hinweis fehlt auf der Packung.

Nein, der Hans schluckt keine kleinen Teilchen. Aber der Staubsauger. Du willst noch rasch den gröbsten Dreck im Kinderzimmer wegsaugen, damit die Ärmsten in einem sauberen Raum schlafen können. Umkurvst den herumliegenden Karsumpel und machst dir ob der Unordnung noch ein Gewissen, dabei hätten die Kinder selber aufräumen sollen. Sie habens trotz dreizehnmaliger Ermahnung nicht getan. Also saugst du etwas missmutig, und, schwüppsss!, schon verschluckt der Sauger eine Kanonenkugel des Playmobil-Piratenschiffs. Noch eine. Und noch eine. Jä, nu, hat ja noch zwei Dutzend andere. Aber den winzigen hellblauen Barbie-Schuh? Den gibts nur zweimal. Und jetzt, schwüppsss!, nur noch einmal.

Ist es möglich, dass in den Erfinderabteilungen der Spielzeughersteller Sadisten sitzen? Kinderlose, doppelverdienende Fieslinge mit Viertagebart stell ich mir vor, die spätabends beim Champagnerdinner ihren superblonden Supermodels zuraunen: «Schau mir in die Augen, Kleines! Heut hab ich etwas total Gemeines entworfen: ein Kranführermobiltelefönchen.» Die Superblonde schlürft eine Auster leer, haucht ihm dann zu, was für ein Kerl er doch sei, und sie lässt im Kerzenschimmer zwinkernd ihre künstlichen Wimpern flattern, denn später im Designerloft will sie sich für ihn, und nur für ihn, noch aus der schweineteuren Spitzenunterwäsche schälen.

Die elternverachtendsten Teilchen? Das Barbie-Handy ginge noch, es misst 2,1 Zentimeter, mit Antenne sogar 2,4. Das Funkgerät des Playmobil-Polizisten ist immerhin 1,7 Zentimeter lang, und man kann es, kleiner Tipp, erst noch nachbestellen: Bestellnummer 7238, «Polizeizubehör». Heikel wirds beim Walkie-Talkie des Lego-Feuerwehrmännchens, 1,3 Zentimeter kurz. Kaum mehr zu sehen das Mobiltelefönchen des Playmobil-Kranführers: Es misst 9 Millimeter.

Um nun den Barbie-Schuh zu retten, schneide ich den Staubsaugersack auf und wühle niesend im Dreck. Kein leichter Entscheid, denn ich habe noch aus Zeiten meiner ersten Junggesellenbude einen Staubsauger, für den keine Ersatzsäcke mehr erhältlich sind. Vorletztes Jahr erwischte ich in einer Migros-Filiale in der Provinz eine letzte Fünferpackung, jetzt sind vier davon aufgebraucht.

Götti Nils, Gotte Corinne, dies ist ein Last-Minute-Aufruf: Zu Weihnachten kommen mir keine kleinen Teile ins Haus! Ich warne euch.

Götti, Gotte_Taufpate, Taufpatin

WOHIN MIT DEM KERAMIKKAMEL?_

So. Das Fest ist überstanden. Guetsli gegessen, Tannenbaum entsorgt, Geschenkpapier gebündelt. Morgen wollen Sie in der Buchhandlung noch den Fotoband «Die schönsten Loire-Schlösser», Franz Hohlers Wanderbuch und die Kolumnensammlung «Ich pendle, also bin ich» umtauschen, das reicht im Gegenzug für den Erwerb der Robbie-Williams-Biografie, «Genial kochen mit Jamie Oliver» plus drei Asterix. Dann ist die Heilige Zeit erledigt. Bleibt nur die Frage: Wohin mit den Basteleien der Götti- und Gottenkinder? Sie stellt sich Weihnacht für Weihnacht, es ist eine der schwierigsten Fragen unserer Existenz, und die Antwort darauf steht in keiner Benimmfibel.

Den gehäkelten Pfannenblätz, das selber gemachte Keramikkamel, das verzierte Schlüsselbrettchen, das so gar nicht zur Wohnungseinrichtung passt, das bunt bemalte Salatbesteck (nicht spülmaschinenfest!), das mit Serviettentechnik beklebte Windlicht und den scheusslichen handgeschnitzten Kerzenständer – gehört es sich, all die Dinge, die man nicht gebrauchen kann, aufzubewahren, und wenn ja, wie lange?

Bis das Göttikind das nächste Mal zu Besuch kommt und feststellt, dass seine Bastelei in Gebrauch ist? Aber wie stelle ich sicher, dass ich mich am entscheidenden Tag erinnere, in welche Schublade ich Kerzenständer, Windlicht und Salatbesteck verlegt habe, um sie dann hurtig gut sichtbar platzieren zu können? Und was tun, wenn der Besuch unangekündigt erfolgt? Der Eisschaber für die Windschutzscheibe, dessen Griff mit einem wärmenden Synthetikpelzchen umfasst ist, mag ja hübsch bestickt sein, aber muss ich als Nichtautomobilist den wirklich aufbehalten? Dagegen sind die Geschenke meiner Kinder an ihre Gotten und Göttis geradezu fair. Kerzen haben sie heuer gezogen, die kann man abbrennen, und tschüss. Und den Fotokalender fürs 2006 muss man nur ein Jahr lang aufhängen.

Aber, ehrlich gesagt, selber bin ich ja ein sentimentaler Siech. Hab alle Göttikinderbasteleien aufbewahrt, von der Briefbeschwererfigur aus Pappmaché, die zu leicht ist, um Briefe zu beschweren (und was will man im Zeitalter von Mail und SMS schon mit einem Briefbeschwerer?), bis zur gebrannten Kachel mit dem herzigen Katzenmotiv. Die musste ich sogar einmal mit Superleim zusammenkleben, als sie zerbrochen war, und ich stelle noch heute jeden Morgen meinen Teekrug drauf. «Bänzli Weihnachten 1993» steht auf der Rückseite, denn mein Göttibub trägt, wirklich wahr, den selten schönen Namen Bänzli. Und wissen Sie, was? Irgendwie bin ich jeden Morgen aufs Neue gerührt ob seines Teekruguntersatzes.

Und plötzlich bin ich mir nicht mehr sicher, ob ich mit meinen Kindern auf Weihnachten nicht doch etwas Bleibendes für ihre Gotten und Göttis hätte basteln sollen.

Gotten-, Göttikind_Patenkind / Siech_Kerl

ZWEIKÖNIGSTAG, MINDESTENS_ Der Tag hat schlecht begonnen, einem der Playmobil-Ritter, die wir unbedingt heute in die Ludothek zurückbringen müssen, fehlt eine violette Manschette. Für Nichteingeweihte: Die ist etwa so gross wie ein Milchzahn. Okay, schlechter Vergleich, Nichteingeweihte sind glücklich unbekindert und wissen in dem Fall auch nicht, wie klitzeklein ein Milchzahn ist. Jedenfalls scheisse ich den Hans lauthals zusammen und überlege mir leise, ob wirklich er besagte Manschette verlegt hat oder ob nicht vielleicht ich sie beim Staubsaugen ... schwüppsss! Sie erinnern sich: Barbie-Schühlein, Playmobil-Kranführermobiltelefönchen und so weiter.

Ritterset unkomplett retourniert – das wird eine Busse absetzen. Aber muss ich jetzt wirklich die angedrohte Strafe durchziehen: einen Monat lang nichts ausleihen in der Ludothek? Ich finds echt noch schwierig, erzieherisch immer das Richtige zu tun. Wie zum Beispiel die Tochter trösten, dass ihr kleiner Bruder den Malwettbewerb der Wohnbaugenossenschaft gewonnen und sie nur einen Trostpreis erhalten hat, obgleich ihr Tannenbaum doch sicher genauso schön gezeichnet war?

Es gälte, sie aufs harte Leben in einer fiesen Welt vorzubereiten, in der es immer nur einen Sieger gibt, ich weiss. Und doch tendiere ich zum Wattieren, wo immer ich kann. Eines meiner beiden Schätzelein auf nächstes Jahr vertrösten, weil zufällig das andere am Dreikönigstag auf das kleine weisse Figürchen gebissen hat? Niemals! Ich montiere immer im Versteckten ein zweites Figürchen in den Königskuchen. Und falls wie letztes Jahr überraschend Lea zu Besuch kommt, halte ich sogar einen dritten winzigen König parat, samt Krone.

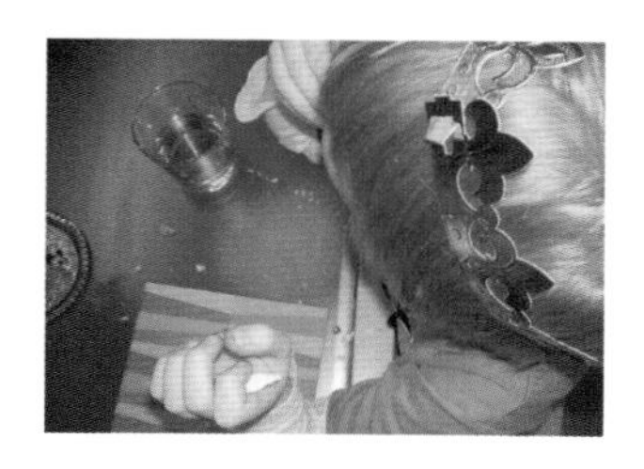

Wenn ich «winzig» schreibe, fällt mir ein: Hatte ich nicht gesagt, es kommen mir zu Weihnachten keinen kleinen Teilchen ins Haus, hä? Und was kommt? Eine singende Barbie! Als ob so eine magersüchtige «MusicStar»-Tusse als Vorbildchen nicht schon doof genug wäre, liegt ihr ein Lippenstift mit abnehmbarem Deckel bei. Und welcher Idiot hat meiner Tochter einen solchen Mist geschenkt? Ich selber. Der Lippenstiftdeckel, von blossem Auge kaum zu sehen, ging natürlich schon an Heiligabend verloren.

Nur das eine kleine Teilchen bewahre ich sorgsam in meiner Pultschublade auf: den Ersatzkönig. (Den zweiten, falls Lea zu Besuch kommt, hab ich noch besser versteckt.) Die Pultschublade mit Reisepass, AHV-Ausweis und ihren Geburtsurkunden ist für die lieben Kleinen natürlich absolut tabu – und also hochinteressant. Neulich, als Anna Luna wieder mal darin herumnöiselte, fand sie den geheimen weissen König. «Vati, was ist das?» Noch ehe ich etwas stammeln konnte, war der Hans zur Stelle: «Das isch dänk dä zwöit Chünig, wo dr Vati de i Chünigschueche inemechet, für dass kes vo üs enttüscht isch.»

AHV_Schweizer Alters- und Hinterbliebenenversicherung / «MusicStar»_Schweizer Pendant zu «Deutschland sucht den Superstar» / Nöiseln_Neugierig stöbern / Das isch dänk dä zwöit Chünig …_ Das ist doch der zweite König, den der Vati dann in den Dreikönigskuchen reinschmuggelt, damit keines von uns enttäuscht ist.

DIPL. WASCHPROFI_ Eine Kollegin hat mich angemeldet. Das sagen die Miss-Schweiz-Kandidatinnen auch immer, ich weiss. Aber mich hat wirklich eine Kollegin angemeldet, und aus purem Gwunder bin ich hingegangen: zum Männerwaschkurs im Schulungsraum 106 von Bauknecht in Lenzburg, Industriequartier. Ein Witz, denn ich bediene die Waschmaschine seit Jahr und Tag. Und ausser, dass ein weisses Snoopy-Unterhöslein meiner Tochter jetzt violett ist, ist mir noch kein Missgeschick passiert. Zudem ist Violett sowieso schöner.

Schon beim vorbereitenden Blick ins Internet wird mir mulmig. Die Website strotzt vor Klischees à la: Männer sind geil auf schnelle Autos und Frauen scharf auf sexy Dessous. Ein Schönling, einzig mit Boxershorts bekleidet, hält seinen Waschbrettbauch feil. Klar bin ich neidisch, aber sorry: Niemand würde mit halb nackten Frauen für Waschmaschinen werben. Dann zieht bitte auch dem Kerl einen Pulli an!

«Frauen wünschen: Männer an die Waschmaschine!», hat ein tifiger Texter getextet, denn Bauknecht – wir erinnern uns – weiss, was Frauen wünschen. Und ködert uns mit der charmanten Doppellüge: «Männer können alles – nur nicht Wäsche waschen.» Aber vielleicht sind wir Typen ja tatsächlich so blöd, wie www.maennerwaschkurs.ch uns hinstellt. Vielleicht muss man uns derart den Schmus bringen, wie es nun Frau Haas in ihrer furchtbar durchsichtigen Bluse – Handwäsche oder 30 Grad Schongang?, frage ich mich – zur Begrüssung tut. «Technisches Fingerspitzengefühl, analytisches und selektives Denken – darin seid ihr Männer uns sowieso voraus!» Solcherlei Honig streicht sie uns ums Maul und verspricht, wir würden heut Abend zu «Waschprofis».

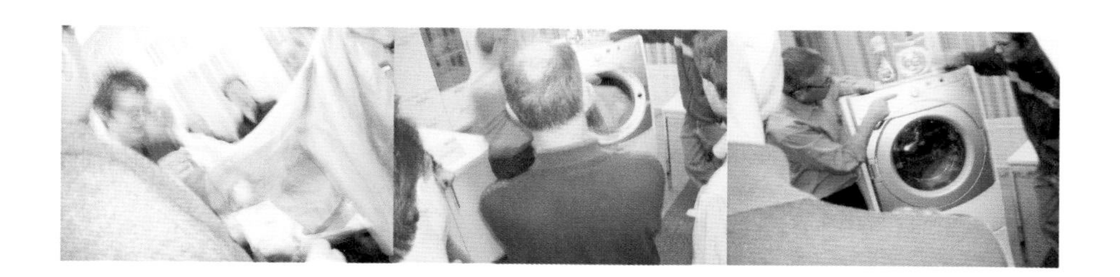

Worauf uns der forsche Herr Gugler erläutert, pro Haushalt fielen statistisch gesehen 2,5 Wäschen pro Woche an. Himmel, denk ich, bei mir warens letzte Woche 14 Trommeln. Im «Hei mir hüt scho chönne Wasser löse?»-Jargon eines Altersheimpflegers stellt er dann Fragen wie: «Wereliwer weiss, was Pailletten sind? Hand auf!», erklärt, dass das eingenähte Etikettli Pflegekennzeichen heisst, und hält zur allgemeinen Erheiterung einen blümchenverzierten Büstenhalter in die Runde. Der jüngste der eineinhalb Dutzend Kursteilnehmer ist 19, ihn hat das Mami geschickt. Der älteste ist 78. Ob dem die Frau gestorben ist?

Ab gehts zum launigen Wäschesortieren. «Und jetzt darf ich Ihnen noch den Gewebeerfrischer ‹Prêt-à-porter› vorstellen», und man fühlt sich wie auf einer Werbefahrt in den Schwarzwald: Herr Gugler will uns einen 990-fränkigen Apparat unterjubeln, der denselben Effekt hat, wie wenn ich meinen Kittel über Nacht gratis zum Auslüften auf den Balkon hänge. Zum Schluss gibts, handsigniert vom «Waschtrainer», ein Diplom, dann Weisswein. Übrigens, Herr Gugler, wer macht bei Ihnen daheim die Wäsche? «Also … wenn wir irgendwo in den Pampas einen Platten haben, erledige ich den Radwechsel.» Aber ich habe nach der Wäsche gefragt. «Eben, jedem sein Terrain. Die Wäsche besorgt meistens meine Frau.»

Gwunder_Neugierde / Tifig_Gewitzt / Hei mir hüt scho chönne Wasser löse?_Konnten wir heut schon Wasser lösen?

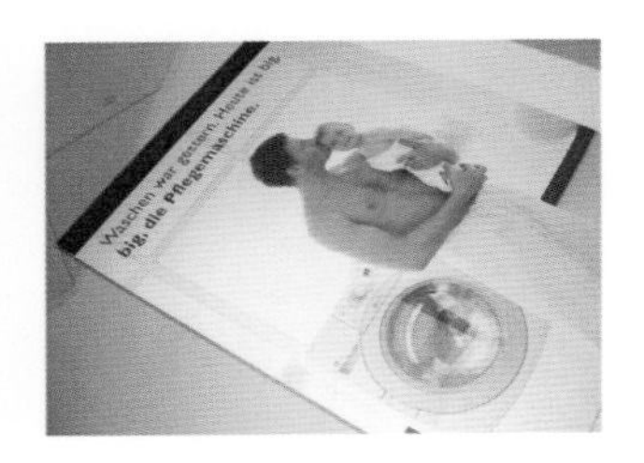

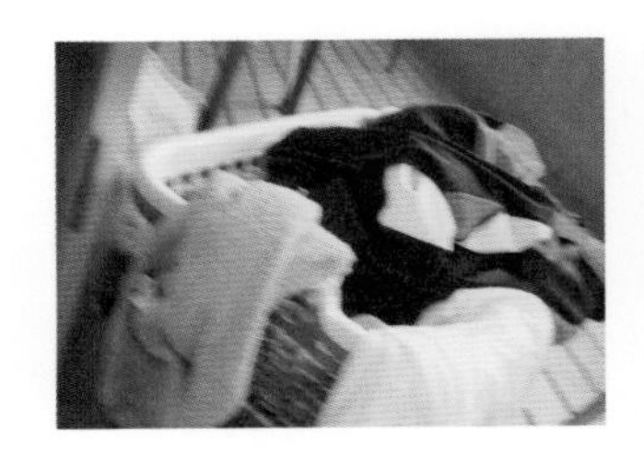

ÜBERFORDERT? JEDEN TAG!_Ein «Ätsch!» sei gestattet, ein kleines nur. Ein «Ätsch!» an die Adresse des Backofenherstellers, der eigentlich seine ganze schöne Kampagne kübeln müsste, weil Fräulein Hingis ihr Geld nun doch lieber wieder mit dem verdient, was sie kann: Tennis. Was ohnehin schlauer ist – denn, Hand aufs Herz, sehen Sie unsere Martina ein, sagen wir mal, Lauchgratin zubereiten? Nee. Als Werbebotschafterin für Haushaltapparate nimmt sie sich läppisch aus, und zwar nicht erst, seit sie statt im Eigenheim an steuergünstiger Lage wieder in den Fünf- bis Siebensternehotels dieser Welt logiert. Man nimmt ihr die Hausfrau nicht ab, genauso wenig, wie man dem Muskelmann mit dem Waschbrettbauch, der für Waschmaschinen wirbt, das Waschen glaubt.

Womit wir wieder beim Männerwaschkurs wären, den ich beim anderen Hersteller im Schulungsraum 106 absolviert habe, wo Schautafeln mit dem Muskelmann herumstehen. Fairerweise muss ich nämlich nachtragen, dass auch ich Wäsche-Erprobter zwei Dinge gelernt habe. Erstens, dass das Etikettli in jedem Kleidungsstück Pflegekennzeichen heisst. Zweitens, welches Symbol auf dem Etikettli «Nicht zu heiss tumbeln» bedeutet. Nur tumble ich nie. (Und mit Javel hantiere ich nur im Notfall, wenn Babyweiss nicht mehr ausreicht, um ein Shirt meiner Frau wieder ganz weiss zu machen. Also brauche ich das Symbol «Nicht chlorbleichen» gar nicht zu kennen. Aber, okay: Hab ich halt drei Dinge gelernt.)

Mag sein, dass ich seit dem Männerwaschkurs ein bisschen kursgeschädigt bin. Jedenfalls sage ich «Um Himmels willen, nein!», als das Lokalfernsehen wissen will, ob Eltern obligatorische Erziehungskurse absolvieren müssten. Um diesen Triple-P-Mist gehts, die neuste Mode auf dem Familienmarkt. Und das hab ich jetzt davon, dass ich mich als Hausmann der Nation gebärde: Ich werde an den TV-Talk eingeladen. Ob man manchmal überfordert sei mit den Kindern, will der Moderator zum Auftakt wissen. Manchmal? Jeden fucking Tag! Doch bevor es eskaliert, hole ich jeweils auf dem Balkon drei tiefe Atemzüge. Oder ich stelle den Hans in sein Zimmer, bis er sich beruhigt hat. Würde ich besagten Kurs besuchen, wüsste ich, dass das Schäm-di-Eggeli jetzt zeitgeistig «der stille Stuhl» heisst. Wir sagen dem «Obenabecho», und mir ist eigentlich wurst, wie man es nennt. Hauptsache, es funktioniert.

Mein Gegenüber in der Sendung, eine durchaus freundliche Person von der Uni Freiburg, plädiert für «Erziehungstrainings». Für mich gilt: Wenn abends Training, dann Fussball. Noch lieber Ausgang mit meiner Liebsten. Und worüber reden wir, derweil daheim das Grossmami babysittet, den ganzen freien Abend lang? Über Erziehung.

Natürlich wollten Anna Luna und Hans, die mich ins TV-Studio begleitet haben, wissen, worüber diskutiert werde. Über die Frage, erklärte ich, ob wir Eltern Kurse bräuchten, um mit unseren Kindern klarzukommen. «Nein, nein, Vati», befand Anna Luna, «das schaffst du schon.»

Obenabecho_Runterkommen, sich beruhigen

DER PERFEKTE VATER_Ein hochnäsiger Affe sei ich, findet Leserin S. in Faulensee, wenn ich meine, keine Erziehungskurse nötig zu haben. Ich würde mir wohl einbilden, ein perfekter Hausmann zu sein. Mitnichten bild ich mir das ein. Aber das ist es ja gerade: Ich will gar nicht perfekt sein. Die Kinder sollen ruhig merken, dass wir Stärken und Schwächen haben – wie sie. Dass wir manchmal ausgelassen sind, manchmal aber gereizt – wie sie. Dass ihr Rambazamba uns an einem Tag kühl lässt, am nächsten jedoch tierisch nervt.

Und irgendwann mochte ich diese Salome halt einfach nicht mehr hören. Salome? Sie erinnern sich: Das war die Walliser Blondine mit dem Lidstrich, die im vergangenen Frühjahr ein paar Wochen lang weltberühmt war, jedenfalls in der «Schweizer Illustrierten». Weiss nicht, welcher Teufel mich ritt, dass ich Anna Luna deren CD schenkte. Aber als ich dann aus dem Kinderzimmer zum einhundertachtundsiebzigsten Mal das öde Liedlein «Gumpu» hörte, lupfte es mir den Deckel.

Da hatte ich mir immer eingebildet, meine CD-Sammlung sei dermassen up to date, dass meine Tochter mir nie etwas würde vormachen können – schliesslich führte ich ja die abgedrehtesten Electronica und die übelsten Gangsta-Rapper selber im Repertoire. Doch sie war noch nicht im Kindergarten, schon schockierte sie mich mit ihrer Musikauswahl: Baschi, Plüsch und der Heile-Welt-Säusler Peter Reber. (Nun gut, es mag in vielen Familien umgekehrt sein, da schockieren die Kids mit ihren Gangsta-Rappern die Peter Reber hörenden Eltern. Aber das tröstet mich nicht.)

Früher konnte ich ihr ja noch Sound unterjubeln, den ich auch mochte: die Hardrockerinnen The Donnas, die Italoschnulze «Bella senz'Anima» und den wüsten

50 Cent, dessen sexstrotzende Texte sie gottlob nicht versteht. Oder wir einigten uns auf lüpfigen Cajun, das ist gehandorgelte Volksmusik aus Louisiana, die wie Hudigäägeler klingt, nur besser. Nun aber hat meine Tochter kein Musikgehör mehr. Sie stellt meine Martha Wainwright ab und legt wieder diese Salome in ihr CD-Gerät. Bis zum Abwinken.

Kurz bevor ich durchdrehe, kommt mir eine CD von Stiller Has in die Finger, und ich erinnere mich, dass Anna Luna als Baby einst zum Song «Walliselle» begeistert gewippt hat. Kann sein, dass sie den skurrilen Mundartblues noch immer lustig findet, mir gefällt er auch. Ein historischer Kompromiss? Et voilà! Sie ist äusserst angetan, auch Hans singt lautstark mit. Immer und immer wieder. Perfekt, wie ich das wieder hingekriegt habe.

Etwas blöd stehe, besser gesagt: sitze ich nur da, als meine Frau heimkommt. Wir sind am Znacht, und zu Hörnli, Gehacktem und Apfelmus deklamieren die Kinder fortwährend einen Text von Stiller Has: «Soustallmässig usebrunze, gruusig stinke, gruusig grunze! Grusig mitem Gagu spiele, grusig furze i der Chile ...»

Aber wenigstens bin ich jetzt die Salome los.

Salome gewann 2005 die Castingshow «MusicStar».

Hudigäägeler_Spöttische Bezeichnung für Schweizer Volksmusik / Znacht_Abendessen / Soustallmässig usebrunze ..._Sehr unanständiger berndeutscher Text

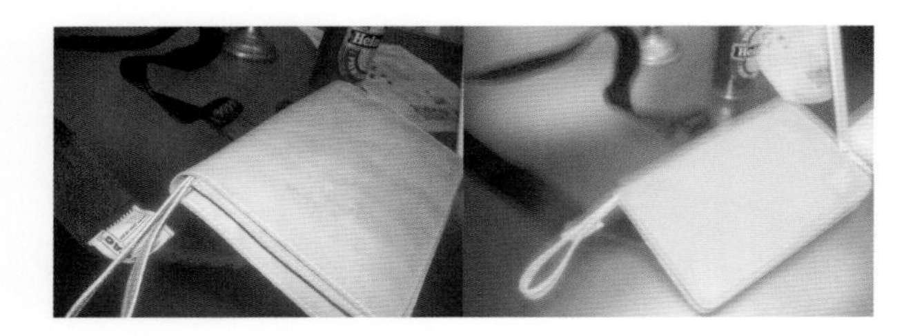

DIE FRAU IM HAUSMANNE_ Der braune Lederbeutel mit Reissverschluss, mittels einer Schlaufe schlenkernd am Handgelenk getragen – war der schrecklich! Anfang Siebzigerjahre wars, und was haben wir Kinder uns geschämt wegen der Handtasche unseres Vaters. Er trug darin: Münz, einen schwarzen Caran-d'Ache-Kugelschreiber, zwei Päckchen Dunhill rot, die Schlüssel des Renault 16 und vermutlich seine handschriftliche Liste mit allen Zwischenzeiten vom letzten Abfahrtsrennen der Damen in Bad Gastein. Er war manisch unsportlich, verfolgte jedoch via Schwarzweissfernseher manisch den Ski-Weltcup. (So kam es, dass Lise-Marie Morerod mein erstes Sexsymbol wurde, dazu vielleicht ein andermal.)

Louis Vuitton, Bally, Dolce & Gabbana, sämtliche Edelmarken führen neu Täschchen für den Herrn im Sortiment. Und wenn nun in den Lifestyle-Heftli der Glaubenskrieg um die Männerhandtasche wogt, gedenke ich schmunzelnd meines seligen Vaters: Der Trend ist uralt.

Nur mit der Wiederbelebung harzt es. Bislang trägt einzig David Beckham ein Täschli, und über ihn lästern meine Tschuttikollegen, einen Weichling wie den mit seinem metrosexuellen Schwuchtelgetue könnte man nicht mal im Frauenfussball gebrauchen. Eine Susi sei der, pfui. Aber der Clou ist: Auch ich hab jetzt eine Handtasche. Von meiner Frau geschenkt bekommen. Und erst noch eine der Marke Freitag. Mich musste es treffen, der ich mich jahrelang über die schampar urbanen Freitagtaschenträger lustig gemacht habe, weil in Zürich jede und jeder eine der gummig riechenden Umhängetaschen aus rezyklierten Lastwagenblachen trägt. Was, wie ich fand, herrlich die Uniformität der Nonkonformen illustriert.

Seit Weihnachten gibts übrigens auf Ebay ein gesteigertes Angebot an Herrenhandtaschen. Aber wissen Sie, was? Ich würde meine nie zur Online-Versteigerung hergeben. Finds nämlich gäbig, vor dem gemeinsamen Kinobesuch nicht mehr Handy und Halswehpastillen meinem Schatz aushändigen zu müssen, auf dass sie den Kram in ihrer Handtasche versorge. Yes, ich trage mein Täschchen mit Stolz. Auf die Gefahr hin, als Susi zu gelten. Fürs Taffe sind bei uns daheim ohnehin die Girls zuständig. Die Frau guckt sich mit Vorliebe «Pimp My Ride» an, die kalifornische Mackersoap um tierisch aufgemotzte Autos. Und die Tochter hat die Salome-, Plüsch- und Peter-Reber-Phase glücklich überstanden. Ihr Götti schenkte ihr die CD «Die Toten Hosen unplugged», auf der die alten Rabauken ihren rüden Schunkelpunk ganz sacht spielen. Toll, fand Anna Luna. Aber obs davon nicht härtere Versionen gebe?

Da macht es vielleicht gar nichts, wenn Hans und ich ein bisschen – wie würde Kollege von Rohr es ausdrücken? – unsere weibliche Seite pflegen. Hat der Bub doch am Zeigitag im Chindsgi, an den alle ein Spielzeug mitbringen dürfen, tatsächlich sein Lieblingsbäbi vorgezeigt. Und das heisst, ohne Seich, Susi.

Münz_Kleingeld / Tschuttikollegen_Fussballkameraden / Tschutten_Fussball spielen / Gäbig_Praktisch / Bäbi_Puppe

ALLEGRO MAESTOSO_ Mein Vater im Himmel – ich stelle ihn mir gern qualmend bei einem Côtes du Rhône im Schach- und Klavierspielerhimmel vor – wirds gern gelesen haben, dass nun auch sein Sohn eine Männerhandtasche trägt. Denn irgendwie war er mit seinem Handtäschli in den Seventies der Zeit voraus, sozusagen ein Metrosexueller avant la lettre. Wir Kinder tauften seinen Lederbeutel damals SST, was familienintern «super-schwules Täschli» bedeutete. Wurden wir gefragt, was SST heisse, sagten wir brav: «Sicheres Sachen-Täschli».

Er hatte diese Grammofonplatte, auf der das ganze Orchester des Klavierkonzerts Nummer 21, C-Dur, Köchelverzeichnis 467, drauf war – nicht aber das Klavier. Ein Semiplayback für Pianisten, die das Klavierkonzert üben wollen. Vater gab sein Konzert Nachmittag für Nachmittag, ich habe es bestimmt tausendmal gehört. Wenn sich nun ein Dr. phil. aus dem Aargau in einer Lesermail brutal besorgt zeigt, weil ich meinen Kindern Popmusik mit Fäkalsprache zumute, dabei müssten verantwortungsbewusste Väter ihren Kindern doch – gerade im Jubiläumsjahr! – Mozart vorspielen, dann muss ich sagen: Moll, mein seliger Père war verantwortungsbewusst. Er hat uns mehr als genug Mozart vorgespielt. Als Literaturgelehrter hatte er nicht nur viel Zeit, sein Klavierkonzert zu üben, nein, er verriet mir, noch bevor ich lesen konnte, auch die strübste Zeile der deutschen Hochkultur, einen Reim von Heinrich Heine: «Was dem Menschen dient zum Seichen, damit schafft er seinesgleichen.»

Ob ich daher so verdorben bin, dass ich meinen eigenen Kindern fünfunddreissig Jahre später Stiller Has vorspiele: «Grusig mitem Gagu spiele, grusig furze i der Chile ...»?

Die einleuchtendste Definition von Kultur, lieber Dr. phil., ist für mich die des Europarates: «Kultur ist alles, was dazu führt, dass der Mensch seine Lage besser begreift, um sie unter Umständen verändern zu können.» Alles mithin, was mir die Welt erklärt. So gesehen ist, wenn Mozart denn ein Genie war, der von Ihnen verschmähte Eminem genauso eines. Ein Genie unserer Zeit. In seinen Raps überzeichnet er Missgunst, Gewaltsucht, Unmoral und Sexdiktat unserer Welt, und wenn er sich gegen den kriegerischen Bush in die Brust wirft, interessiert mich das fast mehr als Mozart. Übrigens sind, wenn man vertieft hineinhört, auch Stiller Has genial. Sie legen das Faschistoide am Gemütlichen frei, zeigen auf, wie der Bünzli zum Brandstifter wird. Das spiele ich, durchaus verantwortungsbewusst, meinen Kindern gern vor. Ich diskutiere mit ihnen darüber, warum es so grusig klingt – gönne ihnen aber auch ganz einfach den Spass daran. Hab mich schliesslich als Bub auch an dem grusigen Heine-Zitat erfreut.

Nur Frau S. betrübt mich. In einem Leserbrief droht sie, ich würde mich vor dem Jüngsten Gericht dafür verantworten müssen, dass meine Kinder solch primitive Musik hören durften. Werd ichs halt doch mit Mozart versuchen.

Wobei, im Moment steht Anna Luna mehr auf Vivaldi.

ES GIBT REIS, BABY!_ Also, ich könnt nicht in Asien leben. Jeden Tag Reis, da drehst du durch. Klar ist Reis fein, nahrhaft. Und macht nicht mal dick. Aber nachher! Nachher ist der Reis überall, tagelang. Denn mit dem Hans ist es leider auch im Kindergartenalter noch so, dass du die Reiskörner nach dem Essen nicht nur aus seinem Essmäntelchen, dem Hosenbund und der Pulloverfalte am Ellbogen und natürlich vom Küchenboden klauben musst. Sondern aus der Unterhose. Aus dem Playmobil-Piratenschiff. Aus der Computertastatur (meiner Tastatur selbstverständlich – hat er also wieder mit seiner Winnie-Puuh-CD gespielt auf meiner Kiste). Der Reis klebt noch eine halbe Woche später zerquetscht an den Sohlen meiner Hausschuhe, zwischen den Seiten 97 und 98 von Erich Kästners «Der Kleine Mann» und hinter Hans' linkem Ohr.

Dann geht mir beim Putzen auch noch dieses völlig absurde Lied von Helge Schneider durch den Kopf: «Es gibt Reis, Baby!», und ich werde mich hüten, daraus zu zitieren, sonst legen die Doctores phil. aus dem Aargau mit ihren Protestmails den Server des «Migros-Magazins» lahm. Aber ich schwöre: Nie mehr Reis! Mit dem neuen Handstaubsauger – hätten Sie mir vor zehn Jahren gesagt, ich würde dereinst etwas so Biederes wie einen Handstaubsauger anschaffen, ich hätte Sie vermutlich geohrfeigt –, item, sauge ich Reiskörner aus Ecken und Ritzen, und das sind dann die Momente, in denen du denkst, dass der Haushalt schon ein Scheissjob ist. Das könnte jetzt ruhig die Frau machen.

Yes, Man, die traditionelle Rollenteilung hat ihr Gutes. Nehmen Sie unsere Jungnationalrätin Jasmin Hutter. Die hat kurz nach Amtsantritt gesagt, sie würde sich, wenn es denn mal so weit wäre, ganz der Erziehung widmen und ihren Mann zur Arbeit schicken. Was ja auch im Sinne ihrer Partei ist, der SVP, welche die Frauen am liebsten daheim am Herd sieht. In Hutters Fall hiesse das, dass sie als Nationalrätin zurückträte. Was wiederum ich begrüssen würde, weil sie im Rat Partikelfilter für Baumaschinen bekämpft. Das tut sie zwar nur, weil sie von Beruf filterlose Baumaschinen verkauft. Aber sie hatte vorige Woche noch die Courage, zu behaupten, Baumaschinen hätten nichts mit der Feinstaubbelastung zu tun, weil: «Die meisten Baumaschinen stehen bei dieser Kälte eh still.» Hoppla! Schaue ich zum Küchenfenster raus, rasseln, schnauben und kesseln da den ganzen Tag Baumaschinen.

Andrerseits, wenn unsere Frau Hutter dann Kinder hat, wird sie sich zweifellos um deren Gesundheit und Zukunft sorgen. Sie wird erkennen, wie gefährlich der Feinstaub ist, und wäre demnach als Nationalrätin wieder denkbar. Sie bräuchte dann halt, um das Amt zu bewältigen, einen Mann, der daheim auch schaut. Eine Krippe gar, einen Hort. Dann aber wäre sie, was in ihren Kreisen als Schimpfwort gilt: eine Emanze. Und am Ende in der falschen Partei?

Okay, Leute, ich muss ab in die Küche. Hab mich erweichen lassen, es gibt das Lieblingsmenü der Kinder: Curryreis.

LOBET UND PREISET DIE DAME!_Genau 23 Prinzessinnen hat es an der Kinderfastnacht im Kirchgemeindehaus – und natürlich keinen einzigen Prinzen. 14 Feen – keinen Faun. Dass unsere Anna Luna nicht mit Tüll und Glitzer und Krönchen und Zauberstab und Schleier und Schärpe und Rüschen und Röckchen im rosaroten Mainstream schwimmt, sondern als Indianerin gekommen ist, samt Speer, erfüllt mich mit leisem Stolz. Auch wenn es mi Gotts Seel nicht mein Verdienst ist. Sie fand es letztes Jahr schlicht öd als Prinzessin unter Prinzessinnen und beschloss noch sur place: «Das nächste Mal verkleide ich mich als Indianerin.» Die Buben, klar, die sind heut wieder allesamt als wilde Kerle gekommen. Als Piraten, Ritter und Räuber, als Häupt- und Finsterlinge – und der Hans als Sheriff mit Lasso. Im Kirchgemeindekonfettiregen wimmelts also von proletischen Knäbchen- und poetischen Mädchenmaskeraden.

Aber meiner Tochter will nicht in den Kopf, warum sie als E-Juniorin des FC Blue Stars auf der Buchlern weniger Zuschauer hat als der blöde FC Zürich im Letzigrund, überhaupt findet sie es uuu gemein, dass im Fussball die Männer berühmter sind als die Frauen, jawoll. Was kann Ballack, was Mia Hamm nicht könnte? Und beim Grittibänzenbacken buk sie grad z Trotz eine Grittiluna mit geflochtenen Haarzöpfchen.

Ihr missfallen die vorgestanzten Rollen taffes Männlein, sanftes Weiblein. Sie spielt fürs Leben gern die berufstätige Frau (das hat sie ihrer Mutter abgeschaut), kurvt als Bäuerin auf dem Plastiktraktor durch den Garten und schwadroniert, sie müsse pflügen, der Bauer sei daheim bei den Kindern am Kochen, sie hätten drum Jobsharing. Oder sie gibt die Businessfrau und muss noch während des Mittagessens schampar wichtige Telefonate am Spielzeughandy entgegennehmen (okay, das hat sie vermutlich eher ihrem Vater abgeschaut). Ob ich dann, wenn ich Grossvater sei, ihre Kinder hüten solle, frag ich. «Das ist lieb, Vati», sagt sie, «aber weisst, für das Kinderhüten, während ich arbeiten gehe, dafür hab ich dann einen Mann.»

Sie ist sozusagen ein Emänzchen. Als sie letzthin «Lobet und preiset ihr Völker den Herrn» flöteln musste, fragte sie ziemlich sauer: «Und warum sollen sie nicht die Dame preisen?» Im Moment muss sie übrigens das hohe Fis üben, was sauschwierig, aber nötig ist, weil die Flötenlehrerin bald Mozart spielen will. Den hat mir der besorgte Dr. phil aus dem Aargau ja dringendst als Kindersegen empfohlen. Nur hat inzwischen Frau Kalbermatten angerufen und nur verschwörerisch geflüstert: «Köchelverzeichnis 382c.» Und seit ichs nachgeschaut habe, bin ich etwas unsicher. Wenn Mozart ein Genie gewesen sei, dann sei der wüste Rapper Eminem auch eines, behauptete ich vorige Woche. Jetzt glaube ich fast, das gilt auch umgekehrt: Wenn Eminem ein Grüsel ist, war Mozart auch einer. Sein Kanon für sechs Singstimmen, B-Dur, Köchelverzeichnis 382c, komponiert 1782, geht nämlich, und das ist die Wahrheit, so: «Leck mich im Arsch, o leck mich doch geschwind im Arsch!»

Mi Gotts Seel_Weiss Gott / Grittibänz_Männlein aus Hefeteig, Adventsgebäck / Grüsel_Unflat

HEUT GIBTS JUGO-PASTA_ Das haben wir jetzt von Felix, dem reiselustigen Stoffhasen aus den Felix-Büchern und -Filmen: Die Kinder wollen den Eiffelturm sehen. Zur Reisevorbereitung google ich schon mal «Paris mit Kindern», worauf die Suchmaschine als erstbestes Resultat die Schlagzeile offeriert: «Paris Hilton soll Kindern Alkohol gegeben haben.» Hansli nennt Schlagzeilen übrigens «Schlachtzeilen», und meist liegt er damit richtig.

Sein Flair für Wortverdrehungen ist grenzenlos. Jeden Abend gebe ich den Ahnungslosen, beginne an seinem Hochbett «I ghören es Glöggli» zu singen, doch schon nach zwei Takten japst er: «Nei, Vati, nei, nei, nei. ‹Wiesensteiget›!» Mit Anna Luna dasselbe. Ich kann noch so versuchen, sie auf den Geschmack von «Schlaf, Chindli, schlaf», «Weisst du, wie viel Sternlein stehen» oder «Guten Abend, gut Nacht» zu bringen, seit Monaten wollen sie nur noch – und Hans grunzt schon wonnig, wenn ers wünscht – das Mondliedli hören, kurz: «Wiesensteiget.»

Wie oft werd ich den Kerl noch verfluchen, der den Text meines geliebten «Der Mond ist aufgegangen» verhunzt hat? Und wie oft den Augenblick, da ich den Kindern die Verhunzung verraten habe? Statt «... der weisse Nebel wunderbar» steigt nun bei uns Abend für Abend aus den Wiesen: «... der weisse Neger Wumbaba.» Finden Sie das etwa lustig? Okay, zugegeben, es ist sogar sehr lustig. Nur nicht besonders politisch korrekt. Wenigstens schlafen sie danach zufrieden ein.

Anderntags schon wieder keine Spur von Correctness, wenn der Kleine quer durch die Migros quäkt: «Vati, Vati, Vati, choufe mir no Jugo-Pasta?» Himmel, ist das peinlich. Wie sollen die Leute wissen, dass er sich nichts Böses denkt? Er meint Hugo,

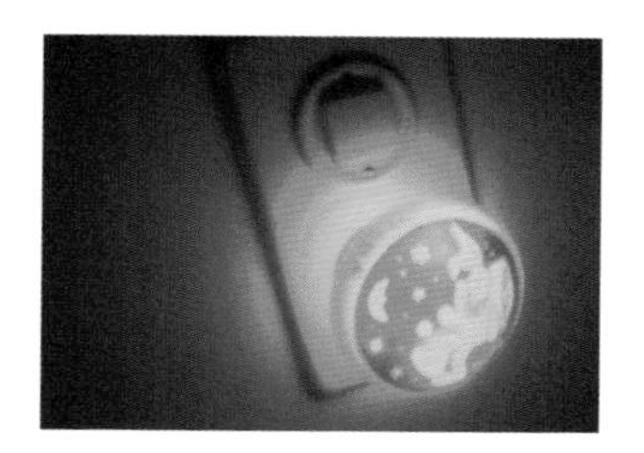

das Kinderfigürchen der Migros. Diesen Hugo gibts jetzt auch als Teigware. Doch dummerweise glaubt Hans noch immer, der Hugo heisse Jugo. «Nicht so laut, Hans!», mahne ich, stosse mein Wägeli in die Brotecke, schon tönts von der anderen Seite des Ladens: «Vati, Vati, dafi Jugo-Fischstäbli?»

Als Anna Luna vier war, sagte sie statt «Flugzüg» «Flügzug» – meine Lieblingswortschöpfung. «Schülkrank» für Kühlschrank und «Lepsikon» für Lexikon sind in den Familienwortschatz eingegangen, längst heissen Wettrennen bei uns nur noch «Rettwennen». Und Freund Greg aus New Jersey war für sie kein Amerikaner, sondern «Erikamaner». Ich hab die Sprachspielereien der Kinder so gern, dass ich es meist versäume, ihnen zu sagen, wie es richtig hiesse. Anna Luna verwechselt ohnehin noch immer «wichtig» und «richtig»: «Ich muss dich etwas ganz Richtiges fragen, Vati.» Und Hans nennt, wenn wieder mal gebohrt werden muss, einen Dübel «Tubel».

Allerdings, das Durcheinander kann von Vorteil sein. Couscous zum Beispiel mochten sie nie besonders. Bis sie mal wissen wollten, wie man dem sage. Ich: «Couscous.» Anna Luna: «Aha, Sugus.» Seither essen sies anstandslos.

Glöggli_Glöcklein / Chindli_Kindlein / Choufe_Kaufen / Wägeli_Einkaufswagen / Sugus_Beliebtes Schweizer Lutschbonbon

EIN PLÄMPU FÜR DIE EWIGKEIT_ Gold für Jean Wicki, Edy Hubacher, «Hausi» Leutenegger und Werner Camichel! Noch im Schlaf könnt ich die Namen derer aufsagen, die im Viererbob hockten. In der 4 x 10-Kilometer-Staffel liefen Wisel und Fredel Kälin, Albert Giger und Edi Hauser zu Bronze, in der Abfahrt holte Russi Gold vor Collombin, Marie-Therese Nadig raste zu Gold in Abfahrt und Riesen, wir sangen am Mittagstisch «Ogis Leute siegen heute!», es gab Skimedaillen für Edi Bruggmann, Werner Mattle, Walter Tresch. Und das NSB-Buch, das mir meine Eltern danach zum siebten Geburtstag schenkten, hiess «Schweizer siegten in Sapporo». 1972, unsere erfolgreichsten Olympischen Winterspiele!

Aber fragen Sie mich nicht, wer vorige Woche hinter Annen im Bob sass. Belustigt hats mich, wie Anna Luna sie mit so lauten «Hopp Schwiz!!»-Rufen anfeuerte, dass man fürchten musste, die Nachbarn würden die Polizei einschalten. Turin, das waren ihre Olympischen Spiele – wie jene in Sapporo meine waren. «Vati, wie viele Medaillen haben wir schon?», fragte sie jeden Morgen nach dem Aufstehen und verwendete erstmals dieses absurde «Wir», das es nur im Sportchauvinismus gibt. Am Ende hatten wir vierzehn, und Luna fands «geil».

Wer steht im Spielzeugladen an Zürichs trendigster Meile mit glänzenden Äuglein vor der Blechgondelbahn? Es ist genau die Gondel, die man sich damals gewünscht, aber nie bekommen hat. Wer bestaunt die Holzeisenbahn im Stil von anno dazumal, wer die geschnitzte Kuh? Wir Eltern. Dann stelle ich mir vor, wie unser Hans im Jahr 2038, bärtig und mit Fältchen um die Augen, in einem – falls es dannzumal noch Spielzeugläden gibt – Nostalgiespielzeugladen gerührt vor Chicco-Kram und einem Plastikfigürchen von «Bob dr Boumaa» stehen und es seinem Bub kaufen wird. Ich stelle mir vor, wie Philipp Schoch 2042 als gut erhaltener 62-Jähriger am TV für Subaru wirbt. Wie Stéphane Lambiel, noch immer mit seinem hinreissenden welschen Akzent, die Eislaufbewerbe co-kommentiert und wie Evelyne Leu von Raiffeisenkasse-Plakaten grinst.

Für meine Kinder wird die mit dem «Plämpu», Tanja Frieden, eine Kultfigur bleiben wie für mich «Maite» Nadig, die damals auf die Reporterfrage «Wie war der Schnee?» antwortete: «Weiss.» (Ich ging ihretwegen sogar mal an einen Frauenfussballmatch, aber als Kickerin machte Nadig irgendwie eine weniger gute Figur.) Und meine Kinder werden zu ihren Kindern sagen: «Turin Zweinullsechs, das waren noch Zeiten!» Doch die Erinnerung lügt. Vielleicht sollten wir aufhören, unsere eigene Kindheit zu idealisieren? Das Dorf, in dem man aufwuchs, war nicht halb so idyllisch, wie es heute scheint. Und ehrlich gesagt: Man spielte schon damals lieber mit den Playmobil-Bauarbeitern als mit den Holzkühen.

Und wie war das genau mit Sapporo? Ganze zehn Medaillen. In Salt Lake City hatten wir elf, in Calgary gar fünfzehn Medaillen. Von wegen «Schweizer siegten in Sapporo». Aber wissen Sie, was? Für mich bleibens trotzdem die grössten Winterspiele aller Zeiten: die ersten in meinem Gedächtnis.

Bob dr Boumaa_Bob der Baumeister / Plämpu_Umhängsel (Die Schweizer Snowboarderin Tanja Frieden nannte ihre Olympiagoldmedaille salopp einen «Plämpu»)

«MÄI NEIM IS TSCHON»_Eines muss ich vielleicht nachtragen, bei aller Begeisterung für die Winterspiele in Sapporo, die mich, was Sport betrifft, zum Fan geformt, sozusagen patriotisch sozialisiert haben: Nein, wir haben unseren Sohn nicht nach Hans «Hausi» Leutenegger getauft, der 1972 im Gold-Bob von Jean Wicki mitfuhr und es später zum Mehrfachmillionär und Cervelatpromi erster Güte brachte. Sie wissen schon: Der «Hausi» durfte als schnauzbärtiger Kommissar im «Tatort» mitspielen, jüngst sogar als Feuerwehrhauptmann in «Mein Name ist Eugen». Er trainierte sich auf Gran Canaria einen unverschämt bronzenen Teint und das respektable Golfhandicap von 11,0 an. Nein, nach jenem Hans ist unsrer nicht benannt. Das dann doch nicht.

Überhaupt wollte es ja zunächst keiner glauben, dass der Hans Hans heisse. Als ich, eben vom Spital heimgekehrt, mutterseelenallein einen billigen Schampus entkorkte und ein paar engen Freunden per SMS uuu mega stolz seine Geburt verkündete, schrieben sechs von acht zurück: «Gratuliere! Aber wie heisst er wirklich?» Die dachten, der Name sei ein Scherz. Andere meinten, wir wollten wohl wahnsinnig originell sein, so voll auf der Retrowelle surfen, die kurz zuvor alle werdenden Eltern in der ganz, ganz coolen Zürcher Szene erfasst hatte: Hans! Damit würden wir zu all den Maxen, Moritzen, Fritzen und Willis noch einen draufsetzen. Doch wir wollten gar nicht originell sein. Der Grund war ein einfacher. Also eigentlich ein dreifacher: Unser Hans hat einen Ur-, einen Grossvater und einen Onkel gleichen Namens – Familientradition. Und: Wir fanden, zu einem emmentalischen Nach- passe ein gutschweizerischer Vorname irgendwie besser als, sagen wir mal, Kevin.

Die ersten Kevins, die damals nach dem Kinoklamauk «Home Alone» benannt wurden, werden ja schon bald volljährig. Und sie tun mir noch immer ein bisschen leid. He, ja, Kevin Hugentobler find ich halt etwa so problematisch, wie andere es problematisch finden, ein Kind heute noch Hans zu taufen. (Problematisch? Ihr hättet ihn sehen sollen vorletztes Jahr in Florida, wie stolz er jeweils brabbelte: «Mäi neim is Tschon änd äi äm sri jirs ould!») Trinity Aebischer, Jillian Bütikofer, Uma Meier? Will ja nicht fies sein, aber müssten Vor- und Nachnamen nicht irgendwie zusammenpassen? Ich meine, jemand, der zum Geschlecht Pathmakanthan heisst, tauft sein Kind ja auch nicht Annebäbi.

Gut, jetzt höre ich Sie natürlich fragen: Wenn du gewöhnliche Namen vorziehst, warum hast du Affe deine Tochter dann Anna Luna getauft? Und weiss darauf nur die halbbatzige Antwort, dass die besondere Luna zur kommunen Anna halt irgendwie im letzten Moment dazugerutscht ist. Aber als vorgestern ein Mami seinem Töchterli quer durch den Globus rief: «Britney, chumm! Chumm, Britney-Schnüggeli, chumm!», da war ich dann doch fast froh, dass wir wenigstens dem Hansli – weil meine Frau, schon im Kreisssaal, im letzten Augenblick dagegen war – nicht den vorgesehenen Doppelnamen gegeben haben: Hans Elvis.

Schnüggeli_Schnuckelchen / Globus_Warenhauskette

HANS IM UNGLÜCK_ Zeit, dass es Frühling wird, Heimatland! Winters haben wir Hausfrauen immer Schrunden an den Fingerkuppen, diese extrem schmerzhaften kleinen Hautrisse. Wenn man, wie zuletzt wegen der Vogelgrippe, neben all dem Salatwaschen, Fudiputzen, Bödenschrubben, Geschirrspülen und Wäscheeinlegen auch noch behördlich verordnet mehrmals täglich die Hände mit Seife reinigen muss, wirds ganz schlimm. Denn Kälte gepaart mit Nässe ist Gift für die Hände, das wusste schon die dicke Claire aus dem Palmolive-Werbespot selig. Und Freund Dieter beklagt sich völlig zu Recht, dass es keine Hausfrauenhandschuhe in Männergrösse gebe. Nämlich, gopf.

Dieter – noch so ein altmodischer Name. Ich dachte ja, ich hätte die armen Kevins beleidigt letzte Woche mit meinem Plädoyer für simple Namen wie Hans. Aber wer meldet sich? Ein Hans im Unglück. Hans Muhmenthaler. «Als ich meine Eltern als kleiner Junge gefragt habe», mailt er, «wie zum Teufel sie auf diesen beschissenen Vornamen gekommen seien, meinten sie, er hätte halt in erster Linie einsilbig sein müssen bei einem so langen Geschlecht wie Muh-men-tha-ler.» Hans aber meint, ihm wären tausend einsilbige Vornamen eingefallen, die allesamt besser als Hans gewesen wären: Rolf, Kurt, Urs, Sven, Tom, Claus, Sean, Fred, Max, Tim, Till, Jim, Dean. Immerhin räumt er ein: «Dean Muhmenthaler, zugegeben, tönt genauso beknackt.»

Beknackt wie Dorian Künzli. Oscar Wildes «The Picture of Dorian Gray» mag ein Klassiker der Weltliteratur sein, aber neulich in der Skischule sprach der Skilehrer, offenbar nicht so belesen, wie die Eltern des kleinen Dorian es sich gern wünschten, den Namen halt in breitestem Bündnerdeutsch aus – und wollte von der englischen Diktion

partout nichts wissen, auch wenn ihn Dorians Mami täglich pikiert korrigierte. Mit Fritz wären die Künzlis besser gefahren, behaupte ich. Oder hätte sich der Bub dann darüber beklagt, dass er wie ein aus dem Leim geratener Exfussballer heisst?

Wer nach einem Promi benannt ist, der ihm nicht schmeichelt, kann nur hoffen, dass besagter Promi in Vergessenheit gerät. So geschehen mit der unsäglichen italienischen Sängerin, von der nur der, durchaus schöne, Name geblieben ist: Sabrina. Aber was soll – letzthin gehört! Armes Kind! – aus Shakira Affentranger werden? Tönt befremdlich wie Keanu Brenzikofer und River Hitz. Wobei … River Hitz, das hat was. Klingt schon fast nach Hollywood. Vielleicht haben sich seine Eltern gesagt, was, wenn in unserem Kind ein Weltstar schlummert, und wir geben ihm den falschen Namen? Man würde eine Karriere zerstören, ehe sie begonnen hat. Die Ramazzottis damals in Rom müssen auch geahnt haben, was kommt. Sonst hätten sie ihr Bébé Guido getauft oder Luigi. Aber Eros! Der heisst wirklich so. Und Madonna? So getauft! Madonna Louise Veronica Ciccone. Ihr wurde der Erfolg buchstäblich in die Wiege gelegt.

Da muss man sich dann schon fragen, ob aus unserem Hans überhaupt mal etwas Rechtes werden kann, bei dem Namen.

Fudiputzen_Popoabwischen / Fritz Künzli_Schweizer Fussballlegende

MERCEDES BÄNZ_ Aus der geneigten Leserschaft wurden gemeldet: Jennyfer (Man beachte das y!) Müller, Nahandra Kägi, Marilyn Blocher, Jewel Binggeli. Und es fragt sich, wie die arme «Tschuuwel» dem Elektrofachverkäufer, der ihr einen Garantieschein ausstellen will, dereinst ihren Namen buchstabiert. Aber vielleicht sehe ich es zu eng? Angelika M. aus Gossau gibt zu bedenken, unser Hans werde in der globalisierten Welt Mühe haben, die Franzosen würden «'Ons» radebrechen, die Amis «Häänz». Aber, easy, mit den Amis hab ich Erfahrung. Denen stelle ich mich als «Bänz as in Mercedes, but with an umlaut» vor: Bänz wie bei Mercedes, aber mit ä – und sie schnallens sofort. Ausserdem kann Hans nach Bedarf zu Juan, John, Gianni, Jean switchen.

Früher, Anfang der Achtziger in meiner Toscanaphase, dachte ich ja auch, ich würde einen Sohn dann mal Luca taufen. Doch plötzlich war Luca en vogue, zuerst bei Eurythmietherapeutinnen, die nach Patschuli rochen, dann bei friedensaktiven sozialdemokratischen Architekten, die sämtliche Branduardi-LPs besassen. Bald hiess jeder zweite Bub Luca. Und seine Schwester hiess auf hundert Laura. (Im Fussballtraining meiner Tochter müssen sie die Lauras schon nummerieren. Laura I spielt zu Laura II, Kopfball Laura III – Tor!)

Moden wechseln. Allmählich kommt für Luca jetzt Noah, so, wie für Kevin Levin kam. Levin war Kevin für Fortgeschrittene. Seither sind Vornamen auf -in in. Letzthin unter «Kasualien» im Thuner Kirchenblettli gelesen: Dort wurden binnen Monatsfrist Nevin, Devin, Levin, Severin und Marvin getauft. Marvin Häberli! Himmel, warum denn nicht Köbi, jetzt, im WM-Jahr!?

Am allerdoofsten taufen übrigens die Promis selber. Für ihren Jüngsten dachten sich U2-Sänger Bono und Gattin aus: Elijah Bob Patricius Guggi Q, woran mich vor allem das «Q» fasziniert. Eine Tochter benannten sie Memphis Eve, gemäss der neuen Unart, dass Stars ihre Kinder nach dem Ort der Zeugung taufen – Brooklyn Beckham, Paris Jackson und so weiter. Dann würde unser armer Hans mit Vornamen «Schlieren» heissen. Dort wohnten wir damals, Ausländeranteil in Anna Lunas Kindergarten: 91 Prozent. Und wenn ich jenen Telefonalarm betrachte, wird meine ganze Namensdiskussion irgendwie hinfällig. Da gab es je einen Alessandro, Alejandro und Alexandro, dazu Giuseppe, Gessica, Hamza, Shaan, Gökhan, Zeynep, Ardit, Eliza, Diellza, Melos, Hikmete, Karigaran, Thuy An, Ilda, Diana, Filipa, Céline, Goran und Nemaniah. Der heisst übrigens Milosevic, und sein Papi stellte sich am Elternabend rührend vor: «Ich wäiss, dass isch mim Namä bitzli berüemt.»

Wie selbstverständlich meine Kinder dem Kulturenmix begegnen, imponiert mir. Spielen sie Playmobil-Familie, heissen die Kinder eben Zeynep und Ardit, und sie dürfen kein Söilifleisch essen, weil ihr lieber Gott das mit dem Söilifleisch etwas anders sieht als unserer. «Hast nicht kapiert, Vati?» Doch, jetzt hab ich kapiert. Es ist in der heutigen Buntwelt völlig egal, wie ein Kind heisst. Anything goes, alles erlaubt. Nur müssen «Anna» und «Hans» in den Ohren ihrer Gspänli sehr, sehr exotisch klingen.

Blettli_Blättchen, kleine Zeitung / Bitzli berüemt_Ein bisschen berühmt / Söilifleisch_Schweinefleisch

STELL DIR VOR, ES IST KRIEG_Wegen des Tamagotchi sind wir draufgekommen. Offenbar gibts das öde Minicompüterchen, das so tut, als wäre es ein Haustier, wieder zu kaufen. Es will fiktiv gefüttert, gestreichelt und Gassi geführt werden, sonst ist Game over. Weil scheints die Serena solch ein Plastikei hat und der Matthias eins bekommt, will Anna Luna jetzt natürlich auch eins, und ich sage, was überforderte Väter in solchen Situationen immer sagen: «Das besprechen wir dann noch mit dem Mueti.»

Wir sind ja keine Kulturpessimisten, die Frau und ich, und wollen gewiss nicht auf pädagogisch furchtbar wertvollem Holzspielzeug beharren. Die Kinder können ja nichts dafür, dass sie in der Zeit leben, in der sie nun mal leben. Verbieten macht einen Blödsinn wie das Tamagotchi ohnehin erst interessant. Anna Luna, die neuerdings Taschengeld bekommt, soll halt darauf sparen. Mit dem Entscheid ist die leise Hoffnung verbunden, dass sie sich das Tamagotchi, hat sie erst einmal neununddreissig Wochen gespart, längst aus dem Kopf geschlagen hat.

Verbote sind ein heisser Lauf. Eine Pistole? Würden wir unserem Sohn wohl erlauben. Lieber jetzt eine Chäpslipistole à la Cowboy und später Pazifist, sag ich mir. Denn, ehrlich gesagt, haben wir nicht selber als Kinder mit Plastikgewehren und Speeren goböierlet und indianerlet? Hängt an Mutters Gartenhaus nicht heute noch das Schild «Saloon»? Gruben wir das Kriegsbeil in Nachbars Komposthaufen nicht immer wieder aufs Neue aus? Dennoch graut mir vor Mordsspielzeug, das reell aussieht, wie heutige Waffen aussehen: Maschinengewehrlein, Schützenpänzerchen, Handgranätchen. Nein, nein, und nochmals nein! Das kommt mir nicht ins Haus.

Tags darauf gibts in Hanslis Kindergarten einen Spielzeugflohmarkt. Endlich Gelegenheit, sein Zimmer auszumisten. Ein defektes Kinderhandy packen wir ein, ein paar Plüschviecher, ein Bob-der-Baumeister-Heftli, ein Autöli, lauter Krimskrams, einen halben Plastiksack voll. Er strahlt, als ich ihn am Mittag am Fussgängerstreifen abhole. Ich hatte nicht bedacht, dass er nicht nur seine Sachen loswerden, sondern dank Tausch und Kauf auch neue heimbringen würde. Nicht nur kommt er mit einem ganzen Franken an, wo er doch mit nur 90 Rappen ausgerückt ist. (Taugt der Kerli etwa, ganz im Gegensatz zum Vater, zum Geschäftsmann?) Nein, er schleppt auch zwei Taschen voller Ware mit, darunter ein roboterhaftes Kampfmonstrum, das dem Bub bis zur Hüfte reicht. Ein grauenhaftes Unding, ausgerüstet mit einer realitätsgetreuen Maschinenpistole und einem, wie Hans mich aufklärt, Lasergewehr. Meine Hoffnung, das Monster sei wenigstens nicht mehr funktionstüchtig, zerschlägt sich noch während des Mittagessens, als Anna Luna ihm neue Batterien einsetzt und es sogleich zu blinken, lärmen und sirenen anfängt, sich sogar vorwärtsbewegt und dazu immerfort brüllt: «My name is Saddam! Drop your weapons!»

Nie hätte ich geglaubt, dass es ein solch widerliches Spielzeug wie diesen Saddam überhaupt gibt. Und jetzt warte ich ganz, ganz sehnlich auf den nächsten Kinderflohmarkt. Saddam muss weg.

Chäpslipistole_Spielzeug-Schreckschusspistole

WASCHECHTE FRÜHLINGSGEFÜHLE_

Unsere Grossmütter hatten im Fall schon recht. Die Frühlingsputzete machte Sinn. Nur ist sie heute, da alles immer ruckzuck gehen muss, démodé. Irgendeinmal wurde die Rüebli-RS der Mädchen abgeschafft, statt dass sie auch für Jungs eingeführt worden wäre. Und heute weiss keiner mehr, wie Hausarbeit eigentlich ginge. Denn sie gilt gesellschaftlich als das Hinterletzte, den Salat kauft man schon gewaschen, jede Speise vorgekocht. Und wirbt nicht auch die Migros für ihre Fixfertigprodukte mit dem Slogan «Mehr Zeit zum Leben»? Als ob Kochen, mit Verlaub, nicht Leben wäre, sondern vergeudete Zeit.

Weil ich mir geschworen habe, nie mehr umzuziehen, und dennoch wieder mal das befreiende Gefühl erleben möchte, wenn man sich allen Ballasts entledigt, mache ich mich an den Frühlingsputz. Der weckt, hat man hernach unter der Dusche erst wieder den Staub aus der Nase gespült, waschechte Aufbruchstimmung. Am gescheitesten beginne ich im Bubenzimmer, dort kann man schön radikal ans Werk. Ich bin ja schon gerührt ob der Basteleien, die er täglich vom Chindsgi heimbringt – aber jetzt müssen mal zweieinhalb Kubikmeter Karton entsorgt werden. Scheiben geputzt. Hinterm Schrank abgestaubt. Und der defekte Kran? Seit vierzehn Monaten hat der Hans nicht mehr darnach gefragt. Aber täglich kippt das Ding um und zerfällt in seine Teile. Weg damit. Doch was sagt Hans am nächsten Morgen noch im Pyjama? «Wo ist mein Kran?» Die Fortsetzung des Dramas erspare ich Ihnen.

Sechzehneinhalb Stunden später hänge ich ohnmächtig vor Müdigkeit im Sofa. Man ist als Hausfrau (-männer sind mitgemeint) dermassen gefordert, gehört von sieben

Uhr in der Früh bis abends um zehn, wenn sie endlich schlafen, gewissermassen nicht sich selber – da stiehlt man sich halt zu nachtschlafender Zeit noch ein bisschen Freiraum, blättert schlaff in irgendwelchen Heftli und gafft ein wenig TV. Man erblickt die üppige neue Villa von UBS-Chef Marcel Ospel und denkt nicht etwa «Wowww! Wie schön!», sondern: «Lieber Himmel, wer soll das alles putzen?»

Dann talkt der Schweizer Chef der Deutschen Bank, Joe «Vögeli-V» Ackermann, in irgendeiner Talkshow (Sie müssen wissen, der ist für mich seit seinem Victoryzeichen im Gerichtssaal nur noch der Vögeli-V). Da sagt also Herr Ackermann über sein Jahreseinkommen von 19 Millionen Franken, es sei schon eine sehr hohe Zahl, aber wenn man schön bescheiden bleibe wie er, könnten die Leute das nachvollziehen, denn es sei ja mit Leistung verbunden. Ausserdem sei er, fährt der Vögeli-V fort, dauernd auf Achse. Eben begebe er sich für vier Wochen nach Asien und Lateinamerika. «Da sind nicht viele Stunden dabei, in denen ich mich ausruhen kann.»

Mir kommen die Tränen. Armer Vögeli-V. Immer auf Achse! Nie ausruhen! Schön bescheiden! 19 Millionen Franken redlich verdient! Hallo, Herr Ackermann, can you hear me? Wissen Sie, was? Wir Hausfrauen würden ganz gern mal vier Wochen nach Asien und Lateinamerika, und es wäre uns wurst, wenn wir uns nur wenige Stunden ausruhen könnten. Daheim können wir es gar nie. Wie das ist? Fragen Sie mal Ihre Frau.

Rübeli-RS_Hauswirtschaftskurs / Heftli_Illustrierte

«DIESES BUCH GEHÖRT ...» _Wir Eltern sind, glaub ich, schon ein bisschen doof. Sprechen wir zu Kleinkindern, sagen wir dauernd «Chueli», «Rössli» oder, noch dööfer, «Elefäntli», dabei sind Kühe, Pferde und Elefanten aus Kinderaugen uu-hennä-mega-tönder-grosse Monster! Von «Hundli» und dem «Wottnubitzlispile»-Gefasel ihrer Halterinnen und Halter ganz zu schweigen – Bestien!

Aber Grosse versuchen seit je, ihren Kleinen die Welt zu verkleinern. Ist Ihnen aufgefallen, wie es in Pixi-Büchern von Diminutiven wimmelt? Ferkelchen und Seepferdchen tummeln sich da, Brüderchen und Schwesterchen, Hühnchen, Häschen, Entchen, Zwerglein hinter den Berglein – alles und jedes wird sprachlich klein gemacht, nur für sich selbst kennt es keinen Diminutiv: Das Pixi heisst stolz Buch, nicht Büchlein. Man müsste ihm, finde ich, ein Denkmal setzen. Oder wenigstens ein Denkmälchen.

Von Island bis China überdauert das Pixi souverän all seine Kopien. 1948 kam es in Kanada als «Pixie Book» zur Welt – vom Englischen «pixie» für Elfe. 1953 holte der dänische Verleger Per Carlsen das Pixi nach Europa, 1954 – Elvis erfand gerade den Rock 'n' Roll, die Deutschen schafften das «Wunder von Bern» – erschien das erste deutsche Pixi-Buch, «Miezekatzen», und man mag heute kaum mehr glauben, dass die Buchhändler das Pixi für Schund befanden und daher boykottierten. Keine Buchhandlungskasse, an der es heute nicht als literarische Einstiegsdroge aufläge. 1443 Titel gabs bisher auf Deutsch, 260 Millionen Bücher wurden verkauft. Ein Bestsellerchen. Und ein Longseller: Immer neue Generationen von Papis und Gotten, Grosis und Tanten händigen den Kids Pixis aus. Die passen, zehn mal zehn Zentimeter klein, zwanzig Gramm leicht, in jedes Patschhändchen, in jedes Kinderfluggepäck.

Jedes Pixi endet gut, auf jeder Umschlag-Innenseite steht «Dieses Buch gehört ...». Doch Pixis spiegeln auch den Zeitgeistwandel, von moralisch nach alter Väter Sitte bis rotzfrech, wies neue Mütter mögen: Seit 1992 gibts die kecke Conni, die beim Fussball die Jungs ausdribbelt, von Männerberufen wie Pilot und Zahnarzt träumt und ein rundum patentes Identifikationsfigürchen fürs Girl von heute ist. «Conni kommt in die Schule», «Conni geht zum Arzt», «Conni lernt Rad fahren» und, bei uns daheim besonders beliebt, «Conni backt Pizza» – Conni hilft in jeder Lebenslage.

Jahrelang gabs für Anna Luna und Hans keinen Ausflug, keine Zugfahrt zur Grossmutter ohne einen Rucksack voller Pixis. Um zu begreifen, warum das Pixi auch im Zeitalter von Playstation, iPod und DVD unsterblich bleibt, muss man sich fragen, wofür es denn steht. Es steht für die Unschuld. Nicht für die der Kinder, nein, für unsere eigene, verlorene. Das Pixi rührt uns, weil es an die Zeit erinnert, da unsere Welt noch winzig klein und also in Ordnung war.

Zum WM-Jahr erschien eine Achterserie Fussball-Pixis, darunter das grossartige «Wie Kaiser Franz das Fussballspiel erfand». Wem meine Frau das geschenkt hat? Mir. Die Kinder kommen leider langsam aus dem Alter.

DER CUPFINAL GING IN DIE HOSE_ Schon mal was vom togoischen Kicker Jean-Paul Abalo gehört? Verdient sein Geld scheints beim drittklassigen französischen Verein Dünkirchen. Er ist heuer Panini-Bildchen Nummer 514. Und er fehlt. Mir fehlt er, dem Götti Nils, dem Götti Bänz, dem Lino, der Andrea, allen.

Seit ich 1974 mein erstes Bildli einklebte, es war Johan Neeskens, habe ich mich schon ab und zu gefragt, ob ich noch normal sei. Und jetzt, da es normal ist, Panini-Bildchen zu sammeln, frage ich mich, warum ich nicht damit aufhöre. Ich habe sogar den «Blick» doppelt gekauft, weil ich Hans' Gegreine nicht aushielt, jetzt habe die Schwester einen Schweizer mehr! Dem «Blick» lag gratis der Zubi bei, ausgerechnet seinetwegen musste ich die Zeitung zweimal kaufen; und da lag auch Van Nistelrooy noch einmal bei – dabei hatten wir den schon dreifach doppelt.

Das «dreifach» muss ich vielleicht erklären. Bevors die Paninis zu kaufen gab, meinte meine Frau, weil Frauen ja immer vernünftiger sind, ein Album für die ganze Familie genüge dann im Fall. Ich fuhr zwei Tage weg, und als ich zurückkam, hatten – weil Frauen oft sehr verblüffend sind – schon beide Kinder ein eigenes Album. Für mich lag ein drittes bereit. Nummer 514, Monsieur Abalo, fehlt daher dreifach. Wäre an seiner Statt Aziawonou rar, das nähm ich noch in Kauf. Der spielt wenigstens bei YB.

Hab ich YB gesagt? O Gott. Da schleppe ich meine Familie an den Cupfinal, und dann beantworten unsere Young Boys die Frage, ob Sion mit ihrem Super-League-Niveau würde mithalten können, indem sie sich auf Challenge-League-Niveau herablassen. YB ist hilflos. Kein Herz und keine Seele. Wollte ich das? Dass meine Liebsten

mich in meiner schwärzesten Stunde in Gelb-Schwarz erleben? «Hans, das seit me nid!», mahnt Anna Luna, als ihr Bruder in den «Scheiss-Sion!»-Chor des Fansektors einstimmt. «Heute darf er das», brülle ich und skandiere mit Hansli: «Scheiss-Sii-o-on!» Dabei gönnte man den Wallisern den Sieg, wäre man neutral oder zumindest normal, von Herzen.

Einer immerhin ringt, rackert und rennt, als der Coach ihn 106 verdammte Minuten zu spät endlich bringt, wie lätz: Hakan Yakin. Selbst wenn Alice Kuhn ihren Köbi nicht überreden kann, ihn an die WM mitzunehmen: In meinem Panini-Album wird unser Haki NICHT mit Dzemaili überklebt. (Zürcher Fans liessen eigens ein Dzemaili-Bildli drucken, um Hakan zu tilgen. Primitiv. Und wer sagt denn, dass Köbi den Dzemaili nominiert?)

Der Versuch, in meinen Kindern die auf Zürcher Pausenplätzen arg geprüfte YB-Seele zu stärken, kostet mich, Pommes frites, Wurst und Schirmmütze nicht eingerechnet, viermal 90 Franken. Und er geht in die Hose. Als João Paulo – ich will dem Hansli grad sagen, der heisst wie du, nur auf Brasilianisch, und er haut ihn jetzt für uns rein – seinen Elfmeter an die Latte setzt, fliessen bei Anna Luna Tränen. Nur Hans schwingt weiter zufrieden seine YB-Fahne. Erst vierzig Minuten nach Spielschluss, wir sind längst auf dem Heimweg, fragt er: «Wär het eigentlech gwunne?»

Cupfinal_Pokalendspiel / Super League_Höchste Liga im Schweizer Fussball / Challenge League_Zweithöchste Liga / Das seit me nid _So sagt man nicht / Wie lätz_Wie verrückt

DAS FLIEGENDE FENCHELGRATIN_ Kann es sein, dass es gopferglemmi nicht mein Tag ist? Gestern Abend fings zwar gut an: Die Kinder putzten ihre Teller rekordgeschwind leer. Lachsfilet haben sie halt fürs Leben gern, dachte ich beim Abräumen, und Härdöpfelstock funktioniert sowieso immer. Aber sogar den Salat haben sie gemocht! Und dass sie das Fenchelgratin ... Ouuu, shit, das Fenchelgratin! Ich hatte den Ofen schon mal ausgeschaltet, das Gratin aber dringelassen, damit es warm bleibe, bis der Fisch in der Pfanne gar sein würde. Und dann vergass ich das Gratin glatt im Ofen.

Dafür hab ich schon ein Zmittag für heute. Ich wärme den mit Mozzarella überbackenen Fenchel auf, sein Nährwert ist nun natürlich im Eimer, aber er sieht wenigstens gesund aus. Anna Luna und Hans möchten bittibätti zum ersten Mal in diesem Jahr im Garten essen – wer wollte ihnen den Wunsch abschlagen? Also alles runtertragen. Lässig wie ein schwuler venezianischer Oberkellner balanciere ich mein Gratin auf der mit einem Backofenhandschuh versehenen flachen linken Hand, und, wwwwutsch!, rutscht es mir vom Handschuh, knallt zu Boden und verursacht im Parkett eine Schramme, für die man den Kindern, wärs ihnen passiert, blöd drohen würde: «Heimatland, jetzt müssen wir den Schreiner kommen lassen, und das musst du dann von deinem Taschengeld bezahlen!» Und weil heut nicht mein Tag ist, tätscht das Gratin voll auf das Lego-U-Boot, das der Hansli den ganzen Morgen über seelenruhig zusammengesetzt hat.

Bilanz: Minus eine Gratinform, minus ein Mittagessen, minus ein U-Boot, minus eine gute Laune von Hans. Und beim Staubsaugen höllisch aufpassen, dass ich nur die Scherben, nicht aber die durchsichtigen Lego-Kleinstteile erwische! Den Nachmittag

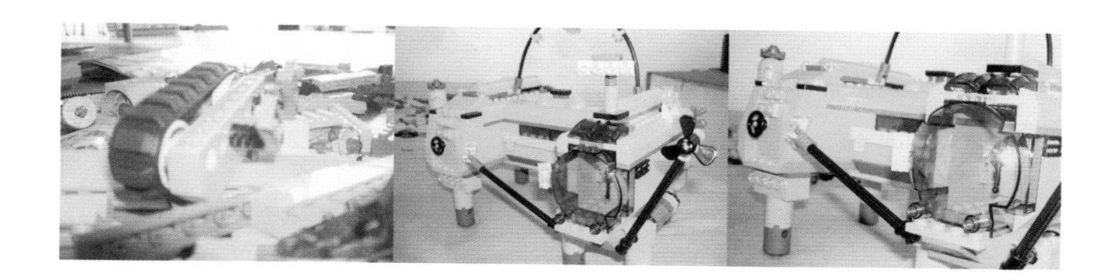

verbringe ich fluchend mit dem Neuerstellen des U-Boots. Dauer: drei Stunden, neunzehn Minuten. Während ich Schläuchlein, Scheinwerferchen und Perisköpchen zusammenklaube, fällt mir der Vögeli-V ein. Sie wissen schon, Joe «Vögeli-V» Ackermann, unser Mann bei der Deutschen Bank – der mit dem Victoryzeichen. Der hätte in der Zeit, in der ich dieses verdammte U-Boot zusammengesteckt habe, 32 070 Franken und 90 Rappen verdient.

Früher meinte ich ja, die Topbanker würden sich für ihre unverschämten Einkommen wenigstens ein bisschen schämen. Aber seit der Vögeli-V seine 19 Millionen Salär am TV gerechtfertigt und sein UBS-Pendant Marcel Ospel gar geschimpft hat, Kritik an seinen 24 Millionen sei «populistisch» und «unverantwortlich», weiss ich nicht nur, dass ich ein verantwortungsloser Populist bin, sondern auch, dass die tatsächlich glauben, sie hätten, was sie verdienen, auch wirklich verdient. Nicht, dass ich die absurden Summen guthiesse, die ein Ronaldinho, Robbie Williams oder Roger Federer kassiert. Nur erbringen die wenigstens eine Leistung, die ausser ihnen kein Mensch zu erbringen imstande ist. Aber diese Bankheinis?

Jetzt mal unter uns, Gentlemen Vögeli-V und Ospel: Kann vielleicht einer von Ihnen beiden ein solch zauberhaftes Fenchelgratin zubereiten wie ich?

Gopferglemmi_Helvetischer Kraftausdruck / Tätscht_Knallt

FENCHELGRATIN À LA HAUSMANN

Ein Menü auf die Schnelle

Vier bis fünf Fenchelknollen
Zwei Mozzarelle
Gewürze
Reichlich Reibkäse

Fenchel rüsten, zerkleinern, im Dampfkörbchen dämpfen (das Frölein Hingis hätte dafür eigens einen Steamer) oder in einer Bouillon kurz kochen, in einer gefetteten Gratinform verteilen, dann das Gemüse unbedingt mit Bohnenkraut, Oregano und Pfeffer würzen, bevor die Käseschicht draufkommt, denn wenn Gewürze und Kräuter verdeckt sind und also unsichtbar bleiben, stören sich die Kinder nachher beim Essen nicht daran. Mit Mozzarellascheiben belegen, salzen und nach Lust und Laune mit Reibkäse – zum Beispiel Greyerzer, Sbrinz, Parmesan, was es halt grad im Kühlschrank hat – bestreuen und im Ofen kurz überbacken. Mein Backofen hat dafür die Funktion «Turbo Grill». Und das Wichtigste: Vorsicht beim Servieren!

DIE LESERÄTTIN_ Alarm, Anna Luna kann jetzt lesen, und das bedeutet nicht nur, dass sie montags am Mittagstisch ausruft: «Vati, was hesch du da wieder i d Migroszytig gschribe?!», sondern auch, dass sie Bücher verschlingt. Zweieinhalb pro Nachmittag, an Sams- und Sonntagen je vier. Seit Freitag hat sie «Mascha Marabu und die verhexte Lehrerin» gelesen, «Fünf Freunde auf dem Leuchtturm», «Paula will eine Brille», «Eine Klasse im Fussballfieber», «Von Gleis zwei ins Abenteuer», «Feriengeschichten vom Franz», «Hexe Lilli zaubert Hausaufgaben», «Indianergeschichten», «Leonie ist verknallt», «Globi wird Filmstar» und die Hälfte von «Cindy – Die grosse Chance».

Bei unsrem Töchterchen ist der der Bücherwurm drin. War die Schulbibliothek geöffnet, liest sie auf dem Heimweg im Gehen. Und es brauchte viel, ihr beizubringen, die Lektüre wenigstens auf dem Fussgängerstreifen zu unterbrechen. Auf dem WC liest sie, beim – fragen Sie mich nicht, wie sie das anstellt! – Ankleiden, beim Frühstück, beim Zähneputzen, sie liest sogar, während ich ihr eine Gutenachtgeschichte vortrage.

Schon mangelts an Nachschub, sie hat Schul- und Quartierbibliothek leer gelesen. Bereits bilde ich mir ein, ich armer, aaarmer Vater hätte ein Problem. Da fällt, während Anna Luna in der Pestalozzibibliothek nach Büchern aus der «Lesefant»-, der «Leseraben»-, der «Bücherbär»-, der «Lesepiraten»- und der «Leselöwen»-Reihe fahndet, die sie vielleicht doch noch nicht kennt, und ich herumtigere, weil ich dringendst pinkeln müsste, mein Blick auf einen Ratgeber im «Teenager»-Gestell: «Handy aufs Herz – Heisse Tipps fürs mobile Flirten.»

Ich blättere, und mir wird zuerst mulmig und dann bewusst: Meine Problemchen mit den Kindern sind keine. Im Kapitel «Wie du deinen Eltern klarmachen kannst, dass ganz einfach ein Handy ins Haus muss» lese ich, man solle den Eltern Folgendes vorgaukeln: «Wenn ich irgendeinen Ärger habe oder bedroht werde, könnte ich euch um Hilfe bitten.» Verschweigen müsse man: «Ich würde mit meinem Handy vor allem gewaltig flirten.» Ich begreife, wir können uns noch so vornehmen, unsere Kinder würden vor sechzehn kein eigenes Handy haben – sie werden mit zehn eins haben. Hans vermutlich früher. Jetzt weiss ich, wir durchleben gerade die kurzen glücklichen Jahre zwischen Windeln und Pubertät: Die Kinder sind stubenrein und haben noch nie «Arschloch» zu uns gesagt. Well, fast nie.

«Ich mag heut nicht in den Chindsgi gehen» ist nichts im Vergleich zu «Die Lehre scheisst mich mega an!». «Alessio will nicht mit mir spielen» ist nichts gemessen am ersten Liebeskummer, den Luna erleiden wird. Jetzt seh ich ein, wie sehr ich die Jahre vor Handy, Hasch und Herzschmerz geniessen muss. Ausserdem ist es ja durchaus cool, dass unsere Tochter lesesüchtig ist. Schwierig ist bloss, dass sie nur noch dann ansprechbar ist, wenn sie kurz aufschaut und fragt: «Vati, was ist ein ‹Schuft›?» Ansonsten ist sie nicht mehr von dieser Welt. Hallo, Luna, Mittagessen! Hörst du mich? M-i-t-t-a-g-e-s-s-e-n! ANNA LUUUUNA! Hast du die Migros-Kolumne zu Ende gelesen, können wir jetzt essen?

Was hesch du da wieder i d Migroszytig gschribe?!_Was hast du bloss wieder in die Migros-Zeitung reingeschrieben?

BLEIBENDE PANINI-LÜCKE_«Öuuh … nng, ächtz 'ing äng …», schluck, «'utschä … nga-aaähm», würg, «Tschsch … ooge?» Der Speichel rinnt mir über Kinn und Hals ins Leibchen, ein warmes, klebriges Nass. Gespräche mit der Dentalhygienikerin, derweil sie an einem wirkt, gehören zum Schwierigsten. «'utschä … nnnga-aaähm … Tschsch … ooge?» Ich gebs auf. Werde die Frage, ob Kinder nach dem Frühstück die Zähne putzen sollten, in einer Behandlungspause nochmals stellen. Und lausche dem Raspeln und Schleifen in meiner Mundhöhle vorerst schweigend.

Wenn ich Ronaldinho wäre, denke ich bei mir, und 36 Millionen Franken im Jahr verdienen würde, was immerhin fast doppelt so viel ist wie der «Vögeli-V» Ackermann von der Deutschen Bank – solchen Stuss denkt man sich auf dem Stuhl der Dentalhygienikerin –, also wenn ich der Ronaldinho wäre, ich würd mir die Zahnstellung korrigieren lassen. Und wenn ich Ronaldo wäre, grad auch. Der verdient ja ebenfalls recht anständig und hat auch ein eher unglückliches Gebiss. Sogar auf dem Panini-Bild kann mans sehen. Ob ich Ronaldo und Ronaldinho schon habe? Klar doch, eingeklebt. Diesmal haben die Schlaumeier von Panini nämlich nicht die Stars verknappt, die haben sie sogar überaus häufig gedruckt, am allerhäufigsten den Schönling Van Nistelrooy. Dafür fehlen irgendwelche No-Names, zum Beispiel der Togoer Olufade. Das ist trickreich, denn früher fehlten, was weit mehr auffiel, stets die grossen Namen – Zico, Maradona, Baggio.

Und stellen Sie sich vor, Nummer 89 aus dem Panini-Album «München 74» fehlt mir bis heute: Beckenbauer, Franz. Dafür hab ich den Genossen Jürgen Sparwasser von der DDR, jawoll. Schon damals war es verpönt, die letzten Fehlenden für zwanzig

Rappen pro Bildchen beim Generalimporteur zu bestellen. Übrigens das Einzige an Panini, das seit 1974 keinen Rappen teurer geworden ist. Aber eben, Ehrensache! Wahre Sammler tauschen bis zum letzten Bild. Weil aber in den Anfängen noch nicht Krethi und Plethi täuscheln halfen, sondern nur Sigi und Ueli, war das gar nicht so einfach. Blättere ich freilich heute das alte Album durch, bin ich fast froh, dass Beckenbauer fehlt. Führt sich wie ein Gott auf, der Kaiser. Er nervt.

Neun WMs, acht EMs – ich darf mir gar nicht ausrechnen, wie viel ich in all den Jahren für Panini-Bildli ausgegeben habe. Paninisten sind Masochisten, wir lassen uns von der Firma Panini gern bescheissen. Letztes Jahr vertrieb sie bunte Silikonarmreifen mit Aufschriften wie «Galactic Power» und «Girl Power», achtzehn Sujets gabs, und natürlich steckte das begehrteste, «Football Power», nie im Päckchen. Hätte Familie Bernasconi aus dem Bündnerland meiner Anna Luna nicht einen «Football»-Bändel geschickt, wir würden dem Zeugs noch immer nachrennen.

By the way, merci für die Zusendung zahlreicher Jean-Paul Abalos, Nummer 514! Es reichte für Anna Luna, Hansli, Götti Nils, Götti Bänz und mich. Wenn wir schon dabei sind: Ich biete drei Van Nistelrooys für einen Zvonimir Vukic, Nummer 221. Noch so ein Nobody, den sie künstlich verknappt haben.

Aber wie war das jetzt gleich, sollen Kinder nach dem Frühstück die Zähne putzen?

Vor und während der Fussball-WM 2006 stand Bänz Friedlis Kolumne zwei Monate lang unter dem Motto «Der Hausmann und die WM».

DIE FUSSBALLFREIE KOLUMNE_ Mir reichts. Schon bei der morgendlichen Zeitungslektüre – das sind die Minuten zwischen 8.17 Uhr, nachdem ich Hans in den Kindergarten gebracht habe, und 8.40 Uhr, wenn ich mich zwinge, endlich mit dem Zusammenlegen der Wäsche vom Vorvortag zu beginnen – will man mir per Inserat andrehen: das «original Heimtrikot unserer Nationalmannschaft» für nur 98.80 Franken, einen «fairen Kleinkredit» (und warum wird für einen Kleinkredit mit einem Schal der Schweizer Nati geworben?), literweise Bier (um diese Zeit! Ich bin gerade an der dritten Tasse Rauchtee …), das «Fifa World Cup Spiel» für die Playstation 2 plus kostenloses Poster, einen Flachbildfernseher für sensationelle 2998.95 Franken (Woher nehmen und nicht stehlen, so viel Geld?!), eine CD mit Fussballhits, ein «exklusives Training mit Köbi Kuhn» (freilich nur, wenn ich ein Bankkonto eröffne – kann ich aber nicht, weil ich brauch das Geld ja für den Flachbildschirm), ein sehr sportliches Audi-Coupé, die DVD «Goal!», ein Handy, auf dem man Fussballspiele gucken kann, einen Festplattenrecorder, um auch ja kein Tor zu verpassen, und … Mist, viertel vor neun. Zeit fürs Wäschezusammenlegen. Sonst gerate ich gegenüber meiner Marschtabelle brutal in Verzug. Und überhaupt, wer braucht all die WM-Produkte? Firlefanz.

Beim Einkaufen, es ist gegen halb elf, fällt mir auf, dass auf jedem Gallseifenfläschchen irgendein Fussballfigürchen klebt. Die Hypervermarktung der WM könnte einem ablöschen. Es ist wie vor Weihnachten, wo man vor lauter Lärm und Kommerz desperat versucht, sich den kindlichen Blick und die Vorfreude zu bewahren.

Später im Tram auf dem Weg in die Physiotherapie (noch laboriere ich am Wadenbeinbruch, den ich mir letzten Sommer im MuKi-Tschutten zuzog) bietet sogar die NZZ, die sich sonst so nüchtern und gescheit gibt, mir ein NZZ-Leibchen mit der Aufschrift «Flankengott» feil. Flankengott, ich? Bin doch nicht beknackt, liebe NZZ! Hab längst das ehrlichere Leibchen, darauf steht «Edelreservist», und daran stimmt wenigstens die Hälfte: Reservist. Wobei mich unser Coach letzten Sonntag schon nach achtzehn Minuten beim Stand von 0:0 eingewechselt hat – prompt beging ich den Stellungsfehler, der zum 1:0 für die anderen führte.

Bevor ich Hans vom Chindsgi abholen muss, ein Blick in die Buchhandlung. Da gibts einen Diktionär, in dem steht, was «Steilpass» auf Koreanisch und «Offside» auf gut Ukrainisch heisst, dazu Literarisches wie «Abseits!», «Gibt es einen Fussballgott?», «Es steht 0:0 – oder umgekehrt» und «Die Spielmacherin». Und anscheinend hat jeder Löli noch rasch einen Roman geschrieben, in dem «Ball» im Titel vorkommt.

Allerhöchste Zeit für eine garantiert fussballfreie Kolumne. Wenn die WM nur bald losginge! Das Drumherum nervt. Vierundzwanzig Rollen «Hopp Schwiiz!»-Füdliputzpapier, dreilagig, für nur 12.80 Franken? Soll ich mir nun wirklich auch noch mit unserem Wappen den Hintern abwischen? So einen Seich kauft doch kein Mensch.

Ausser mir, natürlich. Noch achtzehn Mal schlafen bis zur WM. Oder, profan ausgedrückt, noch achtzehn Mal scheissen.

Bänz Friedli ist Verteidiger bei Deportivo La Habana Zürich.

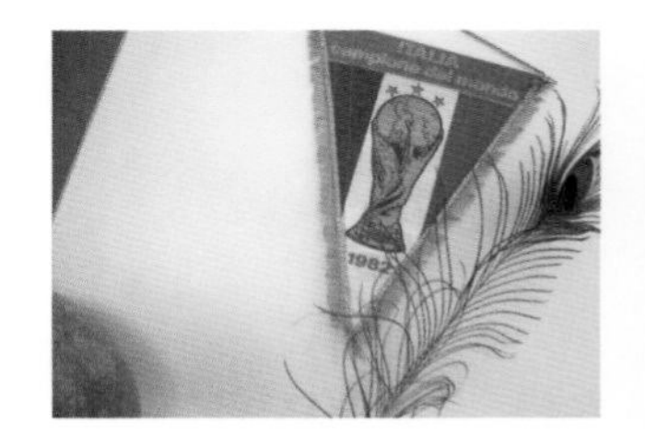

DER HIMMEL ÜBER PASADENA_ «Lueg, Vati, scho wieder dä, wo zum Zahnarzt sött!» Stündlich zeigt uns das Fernsehen diese Brasilianer in Weggis – es könnte direkt der Eindruck entstehen, die würden Weltmeister. Das werden aber die Italiener. Was sie, ginge es mit rechten Dingen zu, immer würden.

1986 stoppten die blöden Bleus unsere Azzurri irrtümlicherweise im Achtelfinal. 1990 schmissen uns – sorry für das «Uns», so empfinden wir Fans nun mal – die Argentinier im Halbfinal raus, dabei hätte man die verkoksten Gauchos schon nach deren Vorrundenniederlage gegen Kamerun nach Hause schicken müssen. 1994 war Italien sowieso moralischer Weltmeister – aber darüber möchte ich lieber nicht sprechen. Mir steht noch heute das Herz still, wenn ich daran denke, wie Roberto Baggio im alles entscheidenden Elfmeterschiessen den Ball in den Nachmittagshimmel über Pasadena drosch, nicht um Zentimeter zu hoch, nein, um Meter. Musste ein Malheur von solch biblischer Dimension ausgerechnet ihm widerfahren, Baggio, dem himmlischsten Ballkünstler, der je einen irdischen Rasen betreten hat?

1998 eliminierten uns wieder die Franzosen, in einem Penaltyschiessen, zu dem es gar nicht hätte kommen dürfen, denn kurz vor Schluss erzielte Baggio ein traumhaftes Golden Goal – beinahe. Ein Windstoss muss schuld gewesen sein, dass er nur den Pfosten traf. Ach, Baggio! «Dio c'è ed ha il codino» steht noch heute entlang italienischer Überlandstrassen auf Verkehrstafeln gesprayt: Gott existiert, und er trägt Rossschwanz. Ich kann das nur unterschreiben. Aber fragen Sie mich nicht nach 2002. Es war die gottverdammt einsamste Stunde meines Lebens. Den Achtelfinal Südkorea - Italien sah ich in Memphis, Tennessee, in einem schäbigen Motelzimmer, das dem klingenden Namen

«French Quarter Suites Hotel» spottete. Die Stadt schlief, der Match lief morgens um halb sechs auf irgendeinem Sportkanal, kommentiert von einem ahnungslosen Ami, der offenbar das erste Fussballspiel seines Lebens sah. Der ecuadorianische Verbrecher von Schiri, Byron Moreno, stahl uns ein reguläres Tor, er stellte Totti vom Platz, statt ihm einen Elfmeter zu geben – wir schieden aus. Das heisst, die Azzurri schieden im fernen Seoul aus und ich mutterseelenallein in meinem muffigen Motelzimmer in Memphis. Und warum? Weil der Coach Giovanni «Flasche leer» Trapattoni Ihn daheim gelassen hatte, den Einen, Einzigen: Roberto Baggio. Verflucht sei Trapattoni bis in alle Ewigkeit! (Aber der hat ja jetzt seine gerechte Strafe. Oder gibts etwas Schlimmeres, als Co-Trainer von «Loddarmadäus» bei Red Bull Salzburg zu sein? Eben.)

Italien wird Weltmeister, lassen Sie sich von einer allfälligen Niederlage gegen die Schweiz diese Woche nicht irritieren. Und vom jüngsten Betrugsskandal schon gar nicht. Verbotene Wetten, getürkte Spiele – das hatten wir schon mal. Man hat dann hurtig den gesperrten Paolo Rossi begnadigt, und er schoss Italien zum Weltmeistertitel. 1982 wars, ich war siebzehn und flippte total aus. Das prägt.

Voller Stolz überreiche ich meiner Tochter als Überraschung den Italiendress. Azurblaues Shirt, weisse Hose, blaue Stulpen, wunderschön. «Aber, Vati», sagt Anna Luna nur, «ich hätte drum lieber ein Schweizerleibchen.»

Brasilien bereitete sich in Weggis in der Innerschweiz auf die WM vor.

Lueg, Vati, scho wieder dä … _Schau, Vati, schon wieder der, der zum Zahnarzt sollte!

DAUMEN DRÜCKEN FÜR UNSEREN LIEBLINGSTÜRKEN_

Beschwingt kommt Anna Luna mit den Noten zu «C-a-f-f-e-e» aus der Flötenstunde und beginnt – welch Seltenheit! – sogleich freiwillig zu üben. Solange sie blockflötelt, gehts noch. Aber schon hebt sie zu singen an: «C-a-f-f-e-e, trink nicht so viel Kaffee!» Ich entsinne mich, wie wir in der Primarschule im Kanon sangen: «Nicht für Kinder ist der Türkentrank, schwächt die Nerven, macht dich blass und krank!» Und dann aus voller Kehle: «Sei doch kein Muselmann, der ihn nicht lassen kann!» Aber das waren andere Zeiten. Schliesslich mussten wir beim strengen Herrn Krenger auch jeden Morgen in Reih und Glied das Vaterunser beten und uns am Samstag (ja, ja, Kinder, damals hatte man samstags noch Schule!) um sein Klavier gruppieren, um «Grosser Gott, wir loben dich» anzustimmen.

Aber heute bin ich mir, ehrlich gesagt, nicht ganz sicher, ob das Liedlein «C-a-f-f-e-e» nicht vielleicht unter den Rassismusparagrafen fällt. Inzwischen hat auch Hans eingestimmt. Wisst ihr denn, will ich von den Kindern wissen, was ein Muselmann ist? «Klar, Vati, ein Muslim», weiss der Fünfjährige – und ermahnt mich einmal mehr, bei seinem nächsten Geburtstagsfestli nicht wieder den Fauxpas zu begehen, für alle Kinder Cervelats zu bräteln. «So piiinlech! Du weisst doch, dass die Muslime kein Söilifleisch dürfen!»

Irgendwie süss, wie die Kleinen mir Lektionen in Political Correctness erteilen. Sage ich: «Die Tschinggen werden Weltmeister», antworten sie: «‹Tschingg› sagt man nicht, Vati!» – «Dann singt man aber auch nicht ‹Türkentrank›», geb ich zurück. Jä, nu, Hauptsache, unser Lieblingstürke ist zurück in der Schweizer Nati. Seit Hakan Yakin doch noch aufgeboten wurde, hängen der Haussegen und Anna Lunas YB-Dress mit der Nummer 10

im Trocknungsraum nicht mehr schief. Aber wie war das jetzt gleich? Also entweder ist unser Köbi ein genialer Stratege oder ein willfähriger Galöri. Zuerst heizt er Yakin vor dem Meisterschaftsspiel gegen Basel via «Blick» an, er könne sich mit einer Weltklasseleistung noch für die Nati aufdrängen. Hakan spielt verdammt nochmal Weltklasse – und wird doch nicht nominiert. Schwieriger Charakter, mangelnde Fitness, behauptet Kuhn. Dann verletzt sich das Sensibelchen Vonlanthen, schon rutscht der unfitte, charakterlich schwierige Yakin nach. Hat Kuhn alles bewusst gemacht, um die Diva Yakin auf den Boden zu holen? Oder wars penibler Sachzwang? Wir werdens nie erfahren.

Aber vielleicht muss ich erklären, wie ich Yakin-Fan geworden bin. Natürlich schalt auch ich ihn einen «Idioten», als er noch bei Basel war und unserem YB-Gott Erich Hänzi einmal auf dem Feld den Ellbogen in die Gurgel rammte. Dann wechselte Haki zu YB, flugs war der Idiot ein Idol. So doof sind wir Fans halt. Wer nun einwendet, das Gestürm um meinen Haki sei doch keine Angelegenheit von nationalem Interesse, täuscht sich. Meine Mutter – sie interessiert sich nun wirklich nicht für Fussball und fragte mich früher nach jedem Spiel meiner Young Boys, wie der Hockeymatch ausgegangen sei –, sogar sie wusste: «Jetzt hat dieser Röbi Kunz euren Haki doch noch aufgeboten.»

Hakan Yakin von Friedlis Lieblingsklub YB rutschte im letzten Moment ins Schweizer WM-Kader, nachnominiert anstelle eines Verletzten.

Galöri_Witzfigur

UM 18 UHR GIBTS EINE KALTE PLATTE_

Wir lassens jetzt also bleiben mit dem Zähneputzen nach dem Frühstück, weil zum Frühstück trinken die lieben Lieblingskinder Orangensaft, und der weicht die Zähne so auf, dass das Bürstchen danach ohnehin nur den Schmelz wegkratzen würde. Sagt mein Zahnarzt. Aber ein schlechtes Gewissen habe ich schon, ihnen Morgen für Morgen dieses furchtbar gezuckerte Amizeugs aufzutischen. Seit wir mit ihnen in Sweet Louisiana waren, will Anna Luna nur noch Chocos zum Zmorge und Hans Choco-Krispies – jetzt, da es die Schüsselchen von Kellogg's gibt, die wie ein halbierter Fussball aussehen, sowieso. (Und ich Schlechtaufsteher bin heilfroh, dank dieses unaufwendigen Schnellfrühstücks vier Minuten länger schlafen zu können.)

Aber jetzt brauchen wir eh keine Frühstücksschüsselchen mehr, kein «original Bio-WM-Brot», keine Fifa-World-Cup-Rasierklingen und schon gar keine WM-Grillsaucen in diversen Landesfarben. Wir brauchen keine Alex-Frei-Bettwäsche, keine Schweizer-Nati-Kreditkarte, keine Klugscheisserbücher, die den Fussball pseudophilosophisch zu wasweissichwas stilisieren, und keine altgedienten Sportreporter, die sich zu poetischen Phrasen versteigen à la: «Er lächelt. Er lächelt ja immer. Sein Leben sind der Ball und das Lächeln, und seine Pässe sind manchmal wie Pinselstriche von Picasso», wie jüngst über Ronaldinho zu lesen war. Nein, wir brauchen kein Drumherum mehr, wir haben ja jetzt die WM.

Nur haben wir Hausfrauen (-männer sind mitgemeint) gegenüber all denen, die in ihren Büros einen volkswirtschaftlichen Milliardenschaden anrichten, indem sie Fussball gucken, statt zu arbeiten, einen fiesen kleinen Nachteil: Wir können keinen

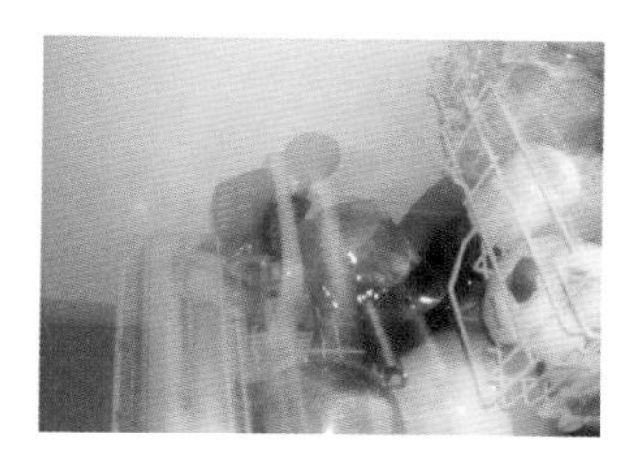

Arbeitgeber bescheissen, wir bescheissen nur uns selber, denn die Arbeit muss ja doch gemacht sein. Und was um Himmels willen tische ich während der 18-Uhr-Spiele auf, das a) rasch zubereitet, b) trotzdem ein bisschen gesund und c) so geartet ist, dass Hans damit das Sofa nicht verkleckern kann? Chips kommen nicht in Frage, auch nicht die Joujoux-Chips mit den lustigen WM-Figürchen, und eine Melonen-Rohschinken-Diät kann gewiss nicht vier Wochen dauern. Womit wir wieder mal beim Frölein Hingis wären. Schon im Januar verriet sie der «New York Times» (Gell, gemein, Martina, dass mir ausgerechnet diese «Times»-Ausgabe in die Finger kam!), sie sei froh, wieder zurück auf der Tennistour zu sein, weil es sei schon gäbig, «in Hotels zu wohnen, wo einem die Wäsche erledigt wird». Oooops, dachte ich, und so eine wirbt für einen Waschautomaten, der die Wäsche – Weltneuheit! – mit Dampf entknittert?

Es kam noch besser. «Es stimmt schon, wenn man immer in den Hotels isst, freut man sich auch wieder über normale Kost», sagte sie vorige Woche. «Ab und zu mache ich mir eine Kleinigkeit. Einfach eine kalte Platte vor dem Fernseher, das geniesse ich.» Einfach eine kalte Platte. Ha! Wenn die das sagt – und sie wirbt immerhin für sauteure Steamer, Kochherde, Backöfen –, dann dürfen wir Desperate Housewives während der WM viele, viele kalte Platten servieren. Martina, wir lieben dich!

Nur den Röbi Kunz, wie meine Mutter ihn zu nennen beliebt, lieben wir noch ein bisschen mehr. Der TV-Sender Eurosport nennt unseren Köbi Kuhn übrigens die ganze Zeit, und ich finde den Namen hinreissend: Kobi Kühn.

Gäbig_Praktisch, angenehm

WENN MÄNNER ZU SEHR SMSELN_ Herrjesses, ob ich nicht am Fussballschauen sei, fragt Nachbarin Silvia. Schön wärs. Muss doch noch Proviant für Hanslis Kindergartenreisli posten. Und Anna Luna ins Training der E-Juniorinnen begleiten. (Heute tschuttet sie übrigens in Rot. Sie hat ihr Schweizleibchen doch noch bekommen; das Italienshirt liegt unangetastet im Schrank – sie kann es dann schon noch gebrauchen, so ab dem Halbfinal.)

WM als Hausmann, das heisst doch: Wenn Nedved gerade eine göttliche Flanke schlägt, rüstet man Rüebli und verpassts. Macht Totti eine brillante Schwalbe, singt man grad «Schlaf, Chindli, schlaf» – das Chindli schläft dann doch nicht. Als Hausmann bist du frühestens in der zweiten Halbzeit des dritten Spiels ungestört. Dabei können mir alle Gartenbeizen und WM-Bars mitsamt all den leicht geschürzten Sambatänzerinnen gestohlen bleiben. Sogar unsere ev. ref. Kirche stellt Grossleinwand und Grill parat, die haben offenbar die Bedeutung des Fussballs als Religion erkannt. Aber, nöö, ich brauch die aufgesetzte WM-Geselligkeit nicht. Ich brauch nur meinen Fernseher, mein Bier und – das geb ich zu – mein Handy. Während der Spiele SMSle ich wie blöd. Gerät Polen gegen Ecuador in Rückstand, frage ich Freund Andrzej in Kazimierz: «Was ist los?» Die Antwort von Andrzej, der zwar der deutschen Sprache, nicht aber deren Schreibweise mächtig ist, fällt knapp aus: «Szajse.»

Spielt Italien, tippe ich ein: «Bin auf Rai Uno. Ruefer unerträglich.» Xändu: «Wir schicken die Santschi zum Sascha, dann haben wir Ruhe.» Ich: «Bin wieder auf SF 2. Rai Uno noch unerträglicher.» – Eben habe ich «Dieser SF-‹Gröbli› und ‹Waldis WM Club› auf der ARD, das sind zehntausend Millionen Lichtjahre Qualitätsunterschied!»

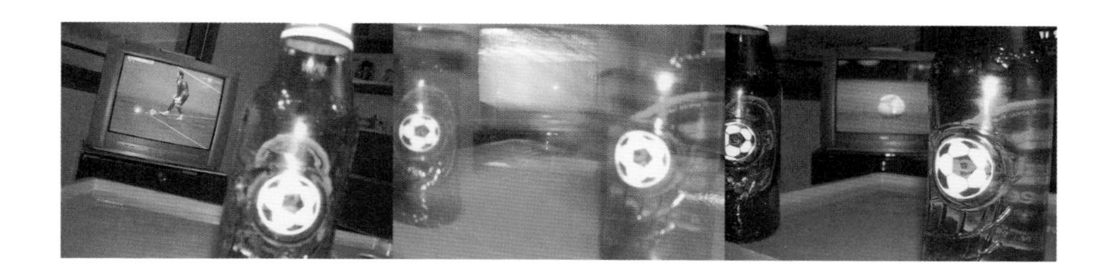

geSMSelt, schon lese ich, dass Thomas mir just gleichzeitig telepathisch schrieb: «Stoppt den Geistesschwachsinn dieses Gärtners am TV!!!» Apropos Schwachsinn, mit jedem Bier steigt unser Grad an Albernheit. Ich: «Will auch Schweinsteiger heissen!» Xändu: «Heirate ihn!» – Ich: «Will ein Kind von Figo!!!» Katja: «Ruinier dir bloss nicht die Figur.»

Es kann aber auch sehr sachlich zugehen. Ich SMSle zu Marc nach Tschechien: «So werdet ihr Weltmeister.» Er: «Du bist ein Experte. Und die Azzurri?» – «Euer Finalgegner.» Er: «Können wir dann Luca Toni umbürgern?» Ich: «Nee, ihr kriegt nur den Schlächter De Rossi.» Und wenn der Goalie von Ghana ziellos im Strafraum rum- und an den Bällen vorbeisegelt, schreibt Bärni in Bern trefflich: «Ghanagooli ist ein Black Zubi.» Doch zurück zum Wesentlichen. Ich: «Totti hat eine Scheissfrisur.» Peter in New York: «Sieht aus wie ein Sankt Galler.» Katja: «Wer hat bloss Tottis Coiffeur bestochen?»

Und kaum haben die Germanen in der 93. Minute noch den Siegtreffer gegen Polen erwürgt, triumphiert mein deutscher Freund Ben: «Na, Bänz, wer sagts denn? Deutschland wird Weltmeister!» Ich: «Deutschland wird MINDESTENS Weltmeister. Italien aber auch.» Und der arme Andrzej meldet aus Polen nur noch: «Fuspol gans krose Szajse.»

DIE ANGST DES HAUSMANNS BEIM ELFMETER_

Am Fernsehen – ich gebs zu, der Fernseher läuft jetzt dauernd, was den Vorteil hat, dass Anna Luna mir, wenn ich das Artischockensösselein zubereite, in die Küche rufen kann: «Vati, Vati, s hett es Goou ggäh!», sodass ich mich wenigstens für die Zeitlupe in die Stube stürzen kann. Aus unserer alten, unflachen Fernsehkiste also hört man, und man hörts bis in die Küche, den deutschen Nationalspieler Arne Friedrich gerade sagen: «Ich kann nicht kochen.» Dabei hat der soeben ein Kochbuch veröffentlicht. «Foodball – Kochen wie die Weltmeister» heisst es, 30.10 Franken.

Ausgerechnet der Friedrich, ein Hintenrechtsaussen mit wenig Drang nach vorn, wie ich. Aber ich kann kochen. Dafür kann ich nicht kicken. Ein Buch namens «Kicken wie die Weltmeister» zu veröffentlichen, fiele mir jedenfalls nicht ein. Meines hiesse eher «Memoiren eines Ergänzungsspielers.» Und seit Sonntag: «... eines himmeltraurigen Ergänzungsspielers.»

(Euch, o ihr findigen Sportreporter, spreche ich übrigens namens aller Ersatzspieler dieser Welt meinen Dank für diese neue Wortschöpfung aus: Ergänzungsspieler! Welch wichtig tönende Umschreibung für einen, der eh nie zum Einsatz kommt.)

Wobei, am Sonntag waren wir nur zwölf. Und als unseren wirbligen Azzurro vorn, den Sergio, nach wenigen Minuten die Wade zwickte, waren wir nur noch elf. Ergänzungsspieler Friedli, Rückennummer 65 – das ist der Jahrgang, und er sollte den 21-jährigen Gegenspielern Ehrfurcht einflössen. Doch die sehen mich nie von hinten, nur ich sie –, item, Nummer 65 kommt unverhofft zu einem Stammplatz. Und

wissen Sie, was? Nach 73 Minuten lassen die Kameraden mich sogar einen Penalty treten.

Sieben Schritte Anlauf nehme ich, mir zittern die Knie, und noch während des Anlaufs schiesst mir durch den Kopf: Zu viel Anlauf ist nie gut. Ich habe Angst, Peter Handkes «Die Angst des Tormanns beim Elfmeter» fällt mir ein, hueresiech, das muss jetzt raus aus dem Kopf! Noch drei Schritte. 1970 schrieb Handke das, da hatte er noch nicht diesen Serbientick, aber falsch lag er schon damals: Beim Elfmeter braucht der Torwart keine Angst zu haben. Der kann nur gewinnen. Der Schütze aber hat gewaltig Schiss. Jetzt. Mit Rechts, Innenrist. Ich schiesse extrem platziert. So platziert, dass ich den Pfosten treffe.

Höre die Mitspieler noch «Ist nicht so schlimm» rufen, spüre tröstendes Klopfen auf meiner Schulter, aber mich tröstet jetzt keiner. Ausser vielleicht der Ghanaer Asamoah Gyan. Kaum komme ich daheim verschwitzt zur Türe rein, setzt er an der WM einen Elfmeter an den Pfosten. Sogar den Weltbesten passierts. Drei-, viermal sieht mans in der Wiederholung. Dazu sagt unsere süsse Siebenjährige, also die Wiederholungen, das sei das Uu-mega-Schwierigste an der WM, weil da müssten sie immer alles nochmal genau gleich spielen.

Und ich muss an Baggio denken, meinen Baggio. An seinen Jahrhundertfehlschuss. WM-Final 1994, Penaltyschiessen. «Ich habe später oft versucht, den Patzer nachzustellen», sagt Baggio. «Doch ich traf immer.»

S hett es Goou ggäh!_Es ist ein Tor gefallen!

TRITTST AM MORGEN BLAU DAHER_

War das gescheit, mich von Remo zum Grümpelturnier überschnorren zu lassen? Es ist viel zu früh am Sonntagmorgen, die Familie räkelt sich daheim im Bett, während ich, zwischen müden Grasbüscheln hockend, meine Aufwärmübungen mache und dabei aufpassen muss, nicht in eine der herumliegenden Bierflaschenscherben zu langen. Aus dem Lautsprecher thurgauert Mona Vetsch schon zum dritten Mal «Dänk a d Glänk!», als ob ich Aussen-, Innen- und Kreuzbandrissgeschädigter nicht dauernd an meine Gelenke denken würde. Aber man mag es dem Quartier-FC ja gönnen, dass er von der Suva fürs Abspielen der Vetsch'schen Aufwärm-Ermahnungen 500 Franken ins Kässeli bekommt.

Wir heissen Absolut Blue und treten auch so auf. Unser erster Gegner hingegen hat zur Morgenstunde schon Gold im Mund. «Glaubt an euch, Jungs!», wird da gesäuselt. «So, wie wirs geübt haben!», rufen sie sich zu. «Kommt, los, positiv!» Der Gegner heisst, auf den grellgelben Leibchen stehts geschrieben, FC Dianetik. Das darf nicht wahr sein. Scientologen. Im Festzelt spielen die Lucky Boys «Rote Lippen soll man küssen», mein Kopf ist nach zwei Minuten schon so rot wie dem Magnin seiner nach hundertzwanzig. Und wenn der Rasen in den WM-Stadien überbeansprucht ist, was ist dann diese furztrockene Braunfläche hier? Natürlich gibt der FC Dianetik uns aufs Dach. Da fragst du dich dann schon, ob es einen lieben Gott gibt oder ob doch eher dieser L. Ron Hubbard – so hiess doch deren Oberjehuu? – das Weltgeschehen lenkt.

Im Zelt stimmen die Lucky Boys «Smoke on the Water» an, gehen nahtlos zu «Marmor, Stein und Eisen bricht» über, münden in «I Can't Get No», und mit meiner

Satisfaction ists auch nicht weit her. «Männerzeugs», denken Sie jetzt. «Wann ist endlich diese WM zu Ende, auf dass der Friedli aufhöre, von seinen peinlichen Versuchen zu berichten, der Midlife-Crisis Fussball spielend beizukommen?» Falsch. Fussball ist nicht Männersache. Wer «Frauen und Fussball» googelt, stösst zwar noch auf die ewig gestrigen Männerwitze: «Warum mögen Frauen Fussball? Weil die Latte 7,32 Meter lang ist.» Doch bereits fand zum Thema «Frauensache Fussball» ein Kolloquium am Zentrum für transdisziplinäre Geschlechterforschung der Humboldt-Universität Berlin statt. Und wir weniger Gebildeten kapieren auch so: Fussball ist Frauensache. Nehmen wir meine Frau. Als Italien gegen Tschechien spielt, sieht sie – ich entnehms ihren SMS – im Büro fern. Und ich bin mit Hansli im Schwimmkurs. Bei Schweiz - Südkorea sitzt sie erstmals neben mir auf dem Sofa, ihre Kommentare sind fachfraulich. Und Leserin Letizia fahndet, derweil bei Mann und Söhnen der WM-Pfupf draussen sei, den ganzen Tag am Compi nach Infos zu den Spielen. Für vernünftiges Kochen bleibe keine Zeit.

Anna Luna bemängelt, warum es denn keine WM für Frauen gebe. «Doch», kläre ich sie auf, «gibt es schon. Und eines der besten Spiele, die ich je gesehen habe, war der Frauen-Olympiafinal USA - Brasilien.» Aber wie erkläre ich ihr, dass den ausser mir wohl niemand gesehen hat?

Übrigens, eh ichs vergesse: Ich hatte es Ihnen ja gesagt, bei den Männern wird Italien Weltmeister. Capito?

Oberjehuu_Chef, Vorsitzender, Häuptling

ZMITTAG_ Mittagessen

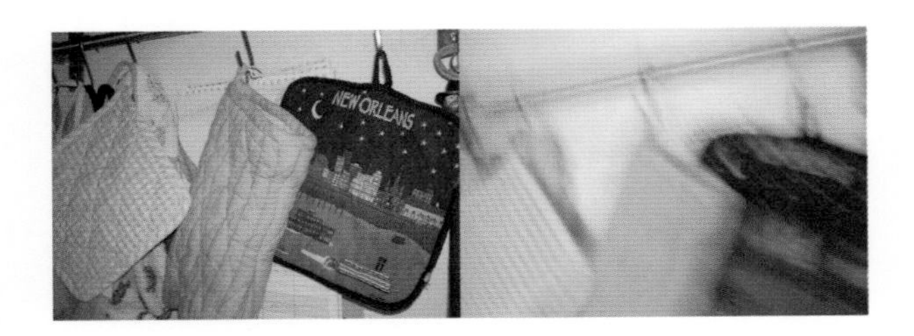

MÄNNER AN DEN HERD!_ Am Wochenende, wenn ich ganz sachte das Kalbsfilet al rosmarino ins Frölein Hingis schiebe – mein Backofen heisst jetzt Frölein Hingis –, denke ich … eben, ans Frölein Hingis. Ich stelle mir vor, dass in ihrer Küche im steuergünstigen Hurden alles blitzblank ist (von der Zweitküche im Zweithüsli in Saddlebrook, Florida, ganz zu schweigen). Kein Ölspritzer, keine Rüstabfälle, keine Balsamicoflecken, nichts. Denn es ist ja die unbenützteste Küche der Schweiz. Wenn Martina Hingis mal daheim ist, nimmt sie «einfach eine kalte Platte vor dem Fernseher». Hat sie, Sie erinnern sich, selber gesagt. Und dazu braucht man weder Steamer noch Backofen, noch sonst irgendeines der sauschönen und sauteuren Geräte, für die das Frölein Werbung treibt. Und hernach muss man auch keine Küchenschürze und keine Handtücher waschen – Weltneuheit Dampf-Entknitter-Funktion hin oder her.

Aber halt, als ich – noch ehe ich wusste, ob Italien nun, wie von mir prophezeit, Weltmeister würde oder doch wieder nur Vize – das Filet ins Frölein Hingis schob, dachte ich mir, man könnte es mal umgekehrt betrachten: Warum muss ausgerechnet Hingis, deren Kernkompetenz weissgott eine andere ist, besonders gut kochen, steamen und dampfentknittern können? Es wirbt ja auch keiner mit «Vögeli-V» Ackermann für, sagen wir mal, einen Mikrofaser-Bodenreinigungsmopp.

Nur die Frauen sollen immer hübsch beides meistern, Karriere UND Küche. Im Grunde ist es doch Hingis' verdammtes Recht, nicht kochen zu können und es auch nicht zu müssen. Ehrlich gesagt, hätte ich dermassen viel Preisgeld kassiert wie die, ich würd auch nicht mehr jeden Tag selber kochen. Womit nichts gegen mein Kalbsfilet gesagt sei, es hat formidabel gemundet. Und verstehen Sie mich richtig, Hausfrau ist

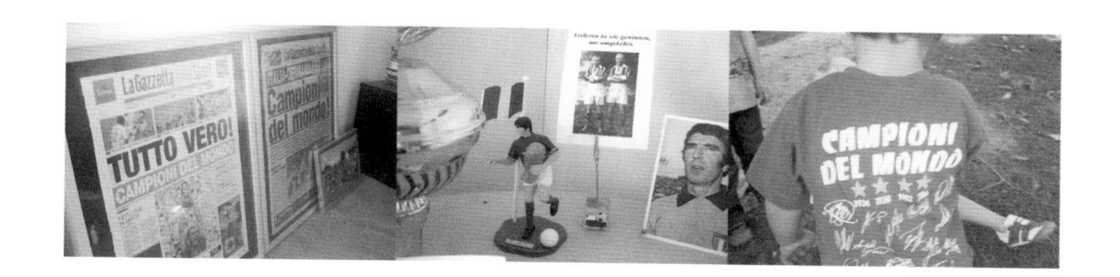

der beste Job, dens gibt. Aber auch der taffste. Wenn die Bürofritzen von Multitasking schwafeln, haben sie ja keine Ahnung, was es heisst, gleichzeitig die Kopfrechnungen abzufragen (Zehnersprung!), ein Fudi zu putzen, das Fleisch anzubraten, endlich Hanslis Badezeug vom Vorvortag, das schon ziemlich müffelt, aus dem Turnsäckli zu nehmen, auf Fussballbild.li die allerletzten Paninis zu mischeln und noch rasch den Chriesifleck aus Lunas weissem Röckli zu waschen, alles miteinander.

Wie gesagt, ein schöner Job. Warum sollte man ihn nicht teilen? Wenn jetzt gemäss einer Umfrage 44 Prozent der Schweizer Frauen finden, die Frauen sollten sich mehr auf ihre Rolle als Mutter und Hausfrau besinnen, werde ich den Verdacht nicht los, sie fänden es, weil sie unter der Doppelbelastung ächzen. Heimatland, warum fordert niemand die Männer an den Herd? Wenigstens partiell! Dann hätten es die 74 Prozent der Frauen, die berufstätig sind, leichter. Nein, liebe Martina Hingis, gehen Sie um Himmels willen nicht an den Herd, seien Sie ausschweifend, erfolg- und auch sonst reich, wenn möglich sogar ein bisschen sexy, und lassen Sie sich bekochen, frau darf das!

Bei Rodschi Federer übrigens kocht die Mirka. Sie hat ihm zuliebe ihre Tenniskarriere beendet, ging gewissermassen zurück an den Herd. Vielleicht, Fräulein Hingis, bräuchten Sie einen Hausmann?

Chriesi_Kirschen

DAS ARMUTSZEUGNIS_ Wir hatten übrigens noch eine Regierungsratswahl bei uns im Kanton Zürich, letztes Wochenende. Haben Sie im Rest der Schweiz vermutlich nicht mitbekommen? Macht nichts, wir auch nicht. Die Wahlbeteiligung war rekordtief, vielleicht lags am Badewetter, vielleicht am WM-Final, der anstand. Da musste doch jeder noch seinen Grill in Position bringen. Und ich musste, weil sonntags die Benützung der Waschküche untersagt ist, Anna Lunas Italiendress von Hand waschen, auf dass er zum Anpfiff bereit sei. Sì, Signori, seit unsere Köbibuben ihre Penaltys verstrellert haben, zogen meine Kinder ihre azurblauen Tenüs kaum mehr aus, ich hatte es ja geahnt. Aber keine Angst, ich fange nicht schon wieder mit Fussball an.

Da wurde also eine freisinnig-demokratische Frau Gut in die Regierung gewählt, und ob ich dies un- oder gut finde, tut hier nichts zur Sache. (Mich hat nur gewundert, dass die grüne Gegenkandidatin nicht mit dem Slogan «Besser.» ins Feld gezogen ist, aber meine Frau sagt, das wäre zu plump gewesen.) Item. Bemerkenswert war einzig, wie der Vizepräsident der kantonalen FDP die Nomination selbiger Frau Gut begründete. Die war bisher nämlich Gemeindepräsidentin von Küsnacht am schönen Zürichsee. (Man muss sich Küsnacht etwa so steuergünstig vorstellen wie das nahe Hurden, wo unser Frölein Hingis seine teuer ausgestattete Küche kaum benützt.) Der Vizevorsitzende Isler sagte: «Dass Ursula Gut die finanzstärkste Gemeinde im Kanton seit acht Jahren mit Erfolg führt, zeigt: Wer mit all den gescheiten Leuten in einer solchen Gemeinde umgehen kann, der muss auch den Teufel nicht fürchten.»

Moment. Obigen Satz bitte nochmal! «Dass Ursula Gut die finanzstärkste Gemeinde im Kanton mit Erfolg führt, zeigt: Wer mit all den gescheiten Leuten ...» Das

genügt. Der Satz haut mich irgendwie aus den ... ups, bin ja barfuss. Er folgert «finanzstarke Gemeinde = gescheite Leute». Ich glaube nicht, dass dieser Herr Isler das extra gemacht hat, es ist ihm einfach rausgerutscht. Das zeugt von seiner Geisteshaltung, und wir müssen davon ausgehen, dass er sich für gescheit hält, er wohnt nämlich in Rüschlikon – auch nicht unbedingt finanzschwach.

Muss sich die gemeine Hausfrau, wenn sie das liest, nicht blöd vorkommen? Klingt der Satz in den Ohren von Büezern, allein Erziehenden, Working Poors nicht als Hohn? Denn er bedeutet umgekehrt «weniger vermögend = weniger gescheit». Und ehe ich mich darüber auslasse, dass es Teenager in der Schweiz gibt, die das Gymi nicht besuchen können, weil ihre Eltern das schlicht nicht vermögen, ehe ich beklage, dass Bildung noch immer ein Luxusgut ist, will ich nur dies sagen: Nein, ich glaube nicht, dass reich mit gescheit gleichzusetzen ist.

Denn das hiesse ja zum Beispiel, dass all die hoch bezahlten Sportler intelligent sind. Nehmen wir mal ... nein, nicht schon wieder das Frölein Hingis. Nehmen wir diesen Materazzi. Dass er, der dem Zidane einen primitiven Schlämperlig angehängt hat, schlau sei, das behaupte nicht einmal ich, der Italienfan. Mehr noch: Der neusteinreiche Jüngling, der seinen Vertrag bei Inter nun bestimmt um einige Euromilliönchen nach oben schräubelt, hat nach dem Malheur selber etwas Interessantes gesagt: «Ich habe von nichts eine Ahnung.»

Gymi_Gymnasium / Schlämperlig_Schmähung

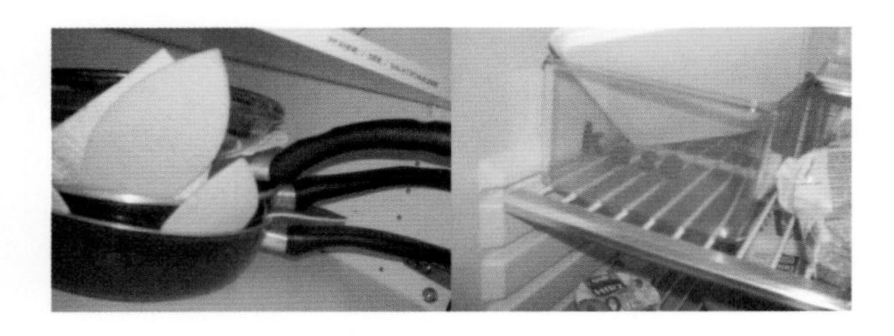

UND DAS SOLLEN FERIEN SEIN?_ Ach, Frau Merz, wenn Sie wüssten! Wir kennen uns nicht, aber eine Agentur vermittelt mir zweimal jährlich für eine Woche Ihre Ferienwohnung im Bündnerland, einmal zum Skifahren, einmal, um in traumhaften Bergseen zu baden. Und ich muss sagen, Frau Merz, die Wohnung ist nicht nur super aufgeräumt, sondern auch tipptopp ausgestattet. Sogar im Elternschlafzimmer hats einen TV, was ich besonders letzten Sommer schätzte, als ich mit den Kindern allein dort war und der FC Thun in die Champions League gestürmt ist. Ich meine, was soll man sonst ganz allein in einem Elternschlafzimmer anstellen?

Apropos TV in gemieteten Ferienwohnungen. Mir fällt die Wohnung im Wallis ein, wo an der Innentür des Fernsehschränkleins neben einem Marienbild der Hinweis klebte, die Benützung der Fernbedienung sei unchristlich, und man möge in diesem Hause doch bitte nur die «aus christlicher Sicht vertretbaren Programme» schauen – es sind weissgott nicht viele.

Aber bei Ihnen, Frau Merz! Meine Güte! Eierbecher, Teesieb, alles an seinem Platz. Die Betty-Bossi-Bibliothek: vollständig, alphabetisch geordnet. Im Kühlschrank hats zwecks Geruchsminderung eigens Behältnisse für Wurst und Käse, beschriftet. Die Henkel der Henkeltassen sind einheitlich nach Südost ausgerichtet, im Brotkasten kein Krümelchen, auf dem Stapel im Pfannenschrank hat es zwischen den Pfannen Schoner, von denen ich, bevor ich zum ersten Mal Ihre Wohnung benützen durfte, nicht einmal wusste, dass es sie gibt. Und im Buffet stehen acht Boccalini in Reih und Glied, Aufschrift «40 Jahre Ems».

Jetzt mal ehrlich, Leserinnen! Jede von euch hat doch eine Gnuusch-Schublade, in die Zahnstocher, Klebestreifen, Alufolie, Bleistifte, ein Zettel mit der Telefonnummer des Kinderarztes, Reissnägel und die Pro-Bon-Karte gestopft sind, wild durcheinander? Nicht so Frau Merz. Schnur, Glühbirnen, Schere, Farbstifte, Papier, alles geordnet, und wenn Hans basteln will – Hans will immer basteln –, weiss ich noch vom letzten Mal, was wo zu finden ist. Wüsst ichs nicht, wäre es mit kleinen Etiketten angeschrieben.

Sogar die Trockenblumen sind abgestaubt. Ihr Haushalt, Frau Merz, ist perfekt. Wenn ich denke, dass dies nur Ihr Zweithaushalt ist, mag ich mir den ersten gar nicht ausmalen. Und hier liegt mein Problem. So schön es auch ist im Bündnerland, so gern ich den Rätselromaninnen an der Volg-Kasse lausche, wenn sie sich auf Rätselromanisch über die Feriengäste aus dem Unterland unterhalten, also uns, so sehr ich es geniesse, fünfzehn Meter neben der Bergstation ein bisschen auf zerklüfteten Felsen herumzukrabbeln (die Kinder nennen das «Bergsteigen»), so erfrischend das Bad im weltschönsten See ist, dem Crestasee – diese Ferien sind ein Stress. Jeden Tag steigt mein schlechtes Gewissen, und am Ende fahre ich zermürbt mit der Gewissheit heim, was für eine lausige Hausfrau ich doch bin. Deshalb eine kleine Bitte, Frau Merz: Sie könnten nicht, bevor wir im Februar wiederkommen, mal ein bisschen ein Puff anrichten? Ich räume es dann schon auf.

Betty Bossi_Die führende Schweizer Kochbuchreihe / Gnuusch_Durcheinander / Pro-Bon-Karte_Karte zum Aufkleben von Rabattmarken / Rätoromanisch_Die vierte Schweizer Landessprache / Puff _Unordnung

HEIMATLAND!_Mein alter Schulfreund Zingg Res, Bäcker im Dorf, wo ich aufwuchs, hatte die Erst-August-Weggen heuer schon im Juni in der Auslage. Sie hiessen halt à l'occasion Köbi-Kuhn-Weggen. Die «Bring en hei»-Euphorie sei nur hurtiger Instantpatriotismus gewesen, nörgeln die Nörgler, eine Massenhysterie bloss. Doch warum sollten wir die Deutschen beneiden um ihre neue, schon fast mediterrane Lockerheit im Umgang mit Schwarz-Rot-Gold und uns selber schämen für die neu erwachten Schweizgefühle?

Am letzten Ersten August wars. Im Liegestuhl bei Muttern im Bernbiet las ich den «Bund». Und was tun derweil meine Kinder? Sie basteln Schweizer Fähnchen. Ich lese gerade: «Echter Patriotismus hat wenig zu tun mit dem Schwingen von Fahnen, dem Rütlischwur und dem Singen des Schweizerpsalms.» Hans-Jürg Fehr sagt das, Präsident der SP. Echter Patriotismus, meint Fehr, zeige sich im Handeln, nicht in der Folklore. Demnach wäre der Patriotismus meiner Kinder unecht. Sorry, ich finde ihn süss. Unbeschwert ist er, unecht nicht. Und all den schaurig betroffenen GutmenschInnen mit grossem I, die fürchten, das Schweizer Kreuz grenze aus, kann ich nur sagen: Ihr hättet sehen sollen, wie Isidor und Teodor, Hanslis serbische Spielkameraden, in knallroten Schweizer-Kreuz-Leibchen zur Kindergartenreise erschienen!

Ich hab ja auch mal eine Schweizer Fahne verbrannt in meiner Stunk- und Punkphase. Wir protestierten damals gegen Schnüffelstaat und Rüstungswahn, meinten, die Schweiz sei nur den Selbstgerechten Heimat. Und merkten nicht, dass wir es selber waren: selbstgerecht. Dank der Bastelfähnchen meiner Kinder konnte ich nun alte Klischees überwinden. Lieber Hans-Jürg Fehr, ich weiss schon, wie Sie es gemeint haben: Die am

lautesten «Schweiz!» rufen, sind just die, die heimlichfeiss unsere Firmen ins Ausland verkaufen. Dennoch missfällt mir, dass Sie die Symbole – Flagge, Hymne, Rütli – diesen Lauten gleichsam überlassen wollen. Das ist ein alter linker Reflex. Ein falscher. Diese Fahne gehört uns allen. Sie gehört Hans, Anna Luna, Isidor, Teodor. Und Ihnen, Herr Fehr. Ihre Partei lebt noch im vorvorletzten Jahrzehnt, wo jegliche Flagge für kritische Geister pfui war. Heimatland, dieses Land ist unsere Heimat!

Kürzlich sang Anna Luna mir vor dem Einschlafen den Schweizerpsalm vor: «Wenn der Alpenfi-i-irn sich rö-ööö-tet …» Ich kann den Text bis heute nicht. Sie schon. Und bei «Betet, freie Schweizer, betet» fragte ich mich, was die Muslime in der Schweizer Nati wohl bei dieser Zeile empfänden? Aber, hey, Muslime beten doch auch. Herr Fehr, könnten wir Hymne und Fahnen nicht auch als Symbole einer neuen Schweiz verstehen, einer, wie Sie es nennen, weltoffenen, solidarischen, humanitären – statt sie den Buure-Zmörgelis und, schlimmer, den glatzigen Schwachköpfen vom Rütli zu überlassen?

Die Kinder schwenken ihre Fähnchen nicht im Grössenwahn. Sondern im Gefühl, die Schweiz sei ein Land wie jedes andere. Eines, das zur Welt gehört. Wie Pakistan, Palästina, Peru. Sie haben keine Kinder, stimmts, Herr Fehr? Schade. Man kann viel von ihnen lernen.

«Bring en hei»_Schweizer WM-Song / Die Glatzen vom Rütli_Neonazis stören Jahr für Jahr die offizielle Feier auf dem Rütli, der Schweizer Nationalwiese

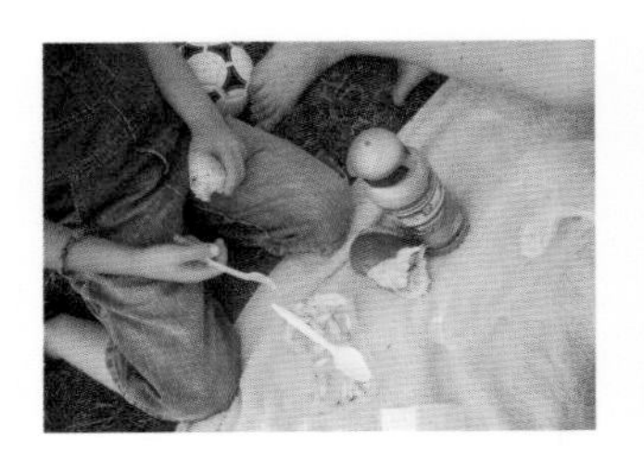

KÜHLES NASS_ Dr. Blösch, der mir zürnt, attestiert es mir leserbrieflich: Ich sei eifersüchtig. Auf die Villenbesitzer in Küsnacht. Auf Mehrfachvillenbesitzerin Frölein Hingis. («Jeder Franken redlich verdient!», meint Dr. Blösch, gerade auch das Werbegeld vom Küchengerätehersteller.) Und überhaupt auf alle, die es zu etwas gebracht hätten, jawoll.

Eifersüchtig? Gemach, Herr Doktor, ich bin es nicht. Würde unsere Mietwohnung für kein Eigenheim der Welt hergeben, beneide die Hüslibesitzer nicht, die jetzt Tag und Nacht mit dem Justieren ihrer Rasensprinkler beschäftigt sind und vor lauter Rasensprenkeln und Thujaheckenschneiden und Chlortabletten-mit-Langzeitwirkung-im-hauseigenen–Pool-Platzieren und Aufpassen, dass keiner einbricht und die Original-Rolf-Knie-Lithografie (Nummer 213/700) klaut, nicht in die Ferien fahren können – ich beneide sie nicht, Ehrenwort.

Ich habe nur ein Badidilemma. Weil nämlich Badi A in unserem Veloradius – sie wurde einst vom jungen Max Frisch entworfen, ehe er als Schriftsteller Weltruhm erlangte – wegen Renovation geschlossen bleibt. Was zur Folge hat, dass Badi B heillos überfüllt ist. Besonders ärgerlich sind die vierzehn-, fünfzehnjährigen Balkanjünglinge im Babybassin, die, des Schwimmens unkundig, ihr Balzverhalten springend und spritzend und johlend und japsend dermassen auf die Spitze treiben, dass diejenigen, für die das Becken eigentlich gedacht wäre, die Zwei- bis Sechsjährigen, in schierer Angst erstarren.

Mich erstaunt, wie stoisch die Bademeister das Treiben der Balkanjünglinge dulden. Hanslis ersten Schwimmversuchen ist es nicht förderlich.

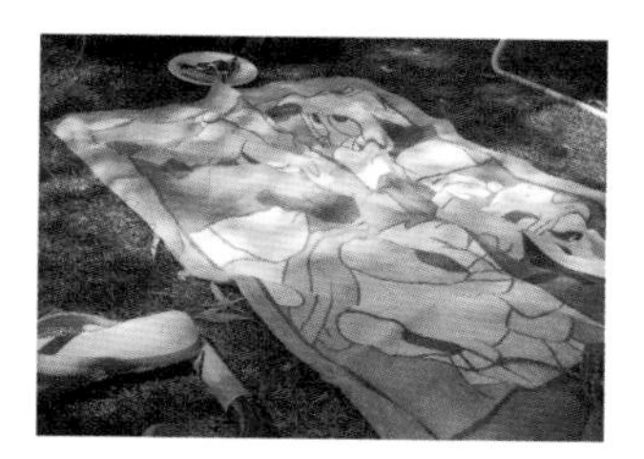

Die prächtige Badi am See ist mit dem Rad kaum zu erreichen, und vom dreimaligen Tramumsteigen werden mir die Kinder ganz dusselig. (Dabei wäre sie jetzt, zur Ferienzeit, herrlich leer. Nur ein paar freundliche Touristen aus Finnland verlieren sich im weiten Grün. Keiner, der mich fragt: «Sind Sie nicht der lustige Herr Schneider aus der Kolumne?» Fragt, wie gestern, doch einer, sage ich: «Genau der bin ich!», und frage mich leise: Shit, habe ich zugenommen?)

Bleibt nur Badi C. Ein traumhaftes Inselchen in der Limmat, wo planschende Familien und blutte Homosexuelle, die sich auch mal im hohen Gras verlustierten, lange Jahre friedlich koexistierten. Doch diesen Sommer ist fertig lustig, die Anwohner dulden laut Warntafeln «keinen öffentlichen Verkehr» mehr und schrieben auf Plakate, das Inseli sei «kein Vogelnest». Das hohe Gras wurde geschnitten – jetzt treibens die Blutten halt im kurzen. Das wäre mir noch gleich. Nun weichen sie aber auf die Toiletten aus, und da muss ich dem Hansli dann schon erklären, weshalb die beiden Männer sich schnaubend eine WC-Kabine teilen. Ich sage ihm, sie täten es zum Schätzelen. Er fragt, ob die denn kein Bett hätten.

Gehe ich allein brünzeln, umringen mich kahlbrüstige Muskelbürschchen, die alle ein bisschen südamerikanisch wie der Tschütteler Johan Vonlanthen aussehen, und wollen mit mir gegen Entgelt in der Kabine verschwinden. Und das sind dann doch die Momente, da ich die Hüslibesitzer still um ihr chlortablettensauberes Bassin im eigenen Garten beneide.

Badi_Freibad, Badeanstalt / Bassin_Becken, Pool / Tschütteler_Fussballer

TRALALALALA, LA-LA_ Pfeife rauchend sitzt der Mann vor dem Nebenzelt und trinkt morgens um neun das erste Denner Lager Hell, 50 cl. Seine Frau lüftet die Schlafsäcke aus und reicht ihm dann das zweite Lager Hell aus der Kühlbox, er flucht, es sei 'pferteckel zu wenig kühl. «Und würsch mir jetz äntli de ‹Blick› go hole gah?» – Man bekommt beim Campieren mehr von den Nachbarn mit, als einem lieb ist. Aber wer wollte den Kindern den Herzenswunsch «Velotour mit Zelt» abschlagen? Also sitzen wir hier am Lago Maggiore, streichen mit dem Sackmesser Nutella-Brötchen und hören den Zeltnachbarn beim Chifeln zu.

Und sie uns beim Singen. Wobei die innere Repetiertaste unserer Kinder beim alten Heuler «Es wott es Froueli z Märit gah» eingerastet ist. «... wott dr Ma deheime la, tralalalala.» Begründung: «Hans, du muesch deheime bliibe, -heime bliibe, muesch de Hüehner d Eier griiffe.» Und: «Im Ofe sy sächs grossi Chueche, muesch mer ou zu dene luege.» Mich hats gerührt, dass an einer Zürcher Primarschule das alte Berner Lumpeliedli gelehrt wird. Prompt hats Anna Luna ihrem kleinen Bruder beigebracht, und jetzt geben sie es zum einhundertdreiundfünfzigsten Mal zum Besten. «Tralalalala, la-la.»

Die Frau nebenan holt den «Blick», und mich dünkt, Hausfrauen täten auf Campingplätzen genau dasselbe wie daheim – nur ist alles ungleich aufwendiger. Den Wohnwagen müssen sie statt mittels Staubsauger mit einem Reisigbesen putzen, die Zwiebeln auf einem wackligen Campingtisch schneiden, das Gemüse auf einem mickrigen Gaskocher garen, das Geschirr in einem Plastikbecken zum Waschraum tragen. Dann sinken sie müde für ein Sudoku in ihren Campingstuhl. Nur werden sie hier, anders als daheim, beim Sudokulösen auch noch von Ameisen ins Füdli gebissen. Der Lager-Hell-

Kerl tritt allenfalls gegen Abend als Grillmeister in Aktion, nachdem seine Gattin das Fleisch mühselig stundenlang mariniert hat.

Meine Kinder singen: «Am Abe, wo s isch sächsi gsii, sy die Chueche gfrässe gsii, tralalalala, la-la. Da nimmt si dr Hans bim Bärtli, Bärtli, und schiesst ne-n use i ds Gärtli.» Ich weiss, was jetzt kommt, in Zeiten der Political Correctness wurde das Lumpeliedli zum Liedli gestutzt, ein Happyend erdichtet – Anna Luna kam mit dem neuen, noch dazu zürichdeutschen, Schluss nach Hause: «Diä Gschicht, diä hätt en guete Schluss, si gänd enand en dicke Kuss!» Aber, ups!, heut tönts anders. Voll Old School. Hans sucht Zuflucht bei Nachbar Fritz, «mir müesse zämeha, d Frou wott mir dr Gring verschlah!», und dann: «Di Froue sy es Lumpepack, sy us Strou u Hudle gmacht.» Wonniges Kinderlachen. Woher sie das denn nun hätten, frage ich. Vom Ömi, bei dem sie vorige Woche einige Tage in den Ferien waren. Hard Stuff! Doch ehe wir werweissen, warum die Grossmutter den Kindern dies voremanzipatorische Rollenbild vermittelt, wollen wir uns fragen, weshalb sie ihnen, wenn schon, nicht auch die allerletzte Strophe der Urversion verraten hat. Sie drängte sich angesichts des Zeltnachbarn auf, der gerade sein siebtes Denner Lager Hell öffnet: «Mir Manne sy ganz anger Lüt, anger Lüt, suuffe vil und schaffe nüüt, tralalalala …»

Chifeln_Streiten, zanken / Füdli_Hintern / Diä Gschicht, diä hätt en guete Schluss, si gänd enand en dicke Kuss!_ Die Geschichte hat einen guten Schluss, sie geben sich einen dicken Kuss.

ES WOTT ES FROUELI Z MÄRIT GAH_ Dies ist die populäre, eingebernerte Version. Das Lied stammt ursprünglich aus dem Aargau und beschreibt den Doppelmord von Baldingen, der am 23. Dezember 1818 wirklich geschah. Marie Binder wollte in Zurzach den Weihnachtsmarkt besuchen und bat ihren Mann, den Bauern Hans Binder, sich um die Hühner und die Weihnachtskuchen im Ofen zu kümmern, die nach altem Aargauer Rezept alle drei Stunden gewendet werden mussten. Als Marie gegen sechs Uhr abends heimkehrt, hat ihr Mann sämtliche Eier und das ganze Weihnachtsgebäck verspeist. Sie gerät ausser sich und geht mit einem Rechen auf ihn los. Hans rettet sich zu seinem Nachbarn Fritz Meyer, der seinerseits über die Gewalt seiner Gattin klagt, worauf die Männer beschliessen, gemeinsam beide Frauen umzubringen. Sie werden nach der Tat zum Tod durch das Beil verurteilt.

Es wott es Froueli z Märit gah, z Märit gah, wott dr Ma deheime la, tralalalala, tralalalala, wott dr Ma deheime la, tralalalala, la-la_
Eine Frau will zum Markt fahren und ihren Mann daheimlassen.

Hans du muesch deheime bliibe, -heime bliibe, muesch de Hüehner d Eier griiffe_
Hans, du musst daheimbleiben, musst im Hühnerstall die Eier holen.

Im Ofe sy sächs grossi Chueche, grossi Chueche, muesch mer ou zu dene luege_
Im Ofen hats sechs grosse Kuchen, kümmere dich auch um die!

Am Abe, wos isch sächsi gsii, sächsi gsii, sy die Chueche gfrässe gsii_
Am Abend um sechs waren alle Kuchen gefressen.

U wo das Froueli hei isch cho, hei isch cho, Ma, wo hesch mer d Chueche, wo?_
Als die Frau nach Hause kam: Mann, wo hast du bloss die Kuchen?

U hei die Hüehner alli gleit, alli gleit? Dr Güggel het sis Ei verleit_
Und haben alle Hühner ihre Eier gelegt? Der Hahn hat seines verlegt ...

Da nimmt die Frou grad e Räche, Räche, wott ne drmit erstäche_
Da nimmt die Frau einen Rechen, will ihn damit erstechen.

Dr Hans, dä gumpt zum Fänschter uus, Fänschter uus,
springt zum Fritz i ds Nachbershuus_
Hans rettet sich zum Fenster hinaus zu Fritz ins Nachbarshaus.

Säg, Fritz, mir müesse zämehaa, zämehaa, d Frou wott mir dr Gring verschlaa_
Hör zu, Fritz, wir müssen zusammenhalten, die Frau will mir den Kopf verhauen.

Los, Hans, du bruchsch mer nid so z chlage, nid so z chlage,
mini het mer ne-n ou verschlage_
Brauchst mir nicht so zu klagen, Hans, meine hat ihn mir auch verhauen.

Mir Manne müesse zämestah, zämestah, u de Froue dr Gring verschlaa_
Wir Männer müssen uns verbünden und den Frauen die Köpfe verhauen.

Di Froue sy es Lumpepack, Lumpepack, sy us Strou u Hudle gmacht_
Die Frauen sind ein Lumpenpack, sie bestehen aus Stroh und Stofffetzen.

Mir Manne sy ganz anger Lüt, anger Lüt, suuffe vil und schaffe nüt_
Wir Männer sind ganz andere Leute, saufen viel und arbeiten nicht.

EIN KIND NAMENS U HA MY AM_ Auf die Vornamen, ich hatte es gelobt, würde ich nicht zurückkommen. Weil aber jedem Hausmann ein Waschweib innewohnt, muss ich doch wieder tratschen – die Zuschriften aus der Leserschaft über absonderliche Taufnamen waren einfach zu gut. Berichtet wurde mir von den Schwestern Praise und Blessing Nötzli (Ich wette, Mami singt im Gospelchor!), von den Geschwistern Elvis und Priscilla Badertscher (Okay, hätte mir als grösstem Presley-Fan östlich des Mississippi auch passieren können). Und Leserin Barbara beteuert, als sie vor einigen Jahren im Wochenbett im Berner Frauenspital gelegen habe, sei dortselbst eine Lycra Caterpillar Reber geboren worden. Ähm … hallo?!

Liebe Lycra Caterpillar, ehe wir über synthetische Strümpfe und Baumaschinen zu fabulieren beginnen, ehe wir uns Unsittliches über den Akt deiner Zeugung ausmalen – wenn du dies liest, bitte sag uns, wie es sich mit dem Namen lebt und wie deine Eltern darauf kamen! Drogen?

Zuweilen sollen Namen Omen sein. Die Mama unseres Frölein Hingis erhoffte sich, das Bébé möchte zu einer solch grandiosen Tennisspielerin wie Martina Navratilova heranwachsen. Et voilà, es wuchs. (Hätte ich meinen Hans doch Roberto taufen sollen, gopf! Roberto wie Baggio! Oder gar Hakan?) Aber lassen wir für einmal den Fussball. Halt, nein, wir lassen ihn nicht. Denn das Problem sind nicht wirklich Kinder, die nach Promis benannt werden, sondern Promis, die Kinder benennen. Unser Rekord-Nati-Tschütteler Heinz Hermann taufte seine Töchter Hella, Haline und Helina. Heinz Hermann? Man erinnert sich an kaum verständliche Interviews im «Sportpanorama», an eine dünnheisere, hohe Stimme. Jetzt stelle ich mir vor, wie Hermann dünn und heiser «Halineeeee» vom Balkon ruft, und statt Haline kommt Helina angerannt. «Vielleicht wäre es das Beste», mailt Frau Acal aus Dottikon, «die lieben Kinderlein könnten sich als Jugendliche ihre Namen selbst aussuchen. Dann gäbe es keine Kevins, Nevins und Devins mehr, aber immer noch Robbies, Beyoncés, Tarkans und Erosse.» Wobei, der Ramazzotti ist ja nicht mehr ganz so in. Die Italojungs würden sich zurzeit wohl eher Tiziano taufen nach dem Sänger Ferro oder – wie heisst nur schon dieser Materazzi mit Vornamen?

Man darf das nicht zu eng sehen, Moden gabs schon immer. Leserin Theres Gaber erinnert daran, dass im Zürcher Tösstal in den Zwanzigerjahren des letzen Jahrhunderts plötzlich alle Bauernbuben französisch hiessen: Henry, Georges, Jean und Jacques, ausgesprochen Hangeri, Schorsch, Schang und Schaaggi. – Wird halt wieder so eine Mode sein, denk ich, als Michelle eine Geburtsanzeige schickt. Ihr Töchterchen heisst Julia U Ha My Am. Hmm, die Michelle. War schon immer eine Spezielle, deshalb habe ich damals an der Schule so geschwärmt für sie. Und beschäftigt sie sich nicht mit fernöstlichen Heilmethoden? Der Name U Ha My Am muss daher kommen. Ich google das Internet ab – vergeblich. Frage einen befreundeten Vietnamkenner. Nix.

Wochen später kommt mir die Anzeige wieder in die Finger. Da steht in Grossbuchstaben: «I HEISSÄ JULIA U HA MY AM 27. JUNI UF D WÄUT GSCHTRAMPLET.» Ach so, Berndeutsch.

Rekord-Nati-Tschütteler_Rekordinternationaler / I heissä Julia u ha my am 27. Juni uf d Wäut gschtramplet_Ich heisse Julia und hab mich am 27. Juni auf die Welt gestrampelt.

LYCRA CATERPILLAR LEBT_ Hochverehrtes Publikum, es kommt noch besser! Unsere Lycra hat sich gemeldet. Sie ist gesund und munter, wohnt im Bernbiet, besucht die Steiner-Schule, ist 14-jährig und war mir auf Anhieb sympathisch. Mit vollem Namen heisst sie, und jetzt ist es vielleicht besser, Sie halten sich fest: Lycra Nike Caterpillar Stella Cosma Laiber Stattmann. Ich weiss, was Sie jetzt denken. Hab ich die Lycra auch gefragt. Antwort: «Nein ich verarsch dich nicht!!!» Leserin Barbara, die sich entsann, an einem Neugeborenenbettchen im Berner Frauenspital den Namen Lycra Caterpillar gelesen zu haben, lag also richtig, nur im Nachnamen irrte sie sich.

Lycra, anscheinend Anhängerin der Kleinschrift und kein Fan überbordender Kommasetzung, mailt: «Sälü bänzli!! ich war erst mal etwas verblüfft als ich meinen namen las. wie meine eltern darauf kamen ist mir bis heute ein rätsel!!!? und zu deiner frage wie es sich mit dem namen lebt: es ist wirklich SEEEEHHHRRR kompliziert!! entweder denken die leute ich verarsche sie oder sie sprechen den namen falsch aus … sehr dramatisch!!» Doch offenbar hat Lycra – Freunde nennen sie Lüli – nicht wirklich Schaden genommen. Und klingt Lycra Laiber nicht tausendmal schöner als Shakira Affentranger? Man kann sich einzig fragen, ob Eltern ihren Nonkonformismus auf dem Buckel der Kinder demonstrieren sollen. Aber wir müssen Mami und Papi zugute halten: Immerhin haben sie sie nicht Polyamid getauft.

Leserin Doris berichtet von einem Sportwagenfan, der seine Kinder Romeo und Mercedes benamste, Nachname: Benz. Kann ich verstehen. Hiesse ich zum Geschlecht Presley, ich hätte unseren Hans auch … okay, fangen wir nicht wieder damit an. Aber

wenn wir schon bei den Popstars sind – David Bowie taufte seinen Sohn Zowie, Frank Zappa die Tochter Moon Unit, Ringo Starr seinen Ältesten kurzerhand Zak. Michael Jacksons Kinder heissen Prince Michael I, Prince Michael II und Paris Michael. Da weiss man gar nicht mehr, weshalb der Kerl vom Vorwurf des Kindsmissbrauchs freigesprochen wurde. Diese Vornamen sind Kindsmissbrauch.

Und dann gabs da noch die gute – Gott hab sie selig! – Paula Yates, die gleich mit mehreren Popstars Kinder hatte. Erst mit Bob Geldof die Töchter Fifi Trixibelle, Peaches Honeyblossom und Pixie. Dann lief sie zu Michael Hutchence über – Gott habe auch ihn selig! – und gebar dem INXS-Sänger Töchterchen Heavenly Hiraani Tiger Lily. Da lobe ich mir den Charakterdarsteller Uwe Ochsenknecht, der sich vom unschmeichelhaften Nachnamen nicht ins Bockshorn jagen liess und seinen Sohn Jimmy Blue taufte – nach einem Song meiner Lieblingsband Del Amitri.

Zurück zu Lycra. Sie beteuert, ihre Eltern hätten nicht unter Drogen gestanden, als sie die Namen aussuchten. Hmm. Lycra hat zwei jüngere Geschwister, und Sie, geneigte Leserschaft, müssen jetzt ganz, ganz tapfer sein und mir glauben, dass dies die Wahrheit ist, nachprüfbar auf der Einwohnerkontrolle Ittigen BE: Lycras Bruder heisst Polydor Sturmius Osran Faust, ihr Schwesterchen Leica Electra Oktavia Viola. Noch Fragen?

NIE, NIE, NIE IM LEBEN!_Geranien! Auf unserem Balkon hats Geranien. Und der sie hegt, täglich giesst, verblühte Blüten abknipst und vertrocknete Stängel herausliest – der bin ich. (Meine Frau würde vermutlich sagen, sie tue dies, sie hat sie schliesslich in die Eternitkistchen gepflanzt. Wir hegen sie womöglich doppelt und merkens nicht.) Geranien? Sind der Inbegriff von bünzlig. Auf der Liste der Dinge, von denen ich mir vor zehn Jahren sicher war, dass ich sie nie, nie, nie im Leben tun würde, belegt Geranienhegen einen Spitzenplatz. Die Liste geht so:

1. Einen Handstaubsauger anschaffen
2. Ein Foto der eigenen Kinder als Bildschirmhintergrund aufschalten
3. Geranien hegen (schlimmstenfalls in Eternitkistchen!)
4. Das Mineralwasser mittels Sprudelmaschine selber herstellen
5. Hausschuhe besitzen
6. Hausschuhe nicht nur besitzen, sondern auch tragen
7. Am Sonntag vor Mittag aufstehen
8. Am Samstag vor Mittag aufstehen
9. Ein Bügeleisen verwenden
10. Hörnli, Ghackets zubereiten
11. Im Säli des Quartierzentrums die Ü-35-Disco besuchen, an der Hits aus den Siebziger- und Achtzigerjahren gespielt werden, aber nur bis 23.15 Uhr inkl. gemeinsamem Aufräumen, weil danach muss man ja heim und den Babysitter ablösen. («Garantiert kein Hip Hop, kein Grunge, kein Techno!», steht auf dem Plakätchen, daneben wirbt ein anderes Plakätchen für die Krabbelgruppe und eines für den Kurs «Frau – Mensch – Mutter, innere Balance im Alltag», donnerstags, 9–11 Uhr.)

12. Dito, aber Ü-40 und im Kirchgemeindehaus. Auf den Plakätli würde dort zur Meditation «Menschsein im Ganzen der Schöpfung» geladen und zum ökumenischen Gesprächsabend «Das Andere – Fragen ans Wir» mit mazedonischem Imbiss.

Punkt eins bis zehn, Sie habens erraten, erfülle ich Spiesser längst. Und ich habe das mulmige Gefühl, Punkt elf ist nicht mehr fern. Ach, ich darf gar nicht daran denken. Vor zehn Jahren waren wir glückliche Dinks – will heissen: «double income no kids» –, auf dem Balkon standen Terracottatöpfe mit Basilikum und Rosmarin, wir tranken San Pellegrino, hörten Nirvana, fanden Bürokollegen, die ihre Kinder als Bildschirmhintergrund hatten, sooo was von stier, flogen schon mal übers Wochenende nach Lissabon und standen sonntags, ausser, wir waren gerade in Lissabon, nie vor Mittag auf. So war das.

Und wenn ich eines hasste, dann Leute, die während eines geschäftlichen Telefonats – «Chräbelibützli, Papi chunnt grad!» – mit ihren Kindern sprachen. Ja, können die ihre Goofen gopferteckel nicht dazu erziehen, nicht dreinzuschnorren?

Heute, wenn René vom «Migros-Magazin anruft», ich müsse noch drei Zeilen kürzen, sag ich: «Wart, hmm, nimm doch, Dings, in der dritten Spalte die Wörter … Hans! Aufhören! Du zerkratzst das Parkett! René? Sorry. Also, weglassen könnte man das mit den Terracottatöpf… Nein, Luna, jetzt kannst du nicht mit Sabrina abmachen, siehst ja, dass ich am Telefon – René, bist du noch da? Ja-aaah, ich komm dann gleich Fudiputzen! Du, sorry, René, kann ich dich in ein paar Minuten zurückrufen?» Was ich dann natürlich vergesse, weshalb die Kolumne, ungekürzt, mitten im Satz

Stier_Bieder / Chräbelibützli_Kosewort für Kleinkinder / Goofen_Despektierlich für Kinder

D ROSMARIE UND IG_ Rosmarie, meine alte Freundin Rosmarie, ist bestürzt: «Ich kann nur den Kopf schütteln», mailt sie. «Aus dir ist also ein Gemüseauflauf kochender, Rauchtee trinkender Sitzpinkler geworden, der sonntags früh aufsteht. Und jetzt auch noch Geranien aufm Balkon. Aber süsch geits?» Rosmarie wäre freilich nicht meine alte Freundin, liesse sie mir nicht ein Hintertürchen offen: «Zum Glück weiss ich, dass du für Fussball fanst, dir sauharte Musik reinziehst und auch sonst nicht der reine Birkenstockträgersupersoftie bist.»

Scheisse. Wie erklär ich jetzt der Rosmarie, dass ich zu Punkt 6 der Bünzliliste von letzter Woche, Hausschuhe nicht nur besitzen, sondern diese auch tragen, ein Zusatzgeständnis ablegen muss? Es sind nicht irgendwelche Hausschuhe, es sind – you got it, Rosmarie! – Birkenstöcke. Bin also Bünzli und Softie. Schlimmer noch: Ich nehme sie mit, wenn wir zu Besuch gehen. Das wäre auf deiner Uncoolheitsskala dann wohl der Gipfel, stimmts, Rosmarie? Du wirst schwören, du selber werdest nie dergestalt verspiessern! Aber hier geht es, solang du weiter dein wildes Singleleben lebst, um eine imaginäre Trennlinie zwischen uns. Weil das Leben mit Kindern nicht ein bisschen anders ist als das ohne. Sondern völlig anders.

Ich nehme die Finken mit, weil ich mir als Vater kleiner Kinder, die eben noch am Boden rumkrabbelten und alles lutschten und betatschten, bewusst bin, wie mühsam es ist, wenn einem die Leute mit Strassenschuhen Dreck in die Stube schleipfen. Und weil ich als Hausfrau weiss, wie mühselig es ist, nach jedem Besuch den Boden feucht aufzunehmen. Man wäre froh, sie zögen die Schuhe aus, traut es den meisten Besuchern aber nicht zu sagen. Weil man also weiss, was Putzen heisst, nimmt man

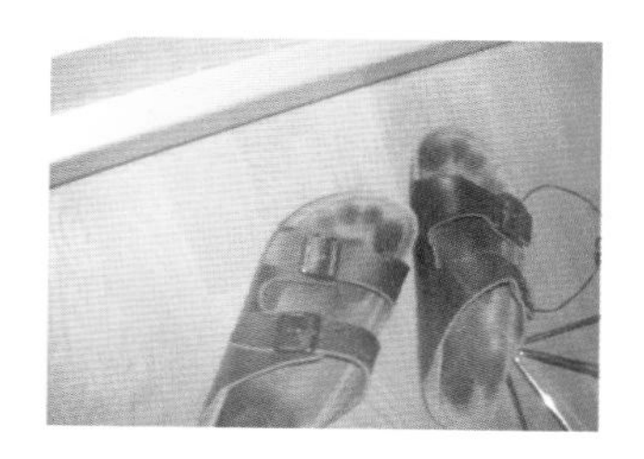

Finken mit, wenn man zu Bekinderten zu Besuch geht. Und wir gehen ohnehin nur zu Bekinderten zu Besuch. Das Land teilt sich in Bekinderte und Unbekinderte. Es gibt, grob gesagt, zwei Arten Haushalte: solche mit dem grün gepunkteten blauen Ikea-Schemel (die neuere Ausführung ist etwas höher und weiss) – und solche ohne. Denen mit muss ich gar nichts erklären. Sie verstehen mich. Denen ohne brauche ich auch nichts zu erklären – sie werden mich nie verstehen.

Gut, vereinzelte kinderlose Freunde hab ich schon noch. Den guten Widmer zum Beispiel. Kinderloser als der kann man gar nicht sein. «Wenn ich etwas hasse, sind es Eltern, die ihren Goofen im Zug laut vorlesen», SMSelte er am Freitag. Meine Antwort: «Ich auch. Ausser ich bin es.» Widmer: «Aber bitte keine griechischen Sagen wie die hinter mir!» Ui, ui, ui, gottlob sah Widmer mich nicht, als ich den Kindern neulich im Intercity die Sage vom Wilhelm Tell vorlas.

Der Ikea-Schemel übrigens wäre dazu da, dass die Kinder zum Händewaschen den Wasserhahn selber betätigen können. Aber die waschen ihre Hände sowieso nie. Den Schemel brauche nur ich, um CDs aus dem obersten Regal zu holen, beim Buchstaben A. A wie Air, Arno, Afghan Whigs und Adams. Ryan Adams, Rosmarie, nicht Bryan. So schlimm stehts dann doch noch nicht um mich.

D Rosmarie und ig_Rosmarie und ich (Titel eines Hits der Band Rumpelstilz aus den Siebzigerjahren) / Bünzli_Spiesser

UII OOL LIIF INÄ YELLO SÖPMÄRIIN_

Da habe ich mich ja schön in die Sch… «Halt, Vati, ‹Scheisse› sagt man nicht!», würde Hansli hier einwenden, und natürlich hätte er wie immer recht. Und doch hab ich mich in die Scheisse geritten, als ich behauptete, unter A wie Adams finde sich in meiner CD-Sammlung nur Ryan, nicht Bryan. Erstens kennt den dauerverkaterten und permanent liebeskummrigen Strubbelcowboy Ryan Adams hierzulande keiner ausser mir und Freund Hanspi, und der lag letzten Montag «Migros-Magazin»-los im Spital (Gute Besserung!). Zweitens habe ich natürlich zirka fünf Viertel der Leserschaft gegen mich aufgebracht mit der Behauptung, Bryan Adams zu hören, sei spiessig. Wie konnte ich nur? Anna Lunas Götti Nils, der allen Ernstes androht, sein nächstes Kind – sollte es ein Bub sein – Bryan zu taufen, kommuniziert seit meiner Verunglimpfung nur noch per SMS mit mir und nannte mich einen «Sousack».

Und dann war es, drittens, erst noch eine Lüge! Vorgestern stieg ich zur Überprüfung auf den grün gepunkteten blauen Ikea-Schemel und schaute zuoberst in meinem CD-Gestell nach. Siehe, unter A wie Adams finden sich sehr wohl Tonträger des Bryan: «Live in Belgium 1988», «So Far So Good», «Waking up the Neighbours» und «Reckless». Vier Adams-Scheiben, Bryan Adams, hab ich also seinerzeit käuflich erworben. Ich muss das irgendwie verdrängt haben. Je mehr ich zum Spiesser werde inkl. Geranien, Hausschuhe und Hörnli, Ghackets, desto mehr muss ich mir offenbar mittels Musikauswahl Coolness beweisen. Es folgen, schön alphabetisch, Oleta Adams (die war 1990 ein One-Hit-Wonder) und dann eben dieser Ryan mit den Platten «Heartbreaker», «Love Is Hell 1+2», «Gold», «Demolition», «Jacksonville City Nights», «29» und «Cold

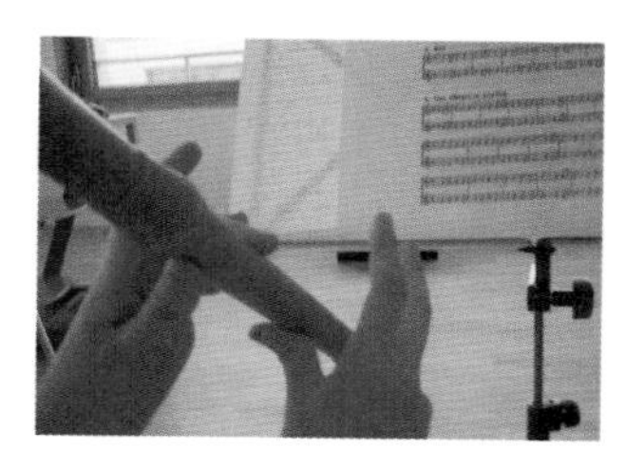

Roses». Übrigens wirklich sauschön, und sollten Sie gerade ein wenig midlifekriseln plus verkatert und/oder liebeskummrig sein: Unbedingt reinhören!

Um jedoch beim Bryan zu bleiben: Mir dämmerts nun, es gab eine Zeit, da stand ich brutal auf den. Das rockige Zeugs gefällt mir ja nach zwei, drei Müller Bräu, Marke «Wildschweinbier», noch heute. Das schleimige fand ich schon damals schleimig. Aber hier stellt sich gar nicht die Frage nach dem Musikgeschmack. Es ist vielmehr so, dass man mit einem gewissen Alter feststellt, dass man durchaus auch Menschen mögen kann, in deren Plattensammlung, sagen wir mal, der Cheflangweiler Phil Collins figuriert. Nachzulesen ist das bei Nick Hornby in «High Fidelity». Dem Buch ist nichts beizufügen. Und wenn Collins drinliegt, kann Adams nicht schlimm sein. Deshalb hisse ich vor allen Fans des Bryan die weisse Flagge. Mehr noch: Ich gelobe, meinen Kindern, wenn sie heute Mittag heimkommen, gleich «Summer of 69» vorzuspielen. Die Abwechslung ist willkommen.

Seit Wochen tanzen und grölen sie nämlich nur zum alten Beatles-Heuler «Uii ool liif inä yello söpmäriin», Hans hat sogar gelernt, das Grammofon zu bedienen.

Aber eine Bitte hab ich doch: Lieber Gott, wenn es dich gibt, mach, dass Götti Nils' nächstes Kind kein Bub ist!

UMSTÄNDEHALBER VERBÜNZLIGT_ Das Mail der Woche kam aus dem Freiburgischen. «Lieber Bänz, ich duze dich hier. Von Hausfrau zu Hausfrau wird einfach geduzt. Ausserdem hatte ich auch so eine Bünzlitoptenliste. Das Siezen von etwa Gleichaltrigen war auch drauf», schreibt Yolande, Hausfrau aus Ueberstorf, die wie ich ihre Birkenstöcke mitnimmt, wenn sie zu Besuch geht. Natürlich hat sie daheim ein superbünzliges blaues Ikea-Schämeli mit 117 grünen Punkten drauf. Und sie hat Bünzlirocker Bryan Adams im Gestell. Eine Seelenverwandte.

«Ich bin der Inbegriff der spiessigen Glucke! So ist es, und es ist manchmal zum Kotzen», grämt sich Yolande. «So wollten wir doch gar nie werden?!» Dann nennt sie mich wegen meines Finkengeständnisses von letzter Woche, und ich weiss nicht recht, ob es ein Kompliment ist, einen «Pantoffelhelden» und fleht: «Tu uns den Gefallen: Fang nie, nie an mit Seidenmalen. Es gibt sogar zwischen den von Natur aus bünzligen und den umständehalber verbünzligten Hausfrauen Grenzen, die auf keinen Fall überschritten werden dürfen.» Der Spruch ist Balsam: «Umständehalber verbünzligt». Wenn ich mir den ausleihen darf, liebe Yolande, dann schwöre ich bei allem, was mir heilig ist – das da wäre: Fussballgott 1 Erich Hänzi, Fussballgott 2 Roberto Baggio, Elvis, Tupac, Madonna (die auf MTV, nicht die in der Kirche), der Sonnenuntergang über dem Atchafalaya-Sumpf vom Deich in Henderson, Louisiana, aus betrachtet, meine drei Liebsten und, not least, das Handorgelspiel des Örgelers Werner Aeschbacher aus Bützberg –, ich schwöre bei alledem: Ich werde nie seidenmalen. Darf ich Makramee gleich ins Gelübde mit einschliessen?

Stimmt schon, wir sind, wie wir niemals werden wollten. Aber sollten wir das nicht positiv sehen, Yolande? Ist es nicht schlicht so, dass man sich selber, einmal bekindert, weniger Coolness vorgaukelt? Oder machen wir Eltern uns vor, trautes Familienleben samt Ikea-Schämeli sei das schiere Glück – und verpassen dabei das pralle Leben? Tatsache bleibt, ob bünzlig oder nicht, wir sind umständehalber anders als die anderen – die Unbekinderten. Wir können uns bei Tisch noch so bemühen, anhand des hurtig Angelesenen ein bisschen über den neusten Film mit Scarlett Johansson mitzudiskutieren – wir haben ihn nicht gesehen. Und am Ende erzählen wir doch wieder nur, wie drollig unsere Kinder seien. Heut hat Hansli – so süss! – auf die Frage «Hesch Hunger?» geantwortet: «I ha no hüngerer als geschter.» Während ich schwärme, werden die Blicke der Unbekinderten lang und länger. Der Kinderkram sagt ihnen nichts. Uns ihre Schilderung der total läääässen Buchvernissage im «Kaufleuten» übrigens auch nicht.

Und noch nie hab ich bereut, Kinder zu haben. Keine Sekunde. Doch schaffen meine Frau und ich es mal kinderlos in den Ausgang, ist es einer der wunderbaren Abende, an denen man merkt, dass man nicht nur eine Familien GmbH, sondern ein Liebespaar ist. Liegen wir in Schinznach rücklings im warmen Thermalwasser und lassen den Sternenhimmel über uns funkeln … dann regt mich nichts so auf wie die rumlärmenden fremden Goofen.

Hesch Hunger? – I ha no hüngerer als geschter._Hast du Hunger? – Ich hab noch hüngerer als gestern. / Läss_Cool, toll

UNTERWÄSCHE BÜGELN? NIEMALS!_

Liebe Barbara aus Möhlin, Besitzerin von vier Ikea-Schämeli! Ich hoffe, dein Gatte findet es okay, wenn ich dir hier eine Liebeserklärung mache. «Früher gehörte ich auch zu den Obercoolen, reiste an jedes Héroes-del-Silencio-Konzert und machte supercoole Wochenendtrips», schreibst du. «Heute sind wir froh, wenn wir für drei Stunden einen Babysitter haben, um gemütlich essen zu gehen.» Und du fühlst dich pudelbünzliwohl. «Das Supercoolsein war auf jeden Fall anstrengender.» Aber du hast mir eine Liste gemailt, die den Bünzli vom Oberbünzli unterscheidet. Der Ober- schaut a) «Musikantenstadl», hängt b) vorn im Auto ein Duftbäumchen auf und kutschiert c) hinten auf dem Ablagebrett Stofftiere herum (und zwar solche, die nicht den Kindern gehören), frisiert sich d), falls Frau, eine Heimdauerwelle, geht e) im Partnerlook aus, bügelt f) die Unterwäsche, geht g) an Verkaufspartys, besucht h) Serviettentechnikkürsli und hat i) als Krönung einen serviettentechnikmisshandelten Blumentopf mit k) einem Meisenknödel im Garten hängen.

Barbara, o du Vertreiberin meines Hausfrauenblues! Von den zehn Punkten erfülle ich keinen. Überhaupt, Leute, danke für all die tröstende Post! Yvonne aus Unterseen schreibt: «Auch Unbekinderte verbünzeln mit der Zeit.» Sie zum Beispiel nimmt zwar nicht Birkenstöcke, aber immerhin Baumwollsocken mit ABS-Sohle mit, wenn sie zu Besuch geht. «Ich höre immer öfter DRS 1 und 2, lese die Todesanzeigen, sammle Cumulus-Punkte, war schon an zwei Tupperware- und einer Duftkerzli-Party und habe gerade bei einem Aussendienstmitarbeiter der Gewürzbranche eine Bestellung aufgegeben.» Franziska aus Bremgarten findet ebenfalls, wir umständehalber verbünzligten

Bekinderten sollten uns nicht grämen: Auch bei kinderlosen Paaren sehe die Einrichtung aus den Achtzigerjahren – Chrom, Glas, De-Sede-Leder und schwarze USM-Möbel – allmählich bieder aus. Zudem: «Unbekinderte leiden unter gewaltigem Freizeitstress. Sind einmal sämtliche Wellnesshotels durchprobiert, ist das Bungeejumping gewagt, der zweite Sportwagen gekauft und die Karriere weit fortgeschritten, tja, dann bleiben nicht mehr viele Sinn stiftende Varianten.» Franziskas Peinlichkeiten für Unbekinderte: Landschildkröten anschaffen, einen Feng-Shui-Kurs besuchen, in die Gemeindepolitik einsteigen und, wie ihr kürzlich passiert, im Bad Schinznach mit dem neusten Lover träumen, wie es gewesen wäre, sich früher kennengelernt, geheiratet und Kinder gehabt zu haben.

Ich kann es dir sagen, Franziska. Du wärest umständehalber verbün... Halt! Schluss mit dem Wort! Es hat sich nämlich, echt wahr, ein Dr. Bünzli gemeldet, der sich furchtbar über die Verhunzung seines Namens ärgert. Das kann ich verstehen, aber ich kann nichts dafür. Schon das «Berndeutsche Wörterbuch», Erstauflage 1976, vermerkt: «Bünzli m., Familienname. Verallg. für Spiesser, Kleinbürger». Und wenn ich Spiesser schreibe, beleidige ich wieder jemanden, denn es gibt auch Menschen mit Nachnamen Spiesser in der Schweiz. Deshalb ist hiermit endgültig fertig mit dem Thema. Versprochen. Es gibt ohnehin nichts Bünzligeres, als sich darüber den Kopf zu zerbrechen, ob man es nun sei oder nicht. Herzlich, euer Bünzli Friedli.

DRS 1 und 2_Senderketten des Schweizer Radios

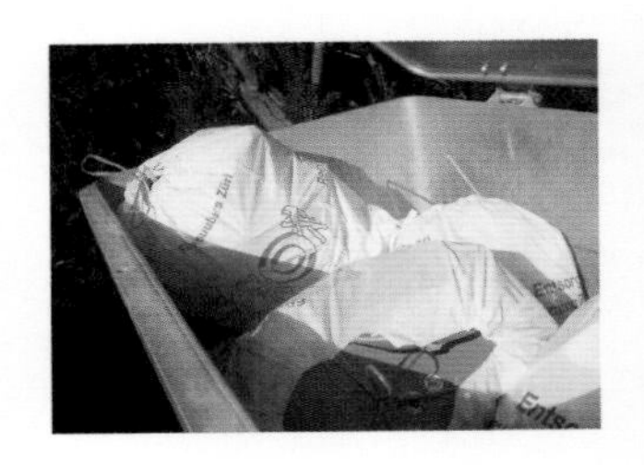

EASY, HERR PROFESSOR!_Der Bub fragt: «Gäu, Vati, wir sind unkatholisch?», und er kann nicht ahnen, wie recht er historisch hat, wenn er unsere Konfession so bezeichnet. Was er, der täglich wundersam Worte schöpft, auch nicht ahnen kann: Dass ich just in dem Augenblick über einer neunmalklugen Rede Adolf Muschgs brüte, die in der Zeitung abgedruckt ist. Unserer Jugend sei der bewusste Umgang mit Sprache abhanden gekommen, hat Muschg am Deutschen Historikertag in Konstanz geklönt. Über «Sprachverfall» jammerte das geistige Oberhaupt unseres Bildungsbürgertums. Die Jugend rede nur noch Dialekt, auch diesen schlecht und, o Graus, «mit englischen Brocken versetzt». Kurz und mies: Es grassiere eine unbedachte «McSprache».

Easy, Herr Muschg, Sie müssten vielleicht verstehen, dass nur eine Jugendsprache, die Sie nicht verstehen, wirklich eine Jugendsprache ist. Got it? Aber dass Sie sich mir jetzt nicht die Mühe einer wissenschaftlichen Analyse machen, Professor! Will man nämlich den Jugendslang festhalten, ist er längst woanders. Wohlmeinend veranstaltete die Schule für angewandte Linguistik unlängst in Zürich eine Fachtagung, doch mit dem Titel «Affengeil, megakrass – Talk und SMS zwischen Mundart und Frühenglisch» hinkte sie bös hintendrein. «Affengeil» ist ein Wort, das die Teenies vor ungefähr fünfzehn Jahren benutzten, «megakrass» sagten sie vor vielleicht zehn Jahren. Die Tagung war also etwas spät dran, sprich: «Gseht mfall fol beschisse alt us, Monn.» Und wenn dann noch die Werber kommen und sich den Kids anbiedern, haben die halt noch nicht gemerkt, dass die «Kids» schon lange nicht mehr Kids heissen. Sondern Homies, Brothers, Bitches, Skater und Boarder. Wer in ein Inserat schreibt: «Für coole Kids», textet an den Jungen vorbei. So etwas findet höchstens noch deren Deutschlehrer frech.

Auf dem Pausenplatz tönts anders. «Ehmann, häsch kän Style, monn, bisch Misgeburt, okay?» Und es ist wohl eine ironische Rache des Schicksals, dass just der Slang der Minderheit, der sogenannte Jugo-Slang, unter den Jugendlichen den Ton angibt. Zwar findet ein Secondo aus dem Balkan, nur, weil sein Name auf -ic endet, keine Lehrstelle – aber seine Sprache ist unter den Jugendlichen Leitkultur, auch unter gebürtigen Deutschschweizern. «Muesch mir nöd aafigge, Bitch.»

Der Slang mag krass sein, «fol kras, Monn», aber die Kinder von heute sind viel früher mit viel mehr konfrontiert, mit Games & Gadgets, mit Mord & Totschlag auf allen Kanälen, mit Sex & Crime, mit mehr Verkehr, mehr Lärm, mehr Dreck. Wie wollten wir uns wundern, wenn auch in ihrer Sprache «meh Dräck» auftaucht?

Wobei, bei uns zu Haus ist es umgekehrt. Da ermahnen die Kinder mich zu einem besseren Ton. Klingelt um 12.17 Uhr, wenn mir gerade das Geschnetzelte anbrennt, gleichzeitig der Nachbarsbub an der Haustüre und das Telefon, weil irgendein doofer Telefonmarketingmensch mir irgendetwas andrehen will, das ich nicht brauche, und mir entfährt ein genervtes «Mann, ist das wieder ein huere Stress heute!», dann entgegnet der Fünfjährige empört: «Also, Vati, ‹huere› sagt man nicht!» Seine Schwester, die Zweitklässlerin, präzisiert: «Oder jedenfalls nur im Notfall.»

Gseht mfall fol beschisse alt us, Monn._Sieht im Fall voll beschissen alt aus, Mann. /
Ehmann, häsch kän Style, Monn, bisch Misgeburt, okay?_Hast keinen Stil, bist eine Missgeburt. /
Muesch mir nöd aafigge, Bitch._Musst mir nicht anficken, Bitch.

EYMONN, WO ISCH PROBLEMM?_«Rettet dem Deutsch!», hypert in Deutschland der «Spiegel», das Besserwisserzentralorgan, in Anspielung auf den überhand nehmenden Dativgebrauch der Jugendlichen. Bei uns grämt sich der gescheite Adolf Muschg über die Sprachlosigkeit der Jungen und die Verlotterung der, wie er sie nennt, «McSprache». Aber vielleicht urteilen Sie ein bitzli vorschnell, Herr McMuschg? Mich dünkt nämlich, unsere Jugend gehe so viel flinker und origineller mit Sprache um als jede Generation vor ihr.

Ihre Dialoge zum Beispiel stecken voller Dramatik und Drive, die reinsten Drehbücher! Gestern erzählte im Bus eine, die noch nicht Frau und nicht mehr Mädchen ist, ihrer Freundin in einem Affenzahn ein Telefongespräch nach: «Ey, er hät mich mfal fol aaglütte. Är so: Wotsch mich no? Und ich so: Eymonn, wo isch Problemm? Und är so: Bisch arroganti Bitch gsii, Monn. Und ich so: Ey, wotsch mir produziere odrwass? Musch mfal nöd blöd pimpä. Und är so: Näi isch ächt würkli wahr, ey, gosch mich uf de Sack. Und ich so: Chasch mich Arsch läcke, Monn. Hann ufghänkt.» Sie holt kurz Luft. «Eymonn, ich säg dich, zäh Sekunde spöter lüttet dee mich wieder aa. Är so: Ey sorry, hans nöd so gmeint. Und ich so: Ich au nöd. Und är so: Gömmer Chino? Und ich so: Scho. Abr hann fol Stress dihäi. Und är so: Chum etz, Monn. Und ich so: Daf würkli nöd furt, sch fol Getto mit min Vattär. Und är so: Ey, figg dim Alte. Ich bring en um.»

Diese Sprache ist kurz, knapp und voll auf den Punkt. Konnten wir uns mit siebzehn so ausdrücken? Konnten wir nicht. «Duuuu, weisch, irgendwie fingis vilech haut gliich e chli gruebe, so, weisch, gäu wäg dr Schmier u soo und em Kiffe, auso weisch, i weiss niii, so.» So laberten wir. Heut SMSeln, chatten und mailen sie rasant, und weils so pressiert, erfinden sie kreative Abkürzungen. «Han dich gärn» heisst halt dann nur noch «hdg». Time is money, das haben sie gelernt.

Und seien wir ehrlich: Unsere Jugendsprache war genauso grob. Nur langsamer. Deshalb mag ich das Gejammer nicht mehr hören: Wir seien in der Pisa-Studie abgeschifft, heissts allenthalben, weil die Jugendlichen nur noch diese Gratisblättchen läsen. Hey, die lesen wenigstens! Was haben wir denn mit fünfzehn gelesen? Bestenfalls die Eishockeyresultate in der «Berner Zeitung», that's it. Heute lesen die Teenager in ihren Gratisblättchen Dinge wie: «Das Handy mit eingebauter Festplatte wird über Touchpad und Superscrollsystem bedient. Das XHS-i800 verfügt über einen 3-GB-Speicher, in dem rund 50 Stunden Sound für den integrierten Player Platz haben, der die Musikformate MP3, WMA und WAV spielt. Dank der praktischen Plug-and-Play-Funktion und USB-Unterstützung kann das Handy auch als mobiles Festplattenlaufwerk zum Austauschen von Daten mit dem PC genutzt werden.»

Haben Sie etwas verstanden? Eben. Die Jungen schon. Die verstehen das. Die haben sich mit einer ziemlich viel komplizierteren Welt herumzuschlagen als wir damals. Vielleicht, Professor Muschg, ist es ja umgekehrt? Vielleicht sind unsere Jungen saugescheit, und wir sind nur zu dumm, um es zu merken.

Schmier_Polizei

WIR TEILZEITPAPIS_Hab ich Ihnen eigentlich schon gesagt, wie öd ich die ganze Frauen-an-den-Herd-Diskussion finde? Da schreibt eine deutsche TV-Frau namens Eva Herman ein Buch, wonach frau die wahre Erfüllung daheim am Herd finde, und, schwupps, wirds ein Bestseller. Dass besagte Eva nach eigenem Bekunden nie ein Bügeleisen in Händen hält und ihren einzigen Sohn Samson von einem Kindermädchen aufziehen liess, wen kümmerts? «Eva-Prinzip» tönt halt gut.

Aber ich will Ihnen jetzt mal das Bänz-Prinzip erläutern: Frauen gehören auch in die Arbeitswelt und Männer auch an den Herd. Punkt. Manche Frauen haben keine Wahl, sie müssen arbeiten gehen. Andere wollen es, und das ist auch okay. Neue Kinder brauchen wir trotzdem, sonst stirbt das Land aus, was ja auch schade wäre. Also sollen, hü!, Wirtschaft und Politik die Bedingungen für Teilzeit- und Sharingmodelle schaffen. Denn nur wenn Frauen von ihren Männern daheim echt entlastet werden, können sie das Berufsleben unbesorgt angehen. Die Pseudoteilzeitväter, die sich an Büro- und Biertischen als «neue Männer» gebärden, weil das ein bisschen chic ist, ihr Pensum jedoch nur auf 90 Prozent reduzieren und ihre Frau zusätzlich zu deren 65-Prozent-Job den ganzen Haushaltkram allein machen lassen, die können mir gestohlen bleiben.

Sie! Ich kenne einen Ingenieur, der damit prahlt, er schaue immer am Mittwoch zu den Kindern. In Wahrheit bringt er sie Mittwoch für Mittwoch «ausnahmsweise» zur Schwiegermutter und fährt dann ins Büro. Ein anderer raunte mir verschwörerisch zu: «Du bist doch auch ein Teilzeitpapi!» Wann er mich denn mal mit seinem Töchterchen besuchen könne? «Wann du willst», sagte ich, «bin die ganze Woche daheim.» Er, ähm, kümmere sich eben nur am Freitagnachmittag um die kleine

Noelle. «Dann kommst du eben am Freitag.» Noelle war ein süsses kleines Bébélein! Aber sie stank.

Ich koche Kaffee für ihn, Long-Jing-Tee für mich und ein Breili fürs Baby, wir palavern, essen Guetsli, mein Hans verbrösmelt damit die halbe Wohnung. Und seine Noelle stinkt noch immer. Der Nachmittag geht schon zur Neige, als ich ihn frage: «Willst du sie nicht wickeln?» Er behauptet zunächst, nichts zu riechen, nuschelt dann etwas von «Mach ich dann daheim ...», windet sich, bis ich merke: Er weiss nicht, wie. Hat der sein vierzehn Monate altes Töchterchen doch tatsächlich noch nie gewickelt! «Okay, ich mach das für dich. Aber komm mir nie mehr mit ‹Wir Teilzeitpapis›!»

Da ist es mir doch am Arsch lieber, eine Familie pflegt traditionelle Rollen, als einer gibt vor anzupacken – und dann macht die Frau doch alles. Wo die Rollen konventionell verteilt sind, schätzt er, wenn er abends heimkommt, wenigstens die immense Hausfrauenbüez, die sie tagsüber geleistet hat. Nur wären wir da halt wieder beim Eva-Prinzip, Shit. Der Mann sei zur Hausarbeit nicht geeignet, faselt Frau Herman, er sei von Natur aus ein Jäger, er brauche Anerkennung und müsse daher Karriere machen. Und noch etwas hat sie gesagt: «Wir Frauen sollten öfter mal den Mund halten.» Wenigstens damit hat sie, was sie selber betrifft, völlig recht.

Wickeln_Windeln wechseln

IHR GESPENSTERLEIN KOMMET!_Die Monsterchen sollen kommen! Hab mich mit Sugus, Schöggeli und Mandarinli eingedeckt. Und wenn beim Eindunkeln vor der Haustür eine Horde verkleideter Kinder in angelerntem Fernsehhochdeutsch «Gebt uns Süsses, oder es gibt Saures!» krakelt, werde ich nicht baff sein wie letztes Jahr – sondern sofort schnallen: Halloween! Und den drolligen Monsterchen das Schleckzeug rausrücken.

«Ich hasse Halloween!», hat Judith aus Sins, Kanton Aargau, mir geschrieben. «Warum wird man als Elternteil gezwungen, jeden Scheiss von drüben zu übernehmen?» Tut mir leid, Judith, ich kann mich nicht mitempören. Ich mag Halloween. Bevor die Kinder in den Kindergarten kamen, gönnten wir uns nämlich einen längeren Aufenthalt im Süden der USA. Unvergessen, wie wir auf der Holzveranda Kürbisse höhlten und Fratzen in deren Rinde schnitzten. Und wenn dann am Abend der warmheftige Oktoberwind die Laternenlichter flackern und die Vogelscheuche vor dem Haus wanken liess, und die ganze Stadt war ins orange Licht der Kürbisgeister getaucht, wars zauberhaft gespenstisch.

Aber eigentlich ist Halloween ja gar kein Scheiss von drüben. Es verhält sich wie mit Pizza, Kino und Cappuccino: Wir Europäer habens erfunden, die Amis sind nur schlau genug, es uns zurückzuverkaufen. Der 31. Oktober war zunächst ein Totenfest der Kelten zum ersten Wintertag. Aus Angst vor untoten Toten, die in jener Nacht zurückkehren könnten, verkleideten sich die Leute selber als Gruselmonster. Um einen Gegenpol zu dem heidnischen Treiben zu setzen, datierten die Katholiken darauf ihr Allerheiligen auf den 1. November, wodurch Halloween zu seinem Namen kam – der Abend vor Allerheiligen, Englisch: All Hallows Eve. Von Irland gelangte der Brauch

nach Amerika. Und wenn er jetzt zurückkehrt, geht darob die alte Welt nicht unter. Lassen wir uns etwa von Santa Claus, diesem ollen Amichlaus, unseren Samichlaus vergällen? Nöö.

«Ich bin so was von stinkwütig, weil ich meinen Kindern gegenüber die Spielverderberin sein muss, nur, weil ich mich gegen den Konsumzwang wehre», schimpft Judith. Klar ist es fragwürdig, wie Gross- und Kleinverteiler mit Halloween geschäften. Nur haben, ehrlich gesagt, die Detailhändler und Floristen auch den Mutter- und den Valentinstag erfunden – und sogar die Weihnacht in ihrer heutigen Form. Doch genauso wenig, wie ich mir Weihnachten von dem Konsumterror, der mit ihr einhergeht, vermiesen lasse, lasse ich mir und meinen Kindern Halloween nehmen. Spielregel: Anna Luna, die mir die letzten 364 Tage in den Ohren gelegen hat, am nächsten «Hälouwiin» wolle dann auch sie betteln gehen, bekommt keine gekaufte Maske, sondern bastelt sich aus einem alten Leintuch ihr eigenes Kostüm. Und deine Befürchtung, liebe Judith, Halloween könnte hiesiges Brauchtum verdrängen, ist unbegründet. Wir tragen diese Woche halt zweimal ein Licht ins Dunkel des anbrechenden Winters, gruselig zu Halloween, feierlich wohlig dann am Räbeliechtliumzug.

Lassen muss man dem Halloween übrigens: Die Kürbisreste ergeben eine herrliche Suppe. Wohingegen ich bös abschiffte, als ich den Schnitzabfall der Räben letztes Jahr zu einem Mittagessen verarbeitete. Die Kinder sagten «Igitt!». Und ich fands – dir, Judith, kann ichs ja sagen – auch nicht besonders fein.

Schöggeli_Schokolädchen / Räbeliechtliumzug_Umzug mit Lichtern aus geschnitzten Rüben

«WAS, VATI? WARUM, VATI? SÄG!»_ Wir löffeln im Café «Le Chant des Voyelles» Capuccinoschaum, der so üppig ist, dass es schon fast unflätig wirkt. Die Kinder – in den Herbstferien in Paris wars – trinken Tomatensaft und erholen sich von einem kilometerlangen Streifzug entlang der Seine und dem Erklimmen des Arc de Triomphe. Da fährt ein Lieferwagen mit der Aufschrift «Stricher» vorbei, ich raune zu meiner Frau: «Ui, mit diesem Firmennamen hätten die im deutschen Sprachraum aber Mühe!» Schon fängts an: «Was, Vati? Warum, Vati? Säg!» Und ich muss erklären, dass Männer, die Männer gern haben, aber niemanden zum Schätzelen finden, manchmal jemanden dafür bezahlen, dass er mit ihnen schätzelt. Aber warum das dann Stricher heisse? «Säg!» Und weiter gehts, und weiter. Immer neue Nachfragen muss ich beantworten. «Wasvatiwarumvatisäg!?!»

Soll man mit Kindern über alles reden? Man soll, wenn sie fragen, finde ich. Mit Ausdrücken und Bildern, die sie verstehen und die sie mit eigenen Erlebnissen verknüpfen können, soll man ihnen die Welt zu erläutern versuchen. «Das ist nichts für euch» ist nichts für mich. Doch heuer musste selbst ich mitunter Titelseiten verschwinden lassen oder den TV rasch auf Teletext umschalten, wenn Grausiges zu sehen war – so strub war 2006. Ein Fussballprofi, der innerorts mit weit über hundert Stundenkilometern besoffen in einen Findling donnert. Soldaten, die sich einen makabren Jux aus dem Spiel mit Gebeinen machen. Ein österreichisches Mädchen, das von einem Irren acht Jahre lang in ein Kellerloch gesperrt wurde. Kinder, die ein Kind vergewaltigen. Und Väter, die ihre Familien abschlachten, zuhauf. In Bern kidnappt einer die eigenen Kinder, fährt mit ihnen ins Wallis und tötet sie. Der Ehemann einer früheren Skirennfahrerin er-

schiesst seine Frau und sich selbst. Und wenn die Kinder «Wasvatiwarumvatisäg!?! Wasmuetiwarummuetisäg!?!» fragen, würde man am liebsten sagen: «Das ist nichts für euch.» Aber das würde die Neugierde nur wecken, also redet man, spricht von «kranken Menschen», und beim vierten «Warum, Vati, warum?» weiss man nichts anderes mehr zu sagen, als dass man das auch gern wüsste: Warum?

Warum findet jedes zweite Tötungsdelikt in der Familie statt? Warum bringen in der Schweiz jährlich 21 Männer ihre Frauen um? Kaum hab ich den Kindern erklärt, dass jeder Armeeangehörige eine Feuerwaffe daheim hat, liest Hansli in einem Heftli – das heisst, er liest es nicht selber, die grosse Schwester liest es ihm vor: «Schweizer Frauen wollen Männer entwaffnen!» Und beide, Bub und Mädchen, finden das eine gute Sache. Ich pflichte ihnen – da bin ich gefühlsmässig ganz Hausfrau – bei, hatte selber ohnehin nie eine Waffe. (Erraten! Ich Memme war dienstuntauglich.)

Hans will nun über alle Männer der Nachbarschaft Bescheid wissen, ob die Dienst täten. Es beschäftigt ihn. Er überlegt – und kommt zum Schluss: «Gäu, ich glaube nicht, dass der Reto die Ines erschiesst, odrvati?» Jetzt frag ich mich, ob ich es ihm nicht vielleicht doch ein bisschen zu genau erklärt habe. Was, wenn er bei seinem nächsten Besuch dort davon zu reden beginnt?

KAMPFJETS UND MEERJUNGFRAUEN_

Hans schmollt. «Geits no, Vati?» Er wolle doch nicht so einen langweilig braunen Faserpelz. «Du brauchst etwas Warmes für die kalte Jahreszeit!» – «Aber nid eso gruusig bruun.» Schon wollen wir den Kinderkleiderladen mit den ellenlangen Kassenwarteschlangen unverrichteter Dinge verlassen, da bemerke ich den kleinen Aufnäher auf der Bubenfaserpelzchenbrust: ein raketenbetriebenes Wahnsinnsrennauto samt Feuerball. «Schau mal, Hansli ...» – «Wow! Dann nehme ich ihn.»

Freund Dieter würde sagen: «Buben sind so.» Wie ich den Satz hasse! Seit Jahren fetze ich mich mit Dieter, wenn er in den gemeinsamen Familienferien wieder mal behauptet, Buben seien halt so: müssten überall raufklettern, alles in seine Einzelteile zerlegen, Helikoptern nachgaffen, Autos und Baumaschinen bewundern, müssten raufen, ringen, Rabatz machen. «Nein und nochmals nein!», widersprach ich stets. «Ich mag nicht glauben, dass Buben und Mädchen von Natur aus unterschiedlich sind.» Triumphierend feiere ich jede Ausnahme: Meine Tochter tritt einem Fussballklub bei, mein Bub spielt mit Bäbi! Sie fährt halsbrecherisch Rollbrett, er hilft fürs Leben gern beim Kochen!

Refüsiert Anna Luna wie vorige Woche das blassviolette Halskettchen, das es im McDonald's für Mädchen zum Happy Meal gibt, und will stattdessen auch so ein kuules Skateboardfigürchen, das auf Knopfdruck vollgas stinkfrech auf den Nebentisch jumpt, bin ich der Erste, der zur Kasse geht, den Schmuckkram zurückbringt und fürs Mädchen das Bubenspielzeug verlangt. Und hat nicht ein Hirnforscher der Uni Zürich, Lutz Jäncke, neulich gesagt: Nein, es gebe keine Verhaltensunterschiede zwischen Männlein und

Weiblein, die nachweisbar angeboren wären? Wusst ichs doch. Die böse Gesellschaft ist schuld. Und wenn wir unseren Kindern daheim weiter schön die verschobenen Rollen vorleben – Mami ist nicht nur Haus-, sondern auch Berufsfrau, Papi ist auch Hausmann –, kann Dieter mit seiner Geschlechtertheorie abstinken. Jedenfalls würd ich ihm gegenüber niemals zugeben, dass auch unsere Kids zuweilen dem Klischee entsprechen. Hansli baut Panzer mit Haushaltpapierkartonrollen als Kanonenrohr, Änneli zeichnet Blumenwiesen. Aber wer weiss, obs nicht umgekehrt wäre, wenn die Bekleidungsindustrie endlich rosa Blümchen mit türkisfarbenen Meerjungfrauen auf Bubenpullis nähen würde und Kampfjets auf Mädchenshirts?

Gestern treffen wir vor dem Haus Nachbarin Ariane, ihr kleiner Alex thront warm verpackt im Kinderwagen und trägt – denselben Braunpelz wie Hans. Aber ohne Raketenrennauto. «Ja, sag jetzt, Ariane, hats das Autöli in den kleineren Grössen nicht drauf?» Hans trägt 122, Klein Alex wohl erst etwa Grösse 80. Ariane gibt sich zunächst ahnungslos, windet sich, gesteht schliesslich: Sie hat den Aufnäher fein säuberlich losgetrennt und entsorgt. Schien ihr zu derb für ihr Bübchen, das Männerzeugs. Ich schmunzle. Alex, sechzehn Monate, kann sich nicht wehren, weil er noch nicht sprechen kann. Könnte ers, liebe Ariane, er würde vermutlich nach dem Wahnsinnsauto samt Feuerball verlangen. Sorry, aber Buben sind glaubs so.

Geits no?_Gehts noch? / Grusig bruun_Hässlich braun

WEM GEHÖRT KEVIN?_«Der Kevin gehört ins Wallis! Potz wüste Wolke, da ist sich Frau Huber-Handschin aus Sissach BL aber ganz sicher. «Ich bin erschüttert und zutiefst traurig», hat sie dem «Blick» geschrieben, und der hats abgedruckt, «dass die Eltern von Gerold Stadler nicht so viel Respekt und Anstand gegenüber der Trauerfamilie Rey-Bellet haben. Ich wünsche für den kleinen Kevin, dass er bei seinen wunderbaren Grosseltern im Wallis aufwachsen kann.» Sie wissen schon: der Mann, der seine Frau, die Exskirennfahrerin, deren Bruder und schliesslich sich selbst erschoss und das Bübchen Kevin als Waise zurückliess. Seinetwegen fragt unser Hansli dauernd, wer von den Männern im Quartier eine Waffe daheim habe. Nun geht es darum, in wessen Obhut das Kind aufwachsen soll.

Schon verrückt, wie plötzlich alle wissen, dass die Stadlers in der Ostschweiz – sie verloren ihren Sohn – keinen Anstand hätten; dass die Rey-Bellets im Wallis – sie verloren Tochter und Sohn – wunderbare Menschen seien; und vor allem: was das Beste für Kevin sei. Alle spielen sie sich auf, von der früheren Championesse Vreni Schneider («Ein Gefühl sagt mir, dass es Kevin im Wallis besser hat») bis zum rostfreien Subaru-Werbeträger Bernhard Russi, von Leserbriefschreiberin Krethi bis zum Lokalfernsehstrassenumfragebefragten Plethi.

Uns alle hat das Drama erschüttert. Kenntnis der Einzelheiten aber haben wir nicht. Demnach haben wir zu dem Entscheid der Vormundschaftsbehörde Gaiserwald nichts zu sagen. Nichts, ausser dass die Öffentlichkeit das Kindchen mit Namen Kevin jetzt gefälligst in Ruhe lassen soll. Aber typisch sind die Ferndiagnosen halt schon. Immerzu glauben wir, wir wüssten, was Kinder wollen. Wir bauen «Kindercitys» und designen

«Kids Towns», wo es dann zum Beispiel für Vierjährige eine Jacke der Marke Diesel à 389 Franken zu kaufen gibt – Designerklamöttchen, die sich höchstens Madonna und Paris Hilton leisten können, und Letztere hat keine Kinder, ist ja selber noch eines.

Wir wollen beim Extremsnowboarden oder im Globihotel mit den Kindern «Quality Time» verbringen, dabei ist der Begriff der grösste Schwachsinn, seit Eva Kain und Abel gebar. «Quality Time» entsprang dem kranken Hirn eines Managers mit schlechtem Gewissen, der hoffte, er könne mit einem Tag Action alle paar Wochen all das wettmachen, was er mit seinen Kindern sonst verpasst. Irrtum. Für Kinder gibts keine Quality Time, nur Zeit. Als bei uns letzthin Chilbi war und ich mit Hansli zum Nostalgierösslispiel wollte, weil man den Kleinen ja Qualität bieten will, blieb er stattdessen ewig vor der improvisierten Bühne stehen, wo der gute Obdachlosenpfarrer Sieber mit einem Grüppchen Getreuer schrecklich falsch, aber herrlich inbrünstig Gospel sang.

Hans bleibt, bis er zum dritten Mal den Gospelgassenhauer «Amen» gehört hat. Als er das Stückli daheim erneut hören will, bin ich listig genug, ihm eine wirklich schöne Einspielung von Otis Clay auszuhändigen, denn ich ahne, die CD wird jetzt tagelang laufen, und die Kinder werden mitsingen: «Eee-he-hei-män, ee-he-hei-män …» Und die Moral von der Geschicht? Wir wissen gar nichts über unsere Kinder. Amen.

Rösslispiel_Karussell

ICH POLIERE, ALSO SPINN ICH_ Willkommen bei Azopgof, Ihrer Selbsthilfegruppe. Azopgof steht für «Anonyme zwanghafte oberpingelige Poliererinnen und Polierer glatter Oberflächen». Hä? Sie leiden nicht am Hausfrauenpoliersyndrom, kurz Haps? Ich schon. Kann keine Fläche unpoliert lassen, zu keiner Tages- noch Nachtzeit. Fällt die Abendsonne auf den verspiegelten Schrank im Flur, rubble ich mit einem Zipfel meines T-Shirts Griffspuren weg. Wischt sich Hans im Bad die Hände, ist danach garantiert der Wasserhahn voller Spritzer, und wenn man die eintrocknen lässt, gibts Kalkflecken. Also mit einem Tuch polieren! Derweil betrachtet sich Anna Luna soooo genau im Spiegel, dass sie ihre Nase daran platt drückt und einen leisen Fettschimmer hinterlässt. Polieren! Ich poliere alles und jedes. Fenster, Plättli, Türfallen, Spülkästen, Waschmaschinendeckel.

Ein Anzeichen für Haps ist, wenn man während des Kochens viermal die Küchenkombination poliert. Als genügte es nicht, dies ein einziges Mal zu tun, wenn fertig gekocht, gegessen, abgeräumt und abgewaschen ist. Aber nein, noch während oben die Polenta blubbernd in alle Himmelsrichtungen spritzt, knie ich mir vor dem Herd die Schleimbeutel wund und versuche die Spiegelglasfläche rund um die Herdknöpfe glattzukriegen. Himmel, diese Armatur ist das Unputzbarste im ganzen Haushalt, denn um alle Tastspuren beseitigen zu können, muss man dauernd die Regler auf- und zudrehen – worauf natürlich die Polenta anbrennt. Neidvoll denke ich ans Fräulein Hingis und ihre schöne Küche. Die glimmert, da unbenutzt, bestimmt noch wie am ersten Tag.

Ein Sprutz Ajax machts nur schlimmer. Gibt Striemen. Ich probiers mit Wasser, Seife und Schaber. Neue Striemen. Ich bessere mit Putzessig nach, greife schliesslich

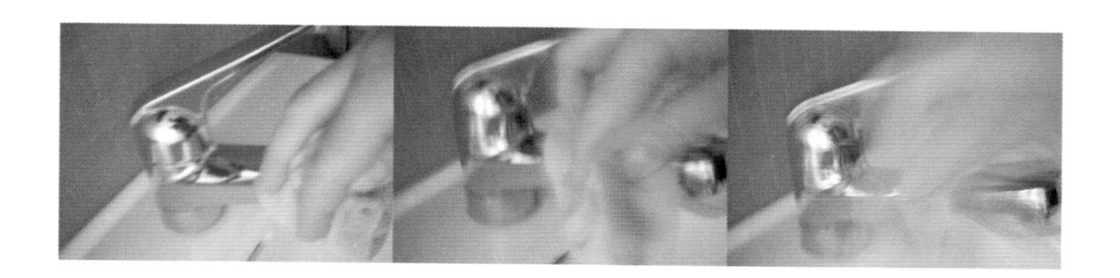

zum Mikrofasertuch und schicke vor lauter Reiben den Kleinen zu spät in die Musikschule. Dass meine Poliererei manisch ist, merkte ich, als ich begann, bei Freunden die Badezimmerspiegel zu putzen. Inzwischen poliere ich den Wasserhahn auf jeder Starbucks-Toilette – und vorgestern sogar eine Haltestange im 32er-Bus, die voller Fingerabdrücke war. Ich bin der Albtraum jedes Spurensicherers.

Wir haben uns in der Selbsthilfegruppe schon auch überlegt, woher das rührt. Gut, «wir» ist ein wenig übertrieben, bin das einzige Mitglied. Aber ich kam zum Schluss, dass Polieren die einfachste Möglichkeit ist, etwas Ordnung in den ungeregelten Alltag zu bringen. Denn im Gegensatz zu denen, die einer «geregelten Arbeit» nachgehen, haben wir Hausfrauen täglich mit zig neuen Situationen fertig zu werden.

Und was tue ich, wenn ich mal nicht poliere? Ich laminiere. Hat mir meine Frau geschenkt: ein Laminiergerät. Damit lassen sich Stundenpläne, Rezepte und Zettel aller Art in Plastik einschweissen. Erzählt Hans, es sei ein neuer Bub im Chindsgi, der Moses, erzittere ich schon im Schauer der Vorfreude, denn ich weiss, bald gibts einen neuen aufdatierten Telefonalarm zu laminieren! Laminieren schafft Ordnung, Klarheit ... und eine neue glatte Oberfläche, die, sobald Hansli den Moses zum ersten Mal angerufen hat, gleich wieder poliert werden muss. Aaaarrrghhhh!

NIE MEHR PUTZEN!_Ist doch schön zu wissen, dass man nicht allein ist. Gerade im Advent, oder? Vor Wochenfrist noch war ich das einzige Mitglied der Selbsthilfegruppe der anonymen zwanghaften oberpingeligen Poliererinnen und Polierer glatter Oberflächen, Azopgof. Heute sind wir Dutzende. Was sage ich? Tausende! Meine Mailbox ist voller Bekenntnisse von manisch Poliersüchtigen. «Unser Brotkorb ist aus Chromstahl: der reinste Albtraum. Und mein Vierjähriger hält seine Mutter auf dem Poliertrip – Fenster, Glastüren, Spiegel, WC-Rollen-Halter», klagt Barbara aus Möhlin. «Und wenn ich meinen Vater besuche, poliere ich bei ihm daheim als Erstes den Backofengriff.» Raffaella aus Unterengstringen kann nichts unpoliert lassen, dabei hat sie zwei Kleinkinder zu versorgen: «Kein Wunder, dass ich gestresst sei, meint mein Mann.» Eine Leserin gibt zu Bedenken, dass wir an Haps – Hausfrauenpoliersyndrom – Leidenden gerade jetzt besonders tapfer sein müssen: «Mit der flach einfallenden Wintersonne haben alle Azopgofer Hochsaison, denn sie zeigt unbarmherzig jeden Striemen auf.»

Viele schreiben mir: «Endlich hat meine Krankheit einen Namen: Haps.» Und ich hatte mir eingebildet, wir seien die einzig Dummen, die höchst polierbedürftige Badezimmermöbel aus Stahlblech angeschafft hätten. Nun tröstet mich, dass Alexandra aus Steffisburg und ihr Mann, bereits bekindert, Chromstahllavabos gekauft haben – jetzt drehen sie darob fast durch.

Und dann lese ich in der Zeitung, dass es dank Nanotechnologie – das ist Technik im unvorstellbar winzigen Bereich – bereits möglich wäre Fenster herzustellen, die man nicht mehr reinigen muss, fingerabdruckresistente Spiegel, Kleider gar, die jeglichen

Schmutz abstossen. Die Meldung ist neun Zeilen kurz. Es ist verdammt nochmal die Neuigkeit des Jahrzehnts, und meine Zeitung hat dafür neun mickrige Zeilen übrig? Ab ins Web! Googelnd erfahre ich: Forscher der Uni Hannover sind daran, selbstreinigende Materialien zu entwickeln. Uu mega mikrokleine Titandioxidpartikel sollen Fett, Staub und Flüssigkeiten mittels der ultravioletten Sonnenstrahlung dazu bringen, sich chemisch zu zersetzen: Dreck löst sich künftig in Luft auf! Nie mehr putzen! Schon male ich mir aus, wie ich in der neu gewonnenen Freizeit von Fitnessstudio zu Kaffeekränzchen, von Shiatsu- zu Fussreflexzonenmassage tingeln werde. Dann lese ich weiter, wozu die Wissenschaftler, wenn ihnen die Herstellung selbstreinigender Oberflächen denn gelingt, diese nutzen wollen: für Glasfassaden von Bürogebäuden. An uns Hausfrauen denkt wieder mal keiner. Auf den Mars fliegen können sie! Atombomben basteln! Aber mal etwas erfinden, das uns Desperate Housewives den Alltag erleichtern würde – das wollen die Forscher nicht können.

Könnten sie es, überlege ich mir, während ich zum dritten Mal heut das chromstählerne Kehrichteimerchen im Bad poliere, wir Hausfrauen würden am Ende wirklich tun, was die Büromänner schon die ganze Zeit behaupten, wir täten es: auf der faulen Haut liegen. Wollen wir das überhaupt?

SELBER SCHULD_ Kulturkampf am Chlaustag. Aus Anna Lunas Zimmer dröhnt volllaut «Zehn kleine Jägermeister», der Kracher der Toten Hosen; bei Hans ghettoblastern Marius und die Jagdkapelle seit Tagen auf Repeat, sodass mein Snoop Dogg kaum noch zu hören ist. Jetzt stelle ich – Snoop rappt gerade «I ain't give a fuck about the law», etwa: Gesetze sind mir scheissegal – lauter, damit ich in Ruhe Zeitung lesen kann. Da steht, der Gangsta-Rap sei an den Vergewaltigungen von Seebach und Steffisburg schuld. Himmel, wie oft muss ich den Unsinn noch lesen?

Dass Burschen, halb Kinder noch, Kinder vergewaltigen, ist entsetzlich. Und es spielt überhaupt keine Rolle, ob die Mädchen, wie da und dort behauptet, «einverstanden» waren, Opfer sind sie ohnehin. Doch die Mär vom bösen Rap ist falsch. Es mag bedenklich sein, wenn Jugendliche sich an einer gewaltstrotzenden Musik ergötzen, in der Frauen nur Schlampen und Männer nur Zuhälter sind, wenn sie dann noch bestaunen, wie diese halb nackten «Bitches» am Musikfernsehen unterwürfig ihre muskel- und waffenbepackten «Pimps» umschwärmen. Es mag sogar verheerend sein, wenn junge Männer aus diesen Darstellungen ihr Frauenbild beziehen. Aber: Der wüste Rap ist nicht Auslöser von Missständen. Er berichtet nur darüber, und das müsste uns Erwachsene interessieren.

Schon als Bill Haley 1957 sein «Rock Around the Clock» in europäische Säle kläffte, gab die Presse der neuen Musik die Schuld, wenn Stühle zertrümmert wurden – der Irrtum, eine Musik, die aus einer bestimmten gesellschaftlichen Konstellation entstanden ist, für diese Konstellation verantwortlich zu machen, ist so alt wie die Popmusik. Stimmte der Kurzschluss, dann wäre der Blues schuld an der Unterdrückung von

Amerikas Schwarzen gewesen. Es war aber umgekehrt. Blues war ein Ventil, später war Rock 'n' Roll eines, heute Rap.

Seit Jahren predigt das Feuilleton, die Situation in den US-Ghettos habe nichts mit Europa zu tun, diese Spielart des Rap sei bei uns also fehl am Platz. Gangsta-Rap, schreibt nun auch der Tagi, sorge überall für ein «von den realen Lebensumständen entfremdetes Niggerbewusstsein». Sollte man sich diese Lebensumstände vielleicht mal anschauen? Kann es nicht sein, dass die Aussichtslosigkeit einer Seebacher Jugend jener in amerikanischen Inner Cities verflucht ähnlich ist: keine Lehre, kein Job, keine Zukunft? Eine SVP, die ausgrenzt, eine SP, die wegschaut – wir alle haben es zugelassen, dass auch in unseren Agglomerationen Ghettos entstanden. Sollen wir nun einfach der Musik, die davon kündet, die Schuld geben? Müssten wir den Jungen nicht wenigstens helfen, mit dieser Musik umzugehen?

Ich glaube, diese Jugendlichen sind vor allem sehr, sehr allein gelassen. Von ihren Eltern. Von Sozialarbeitern. Und von Musiklehrern, die lieber «Let It Be» und «Alperose» einstudieren, als ihren Schülern zu erläutern, dass viele Raptexte ironisch die Vorurteile spiegeln, die Europa gegenüber Immigranten hegt und Amerika gegenüber Schwarzen: Sie seien kriminell, sexgierig, arbeitsscheu.

So, ich muss! Anna Luna will wissen, was die Liedzeile bedeute: «Zehn kleine Jägermeister rauchten einen Joint, den einen hat es umgehau'n, da warens nur noch neun.»

Chlaustag_St.-Niklaus-Tag

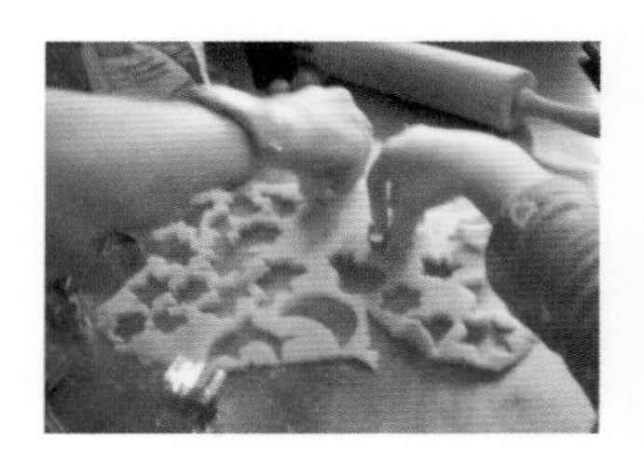

DER BH UNTERM TANNENBAUM_ Mich nähme schon wunder, wer all die Büstenhalter kauft. Seit Oktober verging kaum ein Tag, ohne dass im Briefkasten ein Hochglanzfarbprospekt gelegen hätte, in dem Missen, Vizemissen und Exmissen Push-ups, Bustiers und Negligés vorführten – dem braven Hausmann könnte schwindlig werden. Rentieren kann all die verkaufsfördernde Erotik nur, rechne ich mir beim Frühstückstee aus, wenn wirklich die Mehrheit der Schweizer Ehemänner und Lebensabschnittspartner so fantasielos ist, ihren Frauen und Lebensabschnittspartnerinnen BHs, Strings und Strapse zu Weihnachten zu schenken. Dann stelle ich mir vor, wie sie verklemmt durch die Lingerierayons streichen und den jungen Verkäuferinnen, die sie nach der Brustgrösse ihrer Gattin fragen, antworten: «E-e-e-etwa so wie Sie!» Was natürlich total übertrieben ist, weshalb ich mir die Kränkung ausmale, die die 75-A-Trägerin erfährt, wenn sie im Kerzenschimmer den bordeauxroten, berüschten Hauch von Nichts der Grösse 85 C auspackt. Denn gewiss hat er nicht einen praktischen Sport-BH für ihr dienstägliches Jogging und keinen alltagstauglichen Slip gekauft, sondern sündhaft teure seidene Reizwäsche. Womit er der Ehegattin durch die Blume sagt: «Du könntest dich auch mal ein wenig nuttig anziehen», und ihr gleichsam seinen Wunsch nach verwegenerem Sex unter den Tannenbaum legt. Es gibt Charmanteres.

Was nun nicht heisst, dass ich meiner Liebsten unterm Jahr nicht manchmal Unterwäsche schenken würde. Aber das bleibt unter uns. Wir sind ja nicht bei «Schreiber vs. Schneider».

Item. Den Kindern kaufte ich zum Advent das Buch «Frohe Weihnachten, Kleiner König», weil die ersten drei Kleiner-König-Bücher so herzig waren. Kaum habe ich

auf dem Sofa kuschelig mit Vorlesen begonnen, sind der Kleine König und sein Schatz, das kleine Mädchen, auch schon in der Küche. Ich lese: «... kochte das Mädchen einen Topf Spaghetti. Das Mädchen war eine Meisterköchin. Sie würzte die Speisen so köstlich, dass der Kleine König ganz ungeduldig wurde ...» Ich bin leise enttäuscht. Sie kocht, er will naschen. Das Bilderbuch propagiert eine Rolllenverteilung wie im Bilderbuch: Mädchen an den Herd! Die Geiss aus Deutschland, die mit dem Eva-Prinzip, hätte ihre helle Freude.

Doch schon drei Seiten weiter steht er selber am Herd und guetselt für sie. Ich bin gerührt, versöhnt – und bedaure insgeheim, dass meine Kleinen, wenn der nächste Kleiner-König-Band erscheint, dem Bilderbuchalter vermutlich entwachsen sein werden. Dann wollen sie sich auch keine Filme wie «Chliine Iisbär» und «Urmel aus dem Eis» mehr ansehen. Dabei hat «Heffalump, ein neuer Freund für Winnie Puuh» eben erst Ettore Scolas «Che ora è» von der Spitze meiner Lieblingsfilme verdrängt. Unvorstellbar, keine Kinderfilme mehr gucken gehen zu «müssen»! Ich glaube, mich kann man bald mieten, um kleine Kinder ins Kino zu begleiten.

Als ich das Buch, in dem rechtzeitig zu Weihnachten alles gut wird, zuklappe, komme ich mir auf die Schliche: Eigentlich hab ichs mir gekauft. Bin genauso egoistisch wie die Ehemänner, die im Grunde sich selbst beschenken, wenn sie ihren Frauen reizende BHs kaufen. Aber wenigstens kann man sich bei Bilderbüchern nicht in der Grösse verhauen.

Guetseln_Kekse backen / Chliine Iisbär_Kleiner Eisbär

HEIMELIG HAUSHALTEN_Dicke Post schickte Herr Z. aus 8064 Zürich, nachdem ich an dieser Stelle unlängst die Männer an den Herd gerufen hatte. Die Forderung sei idiotisch und ich ein verfluchter sozialistisch-feministischer Manipulator, jawohl!

Chabis. Wenn Mütter und Väter Hausarbeit und Kinderbetreuung aufteilen, profitieren alle. Die Frauen, weil sie im Beruf Talente entfalten können, die daheim brachlägen. Die Männer, weil sie eine echte Bindung zu ihren Kindern aufbauen können. Die Arbeitgeber, weil Teilzeitler motiviert und effizient arbeiten und ihre Zahnarzttermine nicht während der Bürozeit vereinbaren. Und natürlich profitieren die Kinder. Sie haben es verflixt gut raus, bei wem sie zum Zvieri mal Citro statt Wasser läschelen können und wer von beiden dafür weniger schimpft, wenn sie Sandkastensand in die Wohnung schleipfen. Wenn das Buch «Die drei Paulas und das Gespenst im Hühnerstall» so spannend ist, dass sie nicht aufschauen kann, sagt Anna Luna mir Mueti und dem Mueti Vati, weil sie gerade vergessen hat, wer von uns zu Hause ist. Gut so. Kinder sollen beide Eltern im Alltag erleben.

Umso ärgerlicher, dass Frau Herman – noch dieses eine Mal! Ich gelobe, dass ich die mit dem Eva-Prinzip im neuen Jahr nie mehr erwähnen werde! – uns Männern Hausmannsqualitäten abspricht: «Frauen sind viel eher in der Lage, das Haus heimelig zu machen, schöne Blumen aufzustellen und Apfelkuchen zu backen», behauptet sie. Aber, hallo! Ohne jetzt mit meinem Apfelkuchen bluffen zu wollen (der ist nicht wirklich besser als der meiner Frau, nur zuckriger und zimtiger) … aber mit Verlaub, Frau Herman: Haushalt ist nicht «heimelig machen», Haushalt ist harte Arbeit. Und die fängt,

ist der Kuchen gebacken, erst an. Polieren! Die Küchenkombination, die Backofentür, das Kuchenblech, das Fenster, das bei der Zubereitung des Gusses Spritzer von Milch und rohen Eiern abbekommen hat … und so weiter. Männer können das.

Aber ob sie es auch tun? Perfid ist, dass neuerdings nicht nur viele Männer – remember: die Pseudoteilzeitpapis –, sondern auch Firmen ein bisschen so tun als ob. Der Family Value als nette Ergänzung zum Shareholder Value ist in Mode, der Familienmann gilt in der Businesswelt als chic. Haben Sie die Inserate jener Grossbank gesehen? «N. B., Vater und Geschäftsstellenleiter», heisst es da, und auf dem Bild tollt Herr B. irgendwo über der Baumgrenze vor einem Zelt mit seinem Töchterchen herum. Dazu hat der Werbetexter getextet: «Als Geschäftsstellenleiter ist N. B. ein kompetenter Partner für alle Finanzgeschäfte. Und als stolzer Vater schätzt er vor allem die gemeinsamen Erlebnisse mit seinen Kindern. Aktiv die Gemeinschaft zu pflegen, heisst für ihn aber auch, sich nicht nur im Familienkreis, sondern auch in der Gemeinde zu engagieren.» Tönt zu schön, um wahr zu sein. Ist auch nicht wahr. Ich habe bei der Bank angerufen. Der Mann hat natürlich einen 100-Prozent-Job. Und am Wochenende geht er mit dem Töchterli schampar abenteuerlich zelten. Wenn er sich denn nicht gerade in der Gemeinde engagieren muss …

Chabis_Unsinn, wörtlich: Kohl / Zvieri_Brotzeit / Läschelen_Erbetteln

FROMME WÜNSCHE_ Liebe Gemeinde! In diesen Tagen der Einkehr wollen wir uns eines Freundes erinnern, den wir vernachlässigt haben, des Vögeli-V, unseres Manns bei der Deutschen Bank: Joe Ackermann. Ein V für Victory beschrieb er bei Prozessbeginn mit den Fingern, und Mann, oh, Mann, unser Joe hat im Mannesmann-Prozess den Sieg eingefahren. Verfahren eingestellt, Ende. Mittels Zahlung einer «Geldauflage» von fünf Millionen Franken kaufte der Vögeli-V sich eine juristisch reine Weste. Und ich Löli hatte gemeint, der käufliche Sündenablass sei seit Martin Luther abgeschafft.

Geldauflage, hübsches Wort. Wir Hausfrauen wünschten, auch wir könnten uns, haben wir mal Seich gebaut, hurtig freikaufen. Ich habe vergessen, Anna Luna am Dienstag das Schwimmzeug mit in die Schule zu geben? Geldauflage. Ich lasse aus lauter Angst vor Salmonellen das Pouletgratin so lang im Ofen, bis es verkohlt ist, und am Tisch sitzen hungrig acht Gäste? Geldauflage. Ich stelle das Mobility-Auto nicht beizeiten an seinen Standplatz zurück, sondern fahre damit auf und davon nach Wien? Kleine Geldauflage. Dem Vögeli-V sein Vermögen beträgt über 100 Millionen Franken, meines per 31. 12. 2006 laut Kontoauszug 317.85 Franken. Das ergäbe für mich dann im Verhältnis eine Geldauflage von 15.90 Franken. Verkraftbar.

Wenn wir schon dabei sind, dürfte ich mir fürs neue Jahr eine Welt wünschen, die weniger spinnt? Barack Obama als US-Präsidentschaftskandidaten? Dürfte ich auch grad wünschen, dass das Frölein Hingis aufhört, für Kochapparate zu werben, die sie nie benutzt? Weil sie damit nämlich uns echte Hausfrauen beleidigt. Der Rodschi soll auch gleich aufhören, für Kaffeemaschinen zu werben. Hat eh genug Stutz. Dann wün-

schen wir uns, dass uns gopferglemmi mal jemand erklärt, in welches Loch wir blaue Proseccoflaschen entsorgen sollen, wenn die Behälter doch nur weisses, braunes und grünes Altglas vorsehen. Dem Kind, das laut meiner Lokalzeitung am 23. November im Spital Sanitas auf den Namen Paige Piper Polyxenia Meyer getauft wurde, wünschen wir, öhm … gute Gesundheit. Und weil ich Verbote nicht mag, dafür umso mehr die Freiheit, wünsche ich mir nicht ein Rauchverbot in der Schweiz, sondern Rauchfreiheit. Dass die verdammten Black Keys endlich mal bei uns auftreten, wünsch ich mir. Dass der FC Männedorf den Juniorentrainer schasst, dem ich im Herbst zuhörte, wie er seine neun-, zehnjährigen Buben als «Versager», «Nullen» und «faule Säcke» beschimpfte. Dass die Young Boys den FCZ auf dem Zielstrich abfangen und Meister werden. Und dass ich im 2007 keinen Penalty verschiesse.

Tu ichs doch, regeln wir das mit einer Geldauflage: 15.90 Franken in die Mannschaftskasse. Übrigens, der Vögeli-V betont ja immer seine Bescheidenheit. Er gönne sich neben der Villa in Zürich «nur» einen Porsche, einen Steinway-Flügel, ein Feriendomizil im Tessin und je eine Wohnung in London und New York. Sein Jahreseinkommen beträgt brutto bescheidene 32 Millionen Franken, und in einer Biografie las ich: «Ackermann möchte nicht abgehoben wirken, nichts scheint ihm mehr zuwider, als öffentlich das Bild eines Geldsacks zu vermitteln.»

Seich_Mist / Rodschi_Roger Federer / Stutz_Geld, Kohle / Mobility_Schweizer Carsharing-Genossenschaft

NICHT VERHÜTET?_Kann es sein, liebe Leserin, dass Sie und Ihr Schatz in diesen kalten Nächten besonders nahe zusammengerückt sind? Dass Sie, weil das Fernsehprogramm in der festlichen Zeit noch öder ist als sonst und im Ausgang eh nichts los gewesen wäre, Ihre eigene Party veranstaltet haben? Auf dem Sofa? Am Boden gar vor dem Fernseher, während der Final des Spengler-Cups lief? Oder doch eher warm zugedeckt im Bett? Und kann es sein, Leserin, dass Sie schon ein bisschen was getrunken hatten und aus beschwipstem Übermut nicht verhütet haben?

Dann haben Sie dann Anfang Oktober das Geschenk. Und ich rate Ihnen, den werdenden Kindsvater frühzeitig ins Bild zu setzen, dass Sie nicht gewillt sind, alle Kompromisse allein einzugehen. Sie! Unlängst las ich ein Interview mit Erich von Däniken, dem Ufo-Fan und Mistery-Park-Pleitier, und seiner Gattin. Was das Geheimnis ihrer 45-jährigen Partnerschaft sei? Frau von Däniken: «Toleranz und Kompromisse.» Frage: Wer macht mehr Kompromisse? Antwort Elisabeth von Däniken: «Die Frau. Wenn man Familie hat, macht man als Frau automatisch mehr Kompromisse. Die eigenen Wünsche, die eigenen Hoffnungen und Ideen muss man zurückstecken, wenn man Kinder hat.» Hmm. Ich las es und wünschte mir Frauen, die sich nicht mehr einfach in diese Rolle fügen. Nun wäre es ja gerade im Fall von Däniken vielleicht ratsam gewesen, die Frau hätte ihre Wünsche und Ideen verwirklicht und nicht der Mann die seinen …

Item. Dann las ich an einem der Abende, als am TV der Spengler-Cup lief und meine Lieben schon schliefen, noch etwas. Dass Frau Merkel, Angela, ehe sie regieren geht, ihrem Mann morgens das Frühstück bereitet. Die höchstrangige Politikerin der Welt macht ihrem Alten Frühstück!? Macht etwa Herr Bush Frühstück? Herr

Blair? Herr Kim Jong-il? Herr Couchepin? Herr Prodi? Da fand ich dann schon, es wäre gopfertami an der Zeit, wir hätten mal eine Bundesrätin oder sonst ein hohes weibliches Tier – was weiss ich: Fernsehdirektorin, Regierungsrätin –, bei der der Mann den Haushalt besorgt.

Was nun Sie, liebe unverhofft schwangere Leserin, betrifft: Sie müssen ja nicht gleich Bundesrätin werden. Aber sagen Sie Ihrem Beischläfer, er solle mit anpacken. Bei uns klappt das. Nur die Freundinnen meiner Tochter sind konsterniert. Letzthin sah mich eine entgeistert an, als ich den Flur schrubbte: «D-d-d-das», stammelte sie, «das macht bi öis ds Mami!» Und Adam aus Kongo, ein Chindsgigschpänli meines Sohnes, konnte es nicht fassen, als ich am Freitag die Wäsche zusammenlegte und dann im Schrank meiner Frau versorgte. «Warum machst du?», wollte er wissen. «Warum nicht?», antwortete ich. «Wer macht es denn bei euch zu Hause?» – «Mein Schwester und mein Mama.» Ich: «Und dein Papa?» – «Mein Papa, er ist Chef», sagte Adam. «Wer ist Chef von dem da?», und er umriss mit einer Geste unsere Wohnung. Gute Frage. Ich hab meine Kinder gefragt. Sagt mal dem Adam, wer bei uns Chef oder Chefin ist! Sie haben kurz überlegt und waren sich dann einig: Niemand. Und ich muss sagen, die Antwort hat mir sehr gefallen.

Bi öis_Bei uns / Chindsgigschpänli_Kindergartenkameradin, -kamerad

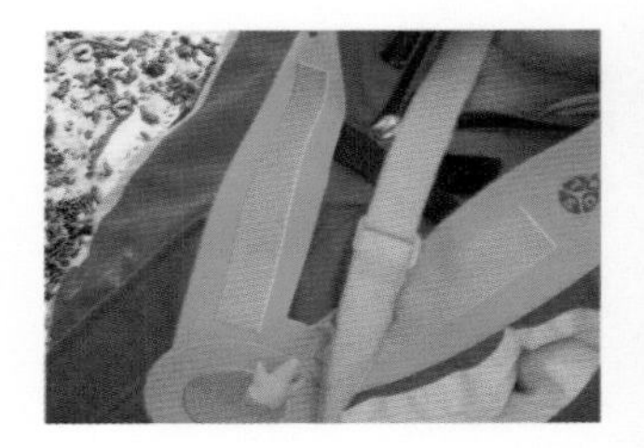

STUPIDE DROHUNGEN_ Jetzt reichts. «Himmmelherrgottsternen, Hans», entfährts mir, «jetzt tust du das noch einmal, und ...» Und was? «Und, ääöhm ...» Mir fällt grad keine Strafe ein. Dafür die Mail einer alten Freundin, die gestern schrieb, wir Eltern sollten unsere Kinder nicht stets durch Erpressung lenken. Sie leitet in ihrer Freizeit Triple-P-Kurse. «Jetzt schlägst du deine Schwester noch ein einziges Mal, und ... eeh, also ... Dings ... und du hast für den Rest der Woche Abmachverbot. Verstanden?» Er guckt nur verdutzt. Und dann heult er los. «Aber, Vati ...» Klar hat ihn die grosse Schwester provoziert. Es ärgert ihn halt, dass sie immer befehlen will, wenn sie mit den Puppen Lula und Susi spielen. Der Ärmste steckt in einer heiklen Phase – Kindergärtler vs. Zweitklässlerin, erste Schreibversuche vs. Schnüerlischrift –, und er kommt sich dauernd betrogen vor. «So fies, Vati!» Wenn sie abends im Bett noch lesen darf, findet er, das wolle er auch. Nur kann er noch gar nicht lesen.

Hans ist gefrustet, und ich als mit Abstand Letztgeborener, der daheim der ewige Grööggel war, kann es ihm nachfühlen. Ich nehme ihn zur Seite, sage, ich hätte ja durchaus Verständnis und wisse, wie nervend es sein kann, wenn grössere Schwestern immer alles besser wissen und besser können und vor allem: besser zu können glauben. «Aber Dreinschlagen, Hansli, liegt nicht drin», erkläre ich und umarme ihn. Das wird nützen, denk ich.

Einen Feuchten nützt es. 35 Sekunden später schlägt er schon wieder zu. Mich durchzuckt erneut der Gedanke an die Mail von gestern. «Eltern wären gern konsequenter, schaffen es aber nicht», schrieb die Triple-P-Kursleiterin. Warum nur muss ich dauernd so blöde Drohungen aussprechen? «... und es gibt kein Dessert!», «... und du musst heute ohne Gschichtli ins Bett!», «... und du darfst am Sonntag nicht mit ins Theater zu ‹Emil und die Detektive› kommen!» Und jetzt eben: «... und du hast für den Rest der Woche Abmachverbot!» Konsequent sein! Mist, das muss ich jetzt durchziehen, auch ohne Triple-P-Kurs. «Fertig, Ende! Du machst diese Woche nicht mehr ab.» Es ist Montag, und ich wäre weischwie froh gewesen, er hätte am Mittwoch mit seiner Freundin Elisa abgemacht. Dann könnt ich in Ruhe die Kolumne schreiben. Wenigstens wird ihm der Hausarrest eine Lehre sein. Zerknittert wird er im Chindsgi etwas von «Kann heute nicht abmachen» brummeln.

Von wegen zerknittert. Am nächsten Tag schon hauen mich Kinder, von denen ich nicht einmal die Namen kenne, auf dem Trottoir an: «Hat Hans immer noch Spielverbot?» Rumgeblufft hat er also! Offenbar ist er stolz auf seine Strafe. Nur ich bin es nicht so. Welch stupide Erziehungsmethode. Das darf meine Triple-P-Kollegin keinesfalls erfahren.

Natürlich habe ich ihn vorzeitig begnadigt. Am Freitag kam er dann aufgelöst und 25 Minuten zu spät vom Kindergarten heim. Adam und die Zigic-Zwillinge hätten ihn abgeschlagen. «Musst dich halt wehren», sage ich. «Musst zurückschlagen», sagt meine Frau. «Aber, aber ...» – Hans ist fassungslos. «Ihr habt doch gesagt, prügeln dürfe man nie, nie, nie?»

Schnüerlischrift_Zusammengehängte Schulschrift / Grööggel_Knirps / Gschichtli_Gutenachtgeschichte

HABA
ACTIVITY
Ravensburger
JEUX REUNIS
GIOCHI RIUNITI

ZNACHT_ Abendessen

«RICHTIG GRÖÖTLET!»_Wir nehmen «Anonym» jetzt nicht mehr ab. Neuerdings ist unser Festnetztelefon so programmiert, dass auf dem Display «Stäffisburggrosi», «Götti Nils» und die zahlreichen Freundinnen meiner Kinder aufscheinen: «Ilaria», «Enya», «Elena», «Nadia», «Elena 2» und so weiter. Je nachdem, wer anruft. Unterdrückt jemand seine Nummer, hat er Pech. Von «Anonym» lassen wir uns nicht mehr beim Essen stören.

Warum rufen die Marktforscher und Marketingfritzen eigentlich immer mittags um zehn nach zwölf oder abends um viertel vor sieben Uhr an? Letzten Sommer zum Beispiel, ich serviere gerade einen griechischen Salat, bellt einer ins Telefon, als gälte es, einen «Guinness-Buch»-Eintrag im Schnellsprechen zu erschnorren: «Naabigdaischvitalclinicavosanggale!» – «Da ist wer?», frage ich. «Vitalclinica vo Sanggale», sanktgallert er etwas langsamer, «sicher wissen Sie, dass wir nach dem extreeem feuchten Frühjahr eine extreeeme Insektenplage haben?» – «Ich dachte, der Frühling sei furztrocken gewesen? Insekten hats jedenfalls fast keine.» Er: «Wie schützen Sie sich?» – «Eben: gar nicht. Sagen Sie mal, wollen Sie etwas verkaufen?» – «He, he, richtig gröötlet!» Nervensäge. Ich sage: «Tschüss», und lege auf.

Vier Minuten vor Mittag. «Postfinance, ist Ihre Frau da? – «Können Sies nicht mir sagen?» – «Nein, wir möchten Ihre Frau persönlich über eine neue Dienstleistung informieren.» Ein Kind ruft «Fu-di-puu-tzää!», mir kocht die Pasta über. «Bin zwar am Kochen, aber sagen Sies doch mir!» – «Wann ist Ihre Frau denn zu Hause?» – «Diese Woche nie vor halb neun.» Das war ein Fehler. Am Abend um 20.29 Uhr lässt die Dame es wieder klingeln – und weckt mir die Kinder, die gerade am Wegdösen waren.

Kaum hab ich aufgelegt, will das Institut Link wieder mal «ein paar Fragen zu aktuellen Themen stellen».

Am schlimmsten sind die Telekommunikationswerbefuzzis. Fast täglich ist einer der «Döf ich frööge»-Typen dran. Klingelts, während ich die Gutenachtgeschichte erzähle, entfährt mir auf ein «Döf ich frööge, mit welchem Anbieter Sie telefonieren?» schon mal: «Geht Sie einen Dreck an, adiöö.» Internet fast geschenkt! Ein Jahr gratis telefonieren! Zwei Jahre gratis telefonieren! Für immer gratis telefonieren! Wie oft wollte mich die Cablecom schon ködern? Immer im dümmsten Moment. Und dann noch doppelt! Das Problem ist nämlich, auch meine Frau hat einen Nachnamen auf Fr-. Und wenn Callcenteraufschwätzer das Verzeichnis durchtelefonieren, sind sie nach Fr- wie Friedli jeweils rasch noch mal dran. Beim zweiten Mal bin ich dann jeweils ziemlich schroff. Besser gesagt: Ich war. Denn nun gehen wir bei «Anonym» ja nicht mehr ran.

Ein bisschen betrübt waren wir nur, dass sich Hans' bester Freund nie mehr gemeldet hat. Bis ich herausfand, dass sein Papa den Anschluss auf «Anonym» hat schalten lassen. Vorigen Donnerstag – ich goss grad die Sauce und das Kalbsgeschnetzelte in die Seeli, die die Kinder im Kartoffelstock vorbereitet hatten – piepste es, «Anonym». «Endlich, schau, Hansli! Der Tim ruft an!» – «Hallo, Tim!» – Und am anderen Ende: «Naabig, döf ich Sii öppis frööge ...?»

Döf ich frööge_Darf ich fragen / Naabig_Guten Abend

OFFENE FRAGEN_ War es klug, mich über die Telefonmarketingheinis zu beklagen? Kaum war das «Migros-Magazin» erschienen, stand wie zum Beweis, dass es Schlimmeres gibt, ein Wohnungstürmarketingheini vor der Tür. Ein krawattierter Silberfuchs mit Köfferli. Der Anzug ist ihm zu eng, unter den Achseln schwitzt er. Keine Ahnung, wie der unten reingekommen ist, die Haustür ist doch verriegelt. Schon macht er einen Schritt in die Wohnung und blockiert mit seinem Halbschuh die Tür. «Darf ich kurz nachschauen, mit welchem Anbieter Sie telefonieren, und kennen Sie schon unser Angebot?» Ich werde unwirsch: «Dürfen Sie nicht!», bugsiere ihn hinaus, schliesse die Tür und höre ihn draussen noch «Fast gratis!» und «Absolut konkurrenzlos!» japsen. Dann höre ich, wie er bei der Nachbarin klingelt. «Darf ich kurz nachschauen ...» Ich frage mich, wer im Haus ihm wohl auf den Leim kriecht, komme zum Schluss: niemand, und jetzt tut mir der verschwitzte Aussendienstler schon fast leid. Bestimmt hat er mal von einem besseren Leben geträumt, wollte als Bub Pilot oder Polizist oder Pizzaiolo werden.

Nun aber hat Hans eine Frage: «Jetzt kommen dann die Dinosaurier wieder, gäu, Vati?» Irgendwie bringt er «Ice Age», «Urmel aus dem Eis» und all seine Dinobücher durcheinander. «Meinst du?», sag ich nur. «Ja, weil die sind doch wegen der Eiszeit ausgestorben. Und jetzt wird es ja wieder wärmer. Gäu, das ist wegen Präsident Bush?» Hans hat täglich Dutzende solcher Fragen, und Widerspruch ist zwecklos. Seine Fragen beantworten sich von selbst.

Meine nicht. Wem habe ich meine 7-DVD-Box «Martin Scorsese Presents: The Blues» ausgeliehen, warum nur habe ich Idiot mir den Namen nicht notiert, und warum

gibt sie/er sie nicht zurück? Wird es mir ergehen wie mit den vier Elvis-LPs, die ich 1974 meinem Schulkameraden Adrian auslieh und jetzt, kein Witz, nach 33 Jahren zurückbekam? Warum fragt mich die Postschalterfrau Jahr für Jahr im Januar fünfmal, ob ich eine Autobahnvignette kaufen wolle, wo ich doch gar kein Auto habe? Ist ein Starfotograf einer, der Stars fotografiert, oder ein Star unter den Fotografen? Und ist er automatisch ein guter Fotograf? Weshalb behaupten die Sternchen aus «MusicStar» dauernd, sie hätten sich lieb, dabei sind sie beinharte Konkurrenten? Und woher haben sie den Unfug, jedes Mal, wenn sie per anderweitige Vergabe ihres «Friendship Tickets» einen Mitbewerberber oder eine -bewerberin aus der Show schubsen, zu sagen, er oder sie werde «ihren Weg schon machen» – wo doch jedem klar ist, dass die überhaupt keinen Weg machen werden im Musikbusiness, wenn ja noch nicht mal die Siegerinnen der ersten beiden Staffeln ihren Weg gemacht haben? All diesen Mist hab ich mich heute schon gefragt. Und: Hat die Frau neulich bei Company's, der das weisse Kleid so unverschämt gut stand – was sie aber, obgleich ich sie mit Vehemenz darauf hinwies, nicht glauben wollte –, es schliesslich gekauft oder nicht? Ich werde es nie erfahren.

Wenigstens dies ist dank sachdienlicher Hinweise aus der Leserschaft geklärt: Blaue Proseccoflaschen gehören in den Grünglasbehälter. Steht übrigens so angeschrieben. Weshalb nur – nächste Frage! – habe ich das all die Jahre übersehen?

ALPENBITTER_ Eine Frage hätt ich noch: Wer sagt bitte dem TV-Hüppi, er solle nicht jede neuntbeste Zwischenzeit zum nationalen Triumph emporkrächzen? Diese Skirennen interessieren sowieso keinen mehr … wollt ich grad schreiben. Aber hüpperventiliere nicht auch ich neuerdings wieder, wenn irgendein erster Lauf ansteht? Kaum ist Cuche wieder schnell, ist Ski wieder Nationalsport.

Und so lang es noch kunstschneit, wollen wir dem Sport frönen. Ab nach Graubünden! Fast all unsere Nachbarn fahren im Februar in die Berge. Jedenfalls die, die es sich leisten können. Denn es gibt keine kostspieligeren Ferien als Skiferien in der Schweiz. Überschlagen wir mal: Ferienwohnung 1050.– Franken, zuzüglich Kurtaxe Fr. 42.–, Bettwäsche (obligatorisch) 76.–, Frottiertücher 21.–, Endreinigung (obligatorisch) 120.–. Skiliftabo Eltern je 327.05, Anna Luna und Hans je 112.35. Skimiete Mueti 197.80 (Vati hat sich im Ausverkauf neue eigene geschnappt, es war nicht wirklich ein Schnäppchen), Skimiete Kinder je Fr. 78.–. Ob und wie viele Tage sie in die Skischule gehen möchten, sind sie sich noch nicht sicher, aber am Skischulrennen nähmen sie schon gern teil – demnach muss ich den Posten «Skischule» budgetieren.

Dass man pro Kind pro Saison zwei bis drei Paar Schneehosen kauft, weil immer mindestens eines in der Wäsche und ein zweites zerschlissen ist, weiss jede Hausfrau. Doch Luna braucht auch einen neuen Helm, 89.90 Franken. Meine neuen Skisocken sind aus einer Viscose/Thermolite-Faser – was immer das sein mag, billig ists nicht: Fr. 28.–. Und dann gefällt mir in Laax eine Zimtstern-Skihose saugut … Den Preis verschweig ich lieber. Am zweiten Tag verliert Hansli seine Skibrille. Ohne ist an eine Abfahrt im Schneetreiben nicht zu denken. An der Bergstation eine neue gekauft:

Fr. 29.80. Unseren Bob haben wir kurz vor den Ferien am Üetliberg zu Schrott gefahren, der neue kostet Fr. 49.90. Hallenbad, Kunsteisbahn, Kinderkino – alles kostet.

Auf Alp Plaun gönne ich mir einen Cappuccino, Fr. 4.80. Und weil ich ein manischer Trinkgeldgeber bin und die Frau hinter der Theke uu khoga sympathisch, machts 6.50. Der Schnägg, den ich mir später zum Znüni genehmige, kostet auf 2228 Metern in Gottes Namen Fr. 3.50. Zum Zmittag dann Frites, Nuggets und zwei Dezi Mineral à Fr. 19.30 pro Kind – Bergpreis. Meistens haben wir ja Picknick dabei. Indes, Volg ist die einzige Detailhandelskette, die von sich nicht behauptet, günstig zu sein. Sie ist es auch nicht. Im örtlichen Lädeli haben Dörrfrüchte für unterwegs und die Wienerli fürs Nachtessen ihren Preis. Aber wehe, wir speisen abends auswärts! Zweimal Pinguteller, einmal grosser Salat, ein Wiener Schnitzel plus Dessert – Familientotal in der Pizzeria Veneziana: Fr. 174.–. Auf wie vielen Tausend Franken sind wir jetzt schon? Das wird die teuerste Woche des Jahres.

Wieder daheim, klicke ich auf www.laax.com und erblicke den Slogan: «Unglaublich günstig!». Die machen Witze. Für dieses Geld hätten wir nach Ägypten fliegen können, Fünfsternehotel Sonesta St. George. Oder nach Marokko, Lanzarote, Teneriffa. Nur hats dort, glaub ich, keinen Schnee.

Schnägg_Zimtschnecke, Hefegebäck / Lädeli_Dorfladen

HALB WEISE_Die gute Nachricht zuerst. An der Kinderfastnacht war heuer eine Trendwende auszumachen. Nicht bei den Buben. Zwar kamen die statt als Piraten vermehrt als Bob der Baumeister, Spider- und Supermänner, doch es blieb bei Aufschneidermaskeraden. Hans war ein Ritter in Kartonrüstung. Bei den Mädchen aber, und das ist die gute Nachricht, ist der Anteil Feen, Elfen, Engelchen und Prinzessinnen stark zurückgegangen. Bunt gemischt statt rosarot, kostümierten sie sich nach stinkfrechen Vorbildern: Hexen, Seeräuberinnen, Indianerinnen, Cowgirls, wohin das Auge reichte. Eine kleine Teufelin gar machte ich im Konfettigestöber aus. Und elf sommersprossig geschminkte Pippis. Keine Ahnung, woher das Revival des kecken Girls rührt, aber offenbar wollen die Mädchen nicht mehr nur sanft und nett und lieb und herzig sein – und das, bitteschön, soll sich die Heimchen-am-Herd-Eva in Deutschland hinter die Ohren schreiben!

Ou, ich hatte versprochen, Frau Herman nie mehr zu erwähnen. Man ist so vergesslich. Item. Jedenfalls noch immer eine unschlagbare Identifikationsgöre, die Pippi Langstrumpf von dieser Selma … ähm … Astrid? Nein … Federica … gopf, wie hiess die Autorin gleich? Ich muss es nachschauen. Bevor ich noch mein Hirn einschalte, hab ich schon «Pippi» und «schwedische Kinderbuchautorin» in die Websuche getippt. Da haben wirs: Lindgren. Heute weiss man nicht mehr, man guugelt.

Aber an einem feuchtfröhlichen Abend in den Skiferien holte doch glatt jemand eine 19 Jahre alte Version von «Trivial Pursuit» aus der Schublade. Wie vergiftet hatten wir das Quiz in den Achtzigerjahren gespielt. Seither nie mehr. Da musste man die Antwort nicht der Spur nach, sondern genau wissen. Horror! Wie hiess der beste Schweizer

Springreiter, der 1984 in Sarajevo stürzte und sich den Unterarm brach? Walter Gabathuler. Wie heisst der Hauptplatz von Graz? Hauptplatz. Welcher Basler Rocksänger heiratete am 8. 8. 88 nach 17 Jahren seine Lebensgefährtin Marianne? Bo Katzman. Wer wurde 1947 Präsident der amerikanischen Schauspielergewerkschaft? Ronald Reagan. Was für ein Tier ist der Flughahn? Ein Fisch.

Null Richtige, stimmts? Ging mir auch so. Immerhin wusste ich, wer 1977 Clown im Zirkus Knie war. Emil! Werd ich nie vergessen. Aber 2006? Der auf dem Kamelrücken «Blowin' in the Wind» geflötelt hat? Meine Kinder werden sich dereinst des Namens Viktor Giacobbo nicht entsinnen. Oder höchstens, wenn sie wie bei «Wer wird Millionär?» zwischen Erich Vock, Sascha Ruefer, Alex Tschäppät und, eben, Giacobbo wählen können. Multiple Choice. Jetzt fängt das im Fall schon in der Schule an! Anna Luna hat Rechnungsblätter, auf denen für 3 x 5 + 7 mehrere Resultate vorgegeben sind, von denen sie dann mit etwas Schwein 22 ankreuzen kann.

Allmählich triumphiert das Halbwissen über das Wissen. Aber vielleicht hat das ja auch sein Gutes. Nehmen wir an, unsere halb weise Tochter wird 2021 gefragt, wer die Autorin des «Eva-Prinzips» gewesen sei. Sie wird den Kopf schütteln. An ewige Werte hingegen wird sie sich erinnern. An Pippi Langstrumpf, zum Beispiel.

PS: Wissen ist menschlich. Mich liess eine «Trivial Pursuit»-Frage nicht los, da rief ich Walter Gabathuler an. Et voilà: Er war nie im Leben in Sarajevo. Tröstlich, dass selbst das unfehlbare «Trivial Pursuit» manchmal irrt.

ZU IHR ODER ZU MIR?_Bi-bi-bi-biiep. Das Telefon. «Anonym.» Weil sonst ja Hanslis Freund, der Tim, nicht mehr anrufen könnte, habe ich den Tipp, den ich im «Hausmann»-Forum auf Migrosmagazin.ch erhalten habe – nämlich Sterntaste, 99 und Gartenhag zu drücken, und dann wäre unser Anschluss für Anonyme gesperrt –, nicht beherzigt.

«Friedli.» – «Hoi, da isch d Alessia. Döf de Hans spile?» – Ich, laut: «Ha-a-ns! Alessia will mit dir abmachen.» Und zu ihr, leiser: «Wart, ich ruf ihn ans Telefon.» – «Hallo, da isch dr Hans.» Gemurmel. Zu mir: «Darf ich mit Alessia abmachen?» – «Sagt ich ja, du sollst mit ihr abmachen.» – «Zu ihr oder zu mir?» – «Das müsst ihr selber bestimmen.» Ich ab in die Waschküche, eine helle Vierziger starten. Als ich zurückkomme, spricht er noch immer mit ihr. Ich: «Erlaubt denn Alessias Mami, dass du zu ihnen gehst? Sonst könnt ihr schon bei uns spielen.» Hans: «Wart, Alessia, 'ch gib dir min Papi.» – «Alessia?» – «Du, Bä-ä-nz, chunnt de Hans jetz zu ois?» – «Erlaubt es dein Mami?» – «Weiss nöd.» – «Gibst du mir bitte mal s Mami?» – «Ma-a-a-a-mi!» Nichts. «Ich muss sie suchen gehen.» Von fern: «Ma-a-a-a-mi!» Wieder nichts. Dann ein Knistern. Dann erneut Alessia: «S Mami isch i de Wöschchuchi.» – «Hast du sie gefragt, ob Hans zu euch spielen kommen darf?» – «Ma-a-a-a-mi, döf de Hans … ?»

Sie entfernt sich vom Hörer. «Ma-a-a-a-mi!» Stille. «Hallo, da isch d Rita.» – «Hoi, Rita, unsere Kinder möchten glaubs irgendwie abmachen.» – «Super, ja, wart, ich geb dir grad die Alessia.» – «Halt, die hatt ich schon …» Zu spät. Alessia: «Chunnt de Hans etz zu ois?» – «Hans, komm, mach selber mit Alessia ab.» Sie plaudern. Nach einer

Weile: «Vati, d Mama vor Alessia wott mit dir rede. » – «Hallo, hier Bänz. Rita?» – «Näi, ich bin d Alessia.» – «Darf ich mal kurz dein Mami sprechen?» – «Ma-a-a-a-mi!»

Anna Luna: «Darf ich jetzt endlich das Telefon?» – «Da isch d Rita. Kommt der Hans zu uns?» Ich: «Wenns dir recht ist … Alessia darf sonst ruhig auch zu uns …» Anna Luna: «Ich will jetzt endlich das Telefon!!» – «… zu uns kommen.» Rita: «Nein, für mich ist es total okay.» Anna Luna, laut: «Ich will jetzt das Teli. Sonst haben wieder alle schon abgemacht. Hueresiech!» Ich, zu Anna Luna: «‹Hueresiech› sagt man nicht.» – «Sagst du auch immer.» – «Sicher nicht vor anderen Leuten!» – «Sind ja gar keine Leute da.» – «Doch, am Telefon. – Rita? Entschuldigung! Wann darf ich ihn schicken?» – «Alessia hat dann um vier noch Schwimmen.» – «Dann darf er jetzt gleich kommen?» Rita: «Von mir aus schon. Alessia! Soll der Hans jetzt gleich …?» Knistern. «Hans, bisch dus?» – «Nein, Alessia, ich bins, der Bänz.» – «Will aber den Hans.» – Ich: «Hans, Alessia will dich noch mal.» Anna Luna: «Ich will aber jetzt Nadja anrufen!» Hans: «Alessia, chunnsch jetz?» – Ich: «Nein, du gehst zu ihr.» Ich nehme den Hörer. «Alessia, der Hans kommt jetzt.» – «Sorry, da ist Rita. Gerade fällt mir ein, Alessia sollte noch Gitarre üben. Vielleicht besser ein andermal. Nichts für ungut.» Hans, bereits in Jacke und Schuhen, unter Tränen: «I wott aber abmache!» Da klingelts. An der Tür diesmal. Es ist Alessia: «Ich chumm jetz gliich zu dir.»

Hoi, da isch d Alessia. Döf de Hans spile?_Hallo, hier ist Alessia. Darf Hans spielen? / Wöschchuchi_Waschküche / Chunnt de Hans etz zu ois?_Kommt Hans jetzt zu uns? / I wott_Ich will / Ich chumm jetz gliich zu dir._Ich komm jetzt doch zu dir.

ALLES MITTELSTAND ODER WAS?_Liebe Mittelständlerinnen, liebe Mittelständler! – Wie bitte, Sie fühlen sich nicht angesprochen? Ohni Seich jetzt? Kommen Sie, wir alle gehören doch dazu, zum Mittelstand! Man hämmert es uns dieser Tage geradezu ein. Da tue ich mir in den Ferien im Bündnerland wieder mal die «Arena» an, und siehe: «Die Einheitskrankenkasse entlastet den Mittelstand!», verspricht Obersozi Hans-Jürg Fehr. Lucrezia Meier-Schatz, die schampar christlichdemokratische Generalsekretärin von Pro Familia, kontert: «Die Mehrkosten wird der Mittelstand zu bezahlen haben.» Mittelstand hier, Mittelstand da ... je nachdem, wem ich glaube, ob Initiativbefürwortern oder -gegnerinnen, wird unsere Familie künftig jährlich 3840 Franken mehr Prämien bezahlen – oder 2556 Franken weniger.

Falls wir überhaupt zum Mittelstand gehören. Zuerst müsste man ja wissen, was er denn ist, der Mittelstand. Der Definitionen sind viele, und wenn ich mir einen Reim zu machen versuche, umfasst der Mittelstand alle selbständig Erwerbenden in freien Berufen, alle, die einen Handwerksbetrieb führen, und alle Unternehmer mit weniger als 75 Millionen Franken Jahresumsatz. Ein weites Feld. Als wären wir Wähler nicht schon genug benebelt darob, dass im Wahljahr die Grünen plötzlich so wirtschaftsfreundlich daherreden und die Wirtschaftslobby so grün tut, dass die SP freisinnelt, der Freisinn unsinnelt, die CVP aufs Mal so links ist und dann doch wieder nur linkisch. Jetzt wollen sie alle, alle uns auch noch mit der Parole «Mittelstand» ködern.

Ich glaube, die wollen uns reinlegen. Wer ist schon gern arm? Und wer ausser Jürg Marquard gäbe zu, reich zu sein? Deshalb lassen wir uns von den Politikern vorgaukeln, wir seien allesamt mittelständisch, ergo sei ihr Wirken in unserem Interesse.

Büezer, Arbeitslose und Working Poors scheinen unter den Damen und Herren Rätinnen und Kandidaten niemanden gross zu kümmern. Dabei verarmen neuerdings, der Bauernverband hats vorgerechnet, sogar die Landwirte – Working Puur.

Selber will ich ja nicht jammern. Aber die Skiferien kamen noch viel teurer, als ich aufgrund der letztjährigen Kassenzettel hochgerechnet hatte. Hansli entschied sich in letzter Sekunde fürs Snowboarden, womit, weil Ski- und Snowboardschule getrennt abrechnen, der Geschwisterrabatt entfiel. Und natürlich hatten wir für ihn schon Ski gemietet. Für Anna Luna musste ich die Fotos erwerben, die eine Fotografin von ihrem Skirennen gemacht hatte, den Abzug à Fr. 7.–. (Hab ja versucht, selber zu knipsen, aber Luna war so schnell unterwegs, dass sie mir, als mein Apparätli endlich auslöste, schon aus dem Bild gefräst war.) Dann klaut mir einer auf dem WC Handschuhe und Mütze, und wer das auf 2222 Metern über Meer neu kaufen muss, darf sich über den Preis nicht wundern: Fr. 174.80. Schliesslich ein Schneesturm, die ganze Familie braucht Kopfpariser. Okay, ich zuckte auch zusammen, als ich den Ausdruck zum ersten Mal bei Freunden hörte. Wenn die Kinder den bloss nicht aufschnappen! Aber dann verlange ich im Sportladen einen Dings, ääh, einen Kopfschutz, so zum Überstülpen, und die Lehrtochter lacht: «Ah, Sie mainen en Kopfpariser!»

22 Franken das Stück. Mal vier. Gehören wir am Ende doch zum Mittelstand?

Büezer_Arbeiter / Puur_Bauer / Pariser_Präservativ

STARS UND SCHNUPPEN_Ich habe die Music Stars gesehen! Ich meine jetzt nicht den pummeligen Vize-Gölä aus Ostermundigen – wie hiess er gleich? Brian? –, die ulkige Fabienne und die furchtbar nette Sandra. Diese Sternchen werden bald jedem schnuppe sein. Nein, richtige Schweizer Musiker hab ich in den letzten Wochen gesehen. Da war zunächst, in einem Klub in Zürich, die fabulöse Band Hillbilly Moon Explosion. Sie trägt stilechten Rock 'n' Roll im Geist der Fifties mit liebevollem Zwinkern vor, mal psychedelisch, mal fidel. Und wenn der Bassist mit der Elvistolle zuletzt seinen Kontrabass besteigt und dazu weiterspielt, ist kein Halten mehr. «All Grown Up» heisst ihre neue CD, und doch war ich der Älteste im Publikum. Herrlich zuzuschauen, wie blutjunge Menschen zu einem Sound wippen und flippen, zu dem einst ihre Grossväter gewippt haben müssen.

Ein paar Tage später erlebte ich im «Pöschtli» in Aeugstertal die Gruppe Marc & The Boiled Crawfish, die aus Rüschlikon ZH kommt und klingt, als läge Rüschlikon in Louisiana. Sie hat den Esprit von Cajun erfasst, der handorgelseligen Volksmusik des frankofonen US-Südstaats mit ihren traurigschönen Walzern und lüpfig lebensfreudigen Two-Steps: Cajun ist mehr als Musik, ist Leidenschaft und Lebensart, schliesst die scharfe lokale Küche mit ein, Geselligkeit und Tanz.

Dann Dänu Brüggemann. In der Aula eines Schulhauses irgendwo in der Agglomeration von Bern gab er als Autor und Hauptdarsteller ein grandioses Theaterstück über Leben und Sterben der Blueslegende Chlöisu Friedli. Brüggemann hockt singend am Klavier und lässt das Zweifeln und Verzweifeln eines Musikers erstehen, der sich zuletzt vor den Zug warf, dessen Dialektsongs einen aber noch nach dreissig Jahren

mitnehmen. Hillbilly Moon Explosion, Marc & The Boiled Crawfish, Dänu Brüggemann – sie sind Musiker durch und durch, halten sich meist mit bürgerlichen Jobs über Wasser und haben eines gemeinsam: Sie werden nie Stars sein.

Natürlich hängen die MusicStars, die vom Fernsehen, auch in unseren Kinderzimmern. Und ich musste den Kleinen jeden Sonntag, bevor sie zu Bett gingen, versprechen, ich würde dreimal für Fabienne und dreimal für Börni anrufen – was ich auch getan habe. Mit gemischten Gefühlen. Denn auch wenn die TV-Gewaltigen beteuern: «Uns gehts um Nachwuchsförderung, wir stellen die Teilnehmer nicht zur Schau» – eine Castingshow ohne Zurschaustellung ist wie ein Porno ohne Nacktszenen: unmöglich. «MusicStar» mag gelungene TV-Unterhaltung sein, Talente fördert die Sendung keine. Sie produziert weder Musik noch Stars. Kurz nach deren Ausscheiden sagte Moderator Max Loong über Börni: «Si isch und bliibt en Superstar!» Börni, Superstar aus Wollywood? Blödsinn. Börni ist und bleibt ein hochgeschossenes Kind aus Wollishofen, dem man den Kopf verdreht hat. Sie wird eine, höchstens zwei Saisons cervelatprominent sein, mehr nicht. Und man kann nur hoffen, dass sie keinen Schaden davonträgt.

Was das mit meiner Familie zu tun hat? Ich bin sonst nicht so der Früherwarallesbessertyp, aber wenn ich meine Tochter nun mit rosaroter Börni-Mütze und einem Lineal als Mikrofonständer tänzelnd vor dem Spiegel üben sehe, hoffe ich schon, dass es dieses TV-Format der falschen Versprechungen und fiesen Verheissungen nicht mehr gibt, wenn Anna Luna mal achtzehn ist.

HANS WAS HEIRI_Bern im frühen Frühling. Über der Stadt ist es heiter bis bewölkt, unten im unrenovierten Bahnhofdurchgang nur trüb. Im städtischen «Alkistübli», dem ehemaligen Pissoir, alken die Alkis, und die Drögeler drögeln ein paar Meter weiter vorn bei den denkmalgeschützten Überresten der alten Stadtbefestigung. Es sind noch immer dieselben Figuren wie vor zwanzig Jahren, die hier nervös lungern. In Bern stehen sogar die Säufer und Junkies unter Denkmalschutz.

Und erst die Sprache! Wir sind gerade angekommen mit dem Intercity, doch ich höre sie schon, die Tanten und Bekannten: «Iiiih, asoneei, gruusig! Diner Ching redä ja Züridütsch!» Sagt Anna Luna aus Versehen Wähe zum Öpfuchueche, überbeissen sie bereits, unsere Berner Freunde. Und zwar völlig unironisch. Die meinen das ernst.

Ist ja schön, dass sie ihre Sprache hegen. Aber es ist auch verbohrt. Bern oder Zürich? Grüessech oder Grüezi, Ässmänteli oder Latz, Gluggsi oder Hitzgi? Hans was Heiri. Ist doch nicht so wichtig. Wenn man mich fragt, was ich denn sei, Bärner Gieu oder Zürihegel, bin ich wohl keins von beidem, bin Wohnzürcher und Geburtsberner, Sprachberner und Wahlzürcher, Fussballfanberner und Fussballspielzürcher. Natürlich ziehen wir unsere Kinder bilingue auf: Züritüütsch in der Schule und auf dem Tschuttiplatz, Berndeutsch daheim und unter Berner Freunden. Ich geb mir sogar alle Mühe. Singen wir zusammen aus dem Kinderliederbuch, bin ich es, der dem Hans bei «Roti Rösli» nicht «… wänn de Wind chunnt cho blase, so verwelked si bald» vorsingt, sondern: «… we dr Luft chunnt cho chute, de verblüeje si glii.» Aber erstens ist so der Reim Wald/bald futsch, und zweitens heisst dr Luft im Kindergarten dann doch wieder Wind.

Ach, es hilft nichts. Die Gotten und Göttis in Bern schreien ohnehin schon «Pfui! Züridütsch!», wenn Hansli durchaus Berndeutsch redet, das «Neei» jedoch nicht ganz so breit wie gewünscht ausspricht, dem ee vielleicht gar den Anflug eines ordinären Zürcher ää gibt, aber wirklich nur den Anflug. «Iiiih, asoneei, gruusig!» Für sie ist es Hochverrat, dass wir unsere Kinder dem Zürichdeutschen ausgesetzt haben, denn Zürichdeutsch, hat die Jugend in Bern mich gelehrt, ist das Schlimmste. Schon mit neun musste ich T-Shirts mit der Aufschrift tragen: «I ha Bärn gärn.» Heute amtiert ein Jovialdemokrat als Stadtpräsident, Alexander Tschäppät, der sich selber «dr Tschäppu» getauft hat und im Wahlkampf – er betreibt nichts als Wahlkampf – gern mit dem Bonmot hausiert: «Das Beste an Zürich ist der Zug zurück nach Bern.» Sorry, Tschäppu, mir gehts heut umgekehrt: Nichts wie weg aus Bern! Nach drei Bekannten- und zwei Verwandtenbesuchen (macht zusammen fünfmal «Iiiih, asoneei, gruusig!») bin ich froh, wieder im Familienwagen Richtung Zürich zu sitzen.

Übrigens, hat Freund Bärni mich aufgeklärt, werde die versiffte Berner Bahnhofunterführung nun doch renoviert. Die Alkis müssen ab Mai vorübergehend woanders alken. Aber gemach, der Stadtrat hat nach langem Gestürm mit 68 zu 0 beschlossen, das Alkistübli bekomme nach der Renovation wieder ein schönes zentrales Plätzli im Bahnhof Bern. Sagt ichs doch: Denkmalschutz.

Hans was Heiri_Jacke wie Hose / Öpfuchueche_Apfelkuchen / Iiiih, asoneei, gruusig! Diner Ching redä ja Züridütsch!_Nein, pfui! Deine Kinder reden ja Zürichdeutsch! / Gluggsi, Hitzgi_Schluckauf

LEBENSLÄNGLICH_ Bilingue ist im Fall gar nicht so einfach, Leute! Unser Hans macht zuweilen einen ziemlichen Salat. Doch die Zürcher findens drollig, wenn er Berner Ausdrücke einzürchert, für Schrank zum Beispiel «en Schaft» sagt statt «en Chaschte». Anna Lunas Schulgschpänli sind sogar ganz vernarrt in ihr Berndeutsch und wollen sie in der grossen Pause immer wieder «Zibele» sagen hören. Ohnehin fänt ganz Zürich wie blöd für all die Berner Sänger, für Kuno, Büne, Endo, Polo, Flöru, Ritschi. Kommen die ins Volkshaus, ist das Volkshaus ausverkauft. Umgekehrt haben die Berner null Gehör für Schtärneföifi, dabei rockt niemand so witzig für Kinder wie diese Band, die sich übrigens herrlich über den eigenen Dialekt lustig macht: «Züritüütsch isch äifach schön.»

Selbstironie? Bernern ist sie fremd. Unsere Bekannten haben überbissen, weil ich erwähnte, sie würden überbeissen, wenn Hansli «Nääi» statt «Neei» sage. Einer hat mich per SMS als «Zürischnäbi» beschimpft. Wie kann man bezüglich des Dialekts nur so kleinlich sein? Es liegt wohl daran, dass der Lokalchauvinismus nirgends auf der Welt so ausgeprägt ist wie in Bern. In immer neuen Büchern voller nostalgisch anheimelnder Schwarzweissfotografien feiert die Stadt ihre Brücken, ihre Brunnen, ihren Märit, zelebriert sie ihr Marzili als schönste Badeanstalt der Welt. (Das glaubt auch nur, wer noch nie im Strandbad Thun war.) «Uns BernerInnen wird die Bernliebe mit der Muttermilch eingeflösst», schrieb Leserin Kara ins Forum auf Migrosmagazin.ch, und sie hat vermutlich recht: Bern ist lebenslänglich. So heimelig, dass es unheimlich wird. Mehr tröztelnd als trutzig hockt die Altstadt auf ihrer Halbinsel, gelblich-grün die Fassaden, grün das Gebäum, und mich dünkt, die gespenstische Gemütlichkeit der Stadt ergebe

sich aus ihrer Bauweise. Ein Entkommen gibts nicht, seit Generationen beschwören Berns Sänger das Fortgehen-wollen-und-dann-doch-bleiben: «I gspüre nes Riisse, bi mir faht ds Fernweh wieder aa», «Spick mi furt vo hie!», «Mir wäre fasch ggange ...»

Wir gingen tatsächlich, meine Frau und ich. Seither werde ich endlich bei meinem Namen genannt: Bänz. Nobis! Ich werde Ihnen nicht verraten, wie er in Bern verhunzt wurde. Aber meinen Kindern gönne ichs schon, dass in Zürich eine Anna nicht zur Ännele wird und ein Hans ein Hans bleibt.

Ausser daheim, natürlich. Von uns muss er sich den «Houseli» gefallen lassen, hierin stimmen Mueti und Vati überein. Ansonsten streiten wir – sie Emmentalerin, ich Aggloberner – über den reinen Dialekt, weil sie zum Brotanschnitt «Aahou» sagt und ich «Mürggu». Das Kerngehäuse eines Apfels nennt sie «Gigetschi», ich «Gröibschi». Der Waschlappen ist für sie ein «Wöschhudu» und für mich, ans Welsche angelehnt, ein «Lavettli». Zur Klärung nehmen wir dann das «Berndeutsche Wörterbuch» von Otto von Greyerz und Ruth Bietenhard zur Hand, was meist nicht hilft, weil beides richtig ist.

Und in Zürich heisst der Brotanschnitt «Gupf». Unsere Kinder, die ärmsten, wachsen also nicht zweisprachig auf. Sondern dreisprachig.

Zibele_Zwiebel / Schnäbi_ Pimmel / Märit_ Markt / I gspüre nes Riisse, bi mir faht ds Fernweh wieder aa._Ich spüre ein Reissen, das Fernweh setzt wieder ein. / Spick mi furt vo hie!_Spick mich weg von hier! / Mir wäre fasch ggange_Beinahe wären wir gegangen / Nobis!_Nein! Nichts da!

ALTPAPIER_ Gratuliere, Ueli Maurer, mit Ihrem Gag im «Sonntags-Blick» haben Sie es den Satirikern gezeigt, damit haben Sie die Giacobbos, Keisers und Zuccolinis links überholt! Die Frauen, scherzten Sie, sollten gefälligst zu den Kindern schauen – und die Männer zur Arbeit gehen. «Eine Verwahrlosung der Jugendlichen» orteten Sie, weil Mütter ihre Kinder fremdbetreuen lassen, und malten «den Niedergang unserer Gesellschaft» an die Wand … Gestern beim Altpapierbündeln kams mir wieder in die Finger. Ihre besten Pointen: «Kaum verlässt die Frau das Spital, gibt sie das Kind in der Krippe ab.» Grins. «Es ist schlecht, wenn Mütter arbeiten und sich der Staat um die Kinder sorgt.» Gröl. Am besten gefiel mir Ihr Satz: «Wir haben bald Zustände wie in DDR!»

Schön wärs. Wenn an der DDR, soweit ich informiert bin, etwas gut war, dann dies: Frauen hatten genau gleichen Anspruch auf Berufstätigkeit wie Männer, und es gab genug Krippenplätze. Aber Sie haben ja nur gewitzelt, stimmts? Ernst können Sies nicht gemeint haben, denn Sie vertreten die kleinen und mittleren Unternehmer und wissen, dass unsere Wirtschaft die Frauen braucht.

Oder haben Sie dem «Frauen an den Herd!»-Gefasel von Madame Eva-Prinzip allen Ernstes ein Ueli-Prinzip zur Seite gestellt? Ja? Sie glauben wirklich, Jugendgewalt rühre daher, dass Kinder nicht andauernd von ihren Müttern betreut werden? Dann muss ich Ihnen erzählen, wo unsere Kinder Offenheit, Toleranz und Respekt vor anderen Menschen gelernt haben, wo sie lernten, Konflikte zu lösen. In der Kinderkrippe «Teddybär» in Schlieren ZH. Genau, Herr Maurer, jenes Schlieren mit dem höchsten Ausländeranteil im Kanton. Weil damals noch beide, meine Frau und ich, einen fixen Job hatten, gaben wir die Kinder zwei Tage die Woche in die Krippe. Zuerst Anna Luna.

Mit dem Erfolg, dass sie, als sie ein Brüderchen bekam, keine Sekunde eifersüchtig war und sich vom ersten Tag an supersüss um ihn kümmerte – sie war andere Babys aus der Krippe gewohnt. Auch die Vielfalt der Kulturen war ihr geläufig. «Weisst du», sagte sie mal beim Znacht, «der Abdurrahman, also der glaubt schon an den gleichen lieben Gott wie wir, aber irgendwie anders, deshalb isst er kein Schweinefleisch.» Als Hans später erzählte, er habe eine neue Freundin, fragte ich Tubel gleich: «Welche Hautfarbe hat sie?» Er: «Weiss nicht.» Hautfarbe? Kein Thema. Am nächsten Tag lernte ich Awurabena kennen. Mein Gott, war die herzig. Und ihre Haut war sehr, sehr schwarz.

Einverstanden, Herr Maurer. Kinder brauchen Betreuung, Anleitung, Zuneigung. Aber die können sie auch in der Krippe bekommen. Ich gehe sogar mit Ihnen einig, dass Eltern ihren Kindern so viel Zeit wie möglich widmen sollten. Bei Powerpaaren, wo sie und er ohne Not je 150 Prozent jobben und die Kinder fünf, sechs Tage die Woche fortgeben, frage ich mich auch, weshalb die überhaupt Kinder haben. Und natürlich respektiere ich, wenn eine Frau «nur» zu Hause sein will.

Aber Ihre Begründung, warum Mütter – und nur Mütter – zu den Kindern schauen müssten, hat mich persönlich beleidigt: «So ist das nun mal in der Biologie.» Sie, Herr Maurer, heisst das öppe, dass mit meiner Biologie etwas nicht stimmt?

Öppe_Etwa

HIGH NOON_Welches arme Schwein, frage ich mich vor der Früchteauslage, musste wohl auf jeden einzelnen dieser Äpfel ein «Bio»-Kleberli kleben? Ich stelle mir den Job obermühsam vor. Und ich stelle mir vor, wie der- oder diejenige sich beim Kleben vorstellte, wie obermühselig wiederum der Kunde, also ich, die stark haftenden Kleberli unterm laufenden Wasserhahn würde abklauben müssen. Vielleicht war das arme Schwein ja eine Maschine und gar kein Mensch? Aber ob sich maschinelles Aufkleben mit dem Biogedanken vertrüge?

Die Versuchung lauert gleich neben den korrekten Äpfeln. Gluschtig leuchten da Erdbeeren. Aus Marokko eingeflogen. Und – pervers – erst noch günstiger, als in ein paar Monaten die Schweizer Erdbeeren sein werden. Tische ich die heut Mittag zum Dessert auf, bin ich der Held für die Kinder. Aber gerade sie müssten ja lernen: Erdbeeren sind um diese Jahreszeit pfui. Weil dafür illegal gerodet wurde, Kerosin verpufft, die Luft verpestet. Gut, man könnte sich sagen, eingeflogen sind sie nun bereits, und es macht das Klima jetzt auch nicht mehr kaputter, ob ich sie kaufe oder nicht. Kauf ich sie andererseits, wird mein Grossverteiler bei nächstblöder Gelegenheit argumentieren: Die Kunden wollen es so! Heute liegen Bohnen aus Dubai im Regal, Lauch aus der Türkei, grüne Spargeln aus Mexiko, weisse aus Peru, Trauben aus Chile, Pflaumen aus Südafrika. Tapfer widerstehe ich. Es reicht, dass wir das ganze Jahr Tomaten essen. Biobauer Frank, mein einstiger Wohngenosse, tadelte selbst dies: «So, hei mir hütt e chli Saisongmües?», verhöhnte er mich in der WG-Küche, wenn ich winters für irgendeinen Damenbesuch einen Mozzarella-Tomaten-Salat zubereitete.

Frank wusste schon vor siebzehn Jahren: Wir müssen Sorge zum Klima tragen, sonst ersaufen wir bald alle in geschmolzenen Gletschern. Aber wo komme ich hin, wenn ich beim Kömerle jedes Produkt auf seinen CO_2-Ausstoss überprüfe? Wollte ich stets auf Herkunft und Herstellung achten, die schädlichen Transfette vermeiden und schauen, dass alles gesund, saisongerecht, fair und umweltfreundlich ist – ich bräuchte eine Lupe fürs Kleingedruckte, und der Einkauf würde Stunden dauern. Süssstoffe und Emulgatoren, Konservierungs- und Verdickungsmittel … Himmel, worüber wir Hausfrauen alles Bescheid wissen sollten! Dagegen ist jeder Bürojob ein Nasenwasser. Okay, E 514 ist bubi: Natriumsulfat. Aber E 472d? Weinsäureester der Mono- und Diglyceride von Speisefettsäuren. Nie gehört.

Was solls, erstens hab ich jetzt keine Lupe dabei, zweitens ist es sechs vor zwölf. High Noon! Ich hab noch kein Zmittag eingekauft, geschweige denn gekocht, und in ungefähr vierzehn Minuten kommt daheim Anna Luna zur Türe rein, knallt ihre Klettschuhe in die eine, das Jäckli in die andere, den Thek in die dritte Ecke und schreit «Ha Hu-u-unger!» Vor allem pfeife ich, drittens, auf all die Produkteinformation. Ich bräuchte jetzt nämlich ganz, ganz dringend weisse Eier, auf die weder Lege- noch Verfalldatum gedruckt sind. Wir wollen heute Nachmittag Ostereier färben.

So, hei mir hütt e chli Saisongmües?_So, gibts heut Saisongemüse? / Bubi_Simpel, einfach

MEISTER PROPER UND OLI KAHN_Life-Work-Balance – kennen Sie das Wort? Ist sehr en vogue. Die gehobenen Geschäftsheinis reden in jüngster Zeit gern von ihrer perfekten Life-Work-balance. Das sind dann die, die sich zwischen Sabbatical und Weiterbildungsurlaub rasch ein Heliskiing in Georgien gönnen, wenn sie nicht gerade als teambildende Massnahme mit ihren Kollegen vom mittleren Kader in Lappland über glühende Kohle wandeln. Und am Ostermontag – s Mami darf dann einen halben Tag ins Wellness, Papi bezahlt! –, am Ostermontag verbringen sie mit ihren Kindern im Alpamare rasch mal unglaublich intensive Quality Time.

Tönt gut, Life-Work-Balance. Im Haushalt gibts eigentlich nur die Work-Work-Balance, pausenlos. Wie schrieb doch Leserin Ursi? «Wir Hausfrauen sind ja immer auf unserer ‹Baustelle›, egal, ob es nun Feierabend, Wochenende oder Feiertag ist. Immer sieht frau Arbeiten, die noch zu erledigen wären. Die eigenen Bedürfnisse stehen an letzter Stelle, den ganzen Tag und nicht selten auch die Nächte sind wir für die Kinder da, werden dafür weder bezahlt noch irgendwie staatlich anerkannt ... Es bleibt also nur noch, uns selber gegenseitig auf die Schulter zu klopfen und uns zur getanen Arbeit zu gratulieren.»

Nur, in meinem Fall ist die Schulterklopferei nicht einfach. Desperate Housewives sind vorgesehen, Desperate Househusbands nicht. Weil wir wenige sind, gibts kaum Austausch unter Hausmännern. Im Fussballtraining reden alle anderen Jungs über ihre Jobs, im Hausfrauenkränzli im Quartiercafé ist mann eher unwillkommen. Geh ich doch mit einer Nachbarin käfelen, heisst es gleich, wir hätten ein Gschleik. Über ganz alles können wir ohnehin nicht reden, mir fehlt die Erfahrung mit Mensbeschwerden, sie interessiert sich kaum für Milan gegen Bayern. Okay, ich will nicht jammern. Als Hausmann bist du im MuKi-Schwimmen der einzige Mann, und es gibt weissgott Unangenehmeres, als den Nachmittag im Kreise junger Mamis in Bikinis zu verbringen. Anstrengend ist nur, die ganze Zeit den Bierbauch einzuziehen.

Du bist ein Exot und hörst täglich, welch geiler Siech du bist. «Waaas? Du wäschst? Du nähst? Du putzt? Du bügelst?» Vor allem von Frauen gibts Komplimente. Kommt Besuch und ich habe gekocht, beneiden sie meine Liebste, die einen stressigen Bürotag hinter sich hat, überschwänglich um «so einen tollen Mann», sagen dann spitz zu ihren Begleitern: «Du könntest doch auch mal …», und der Abend ist ruiniert, weil weder ihre Partner noch meine Frau das besonders lustig finden. Hat umgekehrt sie gekocht und ich den ganzen Tag hinter der nächsten Kolumne gesessen, nimmt kein Mensch Notiz. Bei Frauen gilt die Doppelbelastung Beruf/Familie als Selbstverständlichkeit – wir Typen ernten Anerkennung.

Dafür gebricht es mir halt im Alltag an Gesprächspartnern, mit denen ich über Meister Proper *und* Oliver Kahn palavern könnte. Wenigstens gabs das www.hausmannforum.de, wo hausman auf Gleichgesinnte traf. Doch der gute Hausmann, der die Site betrieb, ist unlängst zwecks Verbesserung seiner Life-Work-Balance ins ruhevolle Berufsleben zurückgekehrt.

Gschleik_Affäre / Geiler Siech_Toller Hecht / MuKi-Schwimmen_Mutter-und-Kind-Schwimmen / käfelen_ Kaffee trinken

LOCKVÖGELCHEN_ «Yps mit Gimmick»! Wer sich daran nicht erinnert, darf sich jetzt getrost einen halben Frühlingstag lang jung fühlen. Die anderen wissen, wovon ich rede – sie sind so alt, dass sie in den Seventies blutjung waren. «Gimmick», das war mein erstes Frühenglisch. (Noch frühenglischer war höchstens «YB Forever».) «Yps mit Gimmick» war ein Comicheft, auf dem ein Gag klebte, irgendein technisches Dingsbums, und man kaufte «Yps» nicht wegen des Inhalts, sondern um des Gimmicks willen. In der Coop-Baracke im Dorf, die wir Konsum nannten, gabs «Yps». Wenn die Mutter einen in den Konsum kömerle schickte und man hatte fast genug Taschengeld beisammen und konnte den Rest aus dem Rückgeld stibitzen, reichte es, um «Yps» zu gänggelen.

Tönts heute zweistimmig: «Vati, Vati, dafi es Heftli?», weiss ich, was kommt: eine viertelstündige Evaluation sämtlicher – nein, nicht sämtlicher Heftli. Sondern sämtlicher Gimmicks. Diese Woche kommt «Bob der Baumeister» mitsamt Spielzeuglaptop daher, «Benjamin Blümchen» mit einem Schwimmfrosch, «Die Biene Maja» bietet «mega extra!» eine «Riesenglibberschnecke» plus ein Stickeralbum an. Auf «Tigger's Spielekiste» klebt ein Ringwurfspiel, auf «Prinzessin» eine rosarote Herzdose. Was früher nur «Yps» hatte, haben jetzt alle. «Kleiner Roter Traktor» bietet ein Furzkissen (was immer das ist, ich verbiete es), «Go Girl» lockt mit «3 Glamour-Haarreifen», «Pferde» mit einem «romantischen Haarband», «Yukiko» mit einem «trendy Fingernagel-Set». «Just kick it!» offeriert einen «Fussball-Shooter inkl. Abschussrampe», «Winnie Puuh» legt gar eine Hörspiel-CD bei. Ich nerve mich. Erstens, weil Anna Luna und Hans die Auslage im Bahnhofkiosk zunderobsi bringen. Zweitens, weil wir Tram um Tram verpassen – wir wollten doch in den Zoo das Kamelbébé bestaunen gehen. Drittens, weil die Heftplaner mit ihren Lockvogelgeschenklein kein Klischee auslassen. Für Buben gibts Bubenzeugs wie Nachtsichtgerät, Kompass und Pistole, für Girls die obligaten Krönchen, Zauberstäbchen, Lippenstiftchen. Viertens ahne ich, dass beim Ablösen des Extras das Heft zerreissen wird. Fünftens weiss ich, dass das Extra lausig produziert und also von kurzer Lebensdauer ist. Und: Das Heftli selber bleibt ungelesen.

Sicher, für die Verlage rechnet sich das. Wegen der Aufklebsel sind die Hefte sauteuer. Und meist bleibt es nicht beim einmaligen Kauf. Vorige Woche erstand ich dasselbe «Micky Maus» dreimal, und immer ging der «Disc-Shooter» zum Umherspicken geheimer Botschaften in die Brüche, noch ehe Hansli damit zu spielen begonnen hatte. Okay, endlich. Wir nehmen «Sissi» für sie und «Bussi Bär» für ihn, das heisst: einen pinkfarbenen «Terminplaner», der wie Mamis Palm aussieht, für Anna Luna und ein Fischernetz samt Entlein für Hans.

Einem der ersten «Yps» lagen 1976, ich war elf, «Urzeitkrebse» bei. Das waren Salinenkrebse, deren Keimlinge in völlig getrockneter Form konserviert und später wiederbelebt werden konnten. Man musste sie nur in ein Wasserglas geben und warten. Natürlich geschah nichts. Jedenfalls bei mir nicht. Beim Nachbarsbuben Christoph schon. Sein Gimmick funktionierte. Aber mir hat damals niemand das Heft ein zweites Mal gekauft.

Gänggelen_Süssigkeiten und Unnützes Zeugs kaufen / Dafi_Darf ich / Zunderobsi_Durcheinander

ALTENCRÈME_ «Sie schon wieder!», ruft die Frau an der Notfallaufnahme aus, dabei sieht sie täglich Dutzende schmerzverzerrter Gesichter. Aber an meins erinnert sie sich: Vor knapp drei Jahren war ich mit einem sehr kaputten Knie hier – Kreuz- und Innenband abenand. Hatte mir beweisen wollen, dass man mit neununddreissig noch genauso locker die schwarze Buckelpiste runterkommt wie mit neunzehn. Ein Irrtum, der wehtat. Die Dame erinnert sich ebenfalls, dass ich vor achtzehn Monaten mit einem Wadenbeinbruch hier war, zugezogen beim MuKi-Tschutten im Quartier, wo ich den Mamis imponieren wollte, worauf ich mir beim Versuch, eine Zwölfjährige auszudribbeln, das Bein brach. Was mich zum Gespött meiner Teamkameraden im FC machte.

Diesmal ist es wenigstens nicht beim Plausch auf dem Schulhausrasen passiert, sondern im Training mit den harten Jungs. Misstritt, Bänderriss – Gips für sechs Wochen. Dabei war meine Frühlingsform blendend. Ehrlich! Es wäre meine Saison geworden. Meine Frau sagt, als ich hinkend heimkomme, was Frauen in solchen Fällen immer sagen: «Selber schuld.» Und das Schlimme ist: Frauen haben in diesen Fällen immer recht. Doch dann sagt sie noch: «Müsstest du dir nicht langsam überlegen, mit dem Fussball aufzu...» – «Niemals!», unterbreche ich sie.

Sie hat nicht «in deinem Alter» gesagt, aber ich habs so verstanden. Bin da etwas heikel. Nie werde ich den Satz vergessen, den der deutsche Arzt – ich schwörs, ich hab sonst nichts gegen Deutsche! Nicht einmal, wenns um Fussball geht – zu mir sagte, als ich mit dem zerschlissenen Knie aus der MRI-Röhre kam. «Ach, wissen Sie, Herr Friedle», sagte er, und das «Friedle» hörte sich nicht nur sehr deutsch, sondern furchtbar hämisch an, «bei nem jungen Menschen würd' man das jetzt operier'n, aber bei Ihnen lohnt sich dat nich mehr.» Der Sauhund. Später tröstete ich mich, er habe im Grunde sagen wollen: «Wären Sie privat versichert, würden wir das jetzt operieren. Aber bei einem allgemein Versicherten lohnt sich das für uns nicht.»

Das mit dem Alter blieb dennoch haften.

Mein Hansli meints gut. «Weisch, dr Vati isch gar nid alt, är gseht nume so uus», erklärte er letzte Woche einer Nachbarin. Und setzte am nächsten Tag in der Drogerie einen drauf: «Was ist das?» Ich: «Eine Faltencrème.» Er: «Das wäre doch etwas für dich.» Und ich hatte meine Augenfältchen für sexy gehalten! Jetzt gehts mir wie Freund Widmer. Der SMSelte neulich: «Einzig frage ich mich, warum die junge Frau in der Apotheke, wo ich Zahnpasta kaufte, mir ein Müsterli Supradyn Vital 50+ schenkte.» Widmer ist vierundvierzig.

Ihn und mich mag es trösten, dass das Problem, für älter gehalten zu werden, als man sich fühlt, nicht allein das Problem von uns Alternden ist. Am Mittwoch bekam unsere Anna Luna in der Apotheke ein Parfümfläschli geschenkt, und bestimmt wollte die Verkäuferin ihr eine Freude bereiten: Grosses Meitli! Schon fast ein Fräulein! Aber es gibt Momente, da will unser Schätzeli keine Grosse sein. Parfüm? Enttäuscht flüsterte sie beim Hinausgehen, früher habe es doch immer einen Traubenzucker gegeben.

Abenand_Gerissen / Weisch, dr Vati isch gar nid alt, är gseht nume so uus._Weisst, der Vati ist gar nicht alt, er sieht nur so aus. / Meitli_Mädchen

GRUSS AUS ROM_ Alle sind plötzlich grün. Ausser die SP. Die hat im Kanton Zürich 17 Sitze aufs Mal verloren. Dafür haben die Grünen und die Hellgrünen zusammen 15 Mandate gewonnen. Offenbar traut man denen am ehesten zu, sich gegen den Umweltkollaps zu stemmen.

Und ich Sünder bin mit den Kindern in die Frühlingsferien … Sie habens erraten: geflogen. Rom retour für alle drei kostet 606 Franken. Fast hat man ein schlechtes Gewissen, so unanständig günstig ist das. Der Nachtzug hätte mehr gekostet, 863 Franken. Zürich ab 21.54 Uhr – da schläft mir der Hans schon auf dem Perron ein, und ich schleife dann den Hans plus alle Koffer ins Abteil, und das mit meinem Gipsfuss … Nein. Nur, eben, das Gewissen. Zum Glück lässt es sich nun mit einer Kompensationszahlung besänftigen, ganz easy. Auf MyClimate.ch rechnest du dir aus, wie viel klimaschädigendes CO_2 dein Flug verursacht, in unserem Fall 331 Kilo pro Nase, insgesamt fast eine Tonne. Deshalb zahlen wir in einen Fonds ein, aus dem dann irgendwo auf der Welt ein Klimaschutzprojekt gefördert wird. Zugegeben, damit ist die Luft noch nicht rein, aber das Gewissen.

Man kann wählen zwischen einem nur bitzli schlechten Gewissen und einem ganz furchtbar miesen. Bei lediglich schlechtem Gewissen hätte ich für meine Römer Gewissensbisse 39.95 Franken Gewissensbusse zu berappen, die dann in einem Entwicklungsland verwendet würden, zum Beispiel für Warmwasserkollektoren in Eritrea. Bei miesem Gewissen kostet der Deal für Anna Luna, Hans und mich 119.10 Franken. Diese De-luxe-Variante garantiert, dass mindestens die Hälfte meines Geldes im Inland investiert wird. Eh, ja, wir Schweizer sind uns selber immer

noch am nächsten. Nur weiss ich nicht so recht, ob sich der Klimawandel an Landesgrenzen hält?

Item, auch der Bundesmoritz tätigt, wenn er fliegen muss, diesen gäbigen Ablasshandel. Schleierhaft ist mir bloss, weshalb er als Sozi jetzt wieder AKWs bauen will. Sonst entstehe eine Versorgungslücke und uns gehe bald der Pfuus aus. Wer das behauptet? Die Chefs unserer Stromversorger. Dass die uns immer mehr Strom andrehen wollen, versteht sich. Aber als «Experten» sind sie etwa so unabhängig wie eine Puffmutter, die mir einredet, ich sei sexuell frustriert. Leuenberger scheint ihnen zu glauben.

Da wünscht man sich den Ogi zurück, der hat uns noch gezeigt, wie hausfrau Energie spart: In einer winzigen Pfanne ganz wenig Wasser aufkochen, Herdplatte ausschalten, Eier rein, Deckel drauf, Kochdauer abwarten – e Guete. Seit 1988 halte ich mich an Ogis Gebot. Aufs Auto verzichten wir auch. Und wenn ich ein Mobility miete, um Anna Luna und Kameradinnen zum Auswärtsspiel zu chauffieren (In Stäfa 8:2 gewonnen, bravo, Girls!), entrichte ich brav zwei Rappen CO_2 -Kompensation pro Kilometer.

Wie, bitte? Was haben Sie gesagt? Wer denn, wenn alle die Kompensation bezahlen und weiter rumfräsen und -jetten würden, den CO_2 -Ausstoss verringere? Gute Frage. Ich überlege sie mir auf dem Rückflug.

Puffmutter_Bordellchefin / Bundesmoritz_Bundesrat Leuenberger, Vorsteher des Departements für Umwelt, Verkehr, Energie und Kommunikation

EWIGE STADT_ Das Schöne an Ferien mit Kindern ist, dass man sich auf der Piazza Navona in die erstbeste Tourist Trap setzen und die erstbeste Pizza ordern kann, ohne das extrem coole Feinschmeckerlokal in einem verwinkelten Gässchen suchen zu müssen, das der extrem coole Kollege eines coolen Freundes extremstens empfohlen hat («Absoluter Insidertipp – da gehen nur die Römer hin! Unbedingt den ‹Fegato al vino bianco dei colli etruschi viterbesi› probieren!»). Das hier ist Italien genug für die Kinder, und mir ist heut ganz wohl als Nullachtfünfzehntourist unter Nullachtfünfzehntouristen.

Und dann die Steptänzerinnen! Anna Luna, sonst stets heisshungrig, lässt von ihrem Schinkentoast ab, als die zwei Frauen vor dem Ristorante einen Step aufs Pflaster legen. Die Darbietung ist eher dürftig, aber Luna spendet ihnen unsere ganzen Spiccioli und ist so hingerissen, dass wir die beiden nach dem Essen noch ums halbe Oval der Piazza verfolgen und vier weitere Male zuschauen müssen, wie sie vor anderen Tourist Traps steppen.

Es wird Anna Lunas nachhaltiges Rom-Erlebnis bleiben. Natürlich war ich bemüht, im Kolosseum den Unterschied von dorischen und korinthischen Säulen zu erläutern, natürlich hab ich vom Cäsarenmord erzählt, nannte ich Dichter und Denker, sprach ich von den frühen Christen und dem Grössenwahn des Römischen Reichs, verwies ich bei der Piazza Venezia auf Mussolini und den abermaligen Grössenwahn. «So eine Art Hitler» sei der gewesen, erklärte ich, weil Hitler den Kindern ein Begriff ist. Und ich liess beim Trevibrunnen nicht unerwähnt, dass Anita Ekberg dort für Fellini das berühmteste Fussbad der Filmgeschichte genommen hat. Doch haften blieb weder Historie noch hehre Kultur, haften blieb der lausige Steptanz.

Haben sich nicht auch mir die kleinen Dinge eingeprägt, die fettigen Pommes frites auf einem Zeltplatz am Wolfgangsee zum Beispiel, die ich so heiss begehrte? Meine Kindheitserinnerung schlechthin sind Leucht-Yo-Yos, die fliegende Händler auf dem Markusplatz in Venedig feilboten, tanzende Feuerbällchen in der Abenddämmerung. Als ich meine Eltern endlich überzeugt hatte, mir eins zu kaufen, und wir am nächsten Mittag zurückkehrten, waren die fliegenden Händler ausgeflogen. Ein Rösslein aus Muranoglas tröstete mich nur halb über die Riesenenttäuschung hinweg.

Auf der Spanischen Treppe will Hansli «um-be-um-be-dingt!!» eine Seifenblasenpistole aus Plastik haben, die ein Händler nach dem anderen uns anzudrehen versucht. Vati sagt Nein, lässt sich später erweichen, fährt anderntags mit Hans eigens wieder zur Piazza di Spagna – die fliegenden Händler sind weg. Shit, Déjà-vu.

Dort! Ein Nordafrikaner, er verkauft Rosen. «Polizia, Polizia!», flüstert er aufgeregt. Seine Kollegen seien vor einer Razzia geflohen. Er tut verschwörerisch, verspricht «You wait, I help», verschwindet für endlose vierzehn Minuten, stiehlt sich wieder herbei, immerzu auf die Carabinieri schielend, verbirgt hinterm Jackenkragen eine Seifenblasenpistole und verlangt einen völlig überrissenen Preis. Aber wenn ich an mein Yo-Yo-Trauma denke, sind es die zehn bestinvestierten Euro meines Lebens.

DER GÜRKLILIFT_ Die Seifenblasenpistole, die wir in der Ewigen Stadt gekauft haben, funktioniert sogar. Und sie hat etwas Poetisches: Da zielt einer auf dich, und was schwebt dir im nächsten Augenblick entgegen? Seifenblasen. Gemahnt an «Make Love Not War!», und es passt zu unserem Ferienlied «König von Deutschland», in dem Rio Reiser selig die Bundeswehr auf Schmusekurs trimmt. Die Kinder und ich grölten jedes Mal mit: «Das alles und noch viel mehr würd ich machen ...» Sagte ich nicht, es seien die kleinen Dinge, die von Ferien haften bleiben? Hans spricht noch täglich vom Bagger am Strand von Ostia, der für die Badesaison frischen Sand heranbaggerte.

Der Bub ist halt technisch interessiert. Er war auch ganz fasziniert vom Ritzenputzer, den ich zum Geburtstag bekam. Von der Schwägerin, der ich schon den Gürklilift verdanke. Nie vom Gürklilift gehört? Damit lassen sich Cornichons vom Boden des Glases nach oben kurbeln und ergreifen, ohne dass man die Finger in den Essig tunken muss.

Was es nicht alles für unnötige Hilfsmittel gibt! Ich besitze keinen Avocadoentsteiner, keinen Backstäuber mit Doppelfunktion zum a) grossflächig (Wähen, Kuchen, Crêpes) oder b) gezielt Stäuben (Muffins, Guetsli, Gipfeli), kein stapelbares Auskühlgitter, keinen Orangenexpress, der in einem Dreh schält und schneidet, kein geruchsfreies Zwiebeltöpfli «Magic», keinen extrastabilen Kürbisaushöhler, keine Muskatmühle, keine Raclettepfännlihalter, keinen Greifstab, um Eheringe aus dem Lavaboausguss zu fischen, keinen faltbaren und also platzsparenden Trichter, keine Auftaubox für die Mikrowelle – weil wir haben ja noch nicht mal eine Mikrowelle. Doch bunte Katalögli wollen mir das alles und noch viel mehr andrehen.

Zu schweigen von den Spezialputzmitteln. Wiewohl ein manischer Oberflächenpolierer, bin ich nicht im Besitz des «Chromstahlwunders» mit dem wasserabstossenden Oberflächenschutzfilm. Ich komme ohne Antibeschlagmittel für Badezimmerspiegel aus, ohne Fettlöser für die Dampfabzughaube. Es gäbe eigens einen Glaskeramikreiniger für den Kochherd, für den Backofen einen Krustenentferner plus, wenns pressiert, einen extra schnellen Krustenentfernerschaum, dazu die Marmor- und Steinpflegecrème, den Entkalkerschaum mit Schimmelstopp für die Küche, den Expressentkalker für Wasserkocher, den WC-Entkalker, den Lavaboentkalker, den Duschwannen- und den Duschbrausenentkalker, alles separat. Und wo, bitte, sollte ich all die Mitteli verstauen?

Ou! Fast hätt ich vergessen, Ihnen von der Nonna zu erzählen. Kam ich im Haus der Römer Freunde, bei denen wir wohnten, auch nur in die Nähe des Spültrogs, stellte sich die winzige Siebenundachtzigjährige mir in den Weg. Und wehe, ich wollte morgens meinen Kindern die heisse Cioccolata selber bereiten. Dann krächzte sie «Vai via!» und jagte mich aus der Küche. Sie lässt keinen Mann an den Herd. Nur zu gern hätte ich mit ihr gefachsimpelt, um zu zeigen, dass ich mitreden kann. Aber mir wollte und wollte nicht einfallen, was «Gürklilift» auf Italienisch heisst.

Gürkli, Cornichons_Essiggurken / Nonna_Grossmutter / Vai via!_Hau ab!

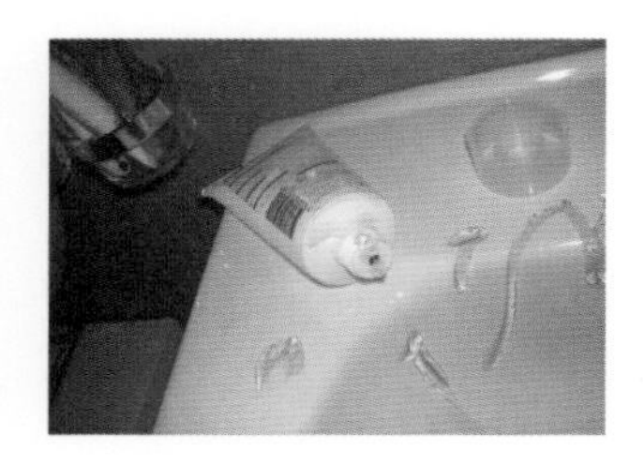

SONNTAGSRUHE_ Ralph wird Papi. Ahnte ichs doch: Noch so ein Pärchen, das sich, weil am TV über die Festtage nichts Gescheites lief und in der Stadt nichts los war, ganz privat vergnügte und aus Übermut suboptimal verhütete … Im Oktober wird man sehen, ob daraus Junge oder Mädchen geworden ist. Und schon gebe ich Freund Ralph all die altklugen Ratschläge, mit denen Hürzi mich, als wir unser erstes Kind erwarteten, so genervt hat. Vater Hürzi war bei uns im Büro damals, was Familie betraf, der alte Hase, ungefragt gab er in einem Gemisch aus Barmherzigkeit und Belehrung in jeder Kaffeepause seine Tipps ab. Einer davon lautete: «Am Boden wickeln!» Ich beherzigte ihn dann nicht, bis Anna Luna uns vom Wickeltisch auf den Steinboden fiel und ich mit ihr in den Notfall rasen musste. Gottlob gings glimpflich aus. An einen anderen Ratschlag erinnere ich mich besonders: «Schlaf noch mal aus!» Wie doof das tönte. Heute weiss ich, was Hürzi meinte.

Das letzte Mal ausgeschlafen, ich? So richtig, bis gegen Mittag? Es muss im Sommer 1998 gewesen sein. Klar, ich nächtige ab und zu unbekindert in einem Hotel. Da hänge ich dann bis morgens um vier am Lucerne Blues Festival ab – Eichhof trinken, tumm schnurre, tolle Musik –, aber Sie können sicher sein, dass ich, geweckt von der inneren Uhr, im schönen «Schweizerhof» um punkt 07.29 aus dem Schlaf schrecke, mich frage, warum es so still ist, mich nach Hans umschaue, der doch sonst jede Nacht unter meine Decke schlüpft, und mir sage, es sei höchste Zeit, den Kindern Frühstück zu machen.

Daheim beginnt Hans den Tag meist mit einer Frage. «Woher weiss man, welche Farbe die Dinosaurier hatten?», wollte er vorletzten Sonntag um fünf nach halb sieben in

der Früh wissen. Auf so etwas, Ralph, musst du im Fall kundig antworten. Der lässt nicht locker. Und danach bist du gnadenlos wach. Vor Tagesanbruch. An einem Sonntag!

Mir hat man immer gesagt, mit spätestens fünf Jahren lernten Kinder ausschlafen. Anna Luna ist bald neun und sonntags noch immer in aller Herrgottsfrüh auf. Aber ich hab jetzt einen neuen Trick. Ich öffne nur das linke Auge, auch dieses nur halb, und frage: «Wollt ihr mich nicht ein bisschen coifförlen?» Die Kinder sind begeistert, ich kann liegen bleiben, und sie fingern an mir rum: Haare kämmen, Kopf, Hände und Füsse massieren ... Sie holen im Badezimmer immer neue Wässerchen, besprühen mich, reiben Sälbelein ein. Es kribbelt und kräuselt und fühlt sich wunderbar wohlig an. Wie im Wellness Resort, nur gratis. Von fern höre ich Hansli zwar «Faltencrème» sagen – aber egal, Hauptsache: weiterdösen.

Viele Sälbeli später werde ich gewahr, wie verschmiert mein Bettzeug ist. Im Bad steht jedes Schränkchen offen, liegen Tuben, Fläschchen und Dosen wild durcheinander, Shampoo ist ausgelaufen, und mein Eau de Toilette ging ganz zu Bruch. Ein Riesenghetto. Wer das aufräumt? Ich, natürlich. Vielleicht sollte ich nächsten Sonntag mit den Kindern, sobald sie wach sind, gleich auf die Finnenbahn gehen? Hey, Ralph, schlaf noch mal aus!

Coifförlen_Frisör spielen

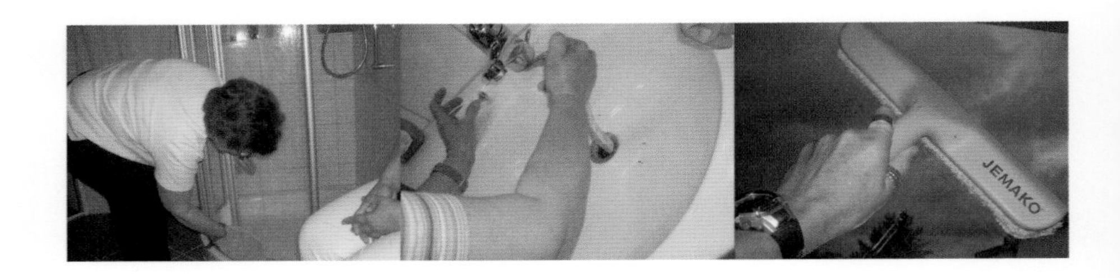

PUTZIGE SEELSORGE_**Warum sollte man Putzutensilien an einer «Heimpräsentation» kaufen statt im Laden? Sind sie besser oder nur teurer? Ein Selbstversuch.**_Dolores ist meine Rettung. Die ist genauso ahnungslos wie ich. Mir schwant bloss, dass die Jemako-Präsentation, zu der Nachbarin Nora geladen hat, so etwas wie eine Tupperware-Party ist, nur, dass hier nicht Plastikbehälter feilgeboten werden, sondern Putzutensilien. Das System ist dasselbe: Man, pardon, frau trifft sich bei einer Hausfrau zu Hause, lässt sich Produkte vorführen, tratscht, klatscht und bestellt am Schluss besagte Produkte. Natürlich war ich – Gott bewahre! – meiner Lebtag noch an keiner solchen Vorführung.

Aber Nora ist nett, irgendwie hab ich mich überreden lassen, und nun hänge ich hier bang in der Polstergruppe. Frau duzt, frau kennt sich. Susann, Nadya, Erika, Iris, Lisa, die Produktepräsentatorin Beatrice, Gastgeberin Nora, die der Gemütlichkeit halber noch extra geguetselt hat, ich. Und eben die erfrischende Dolores: «Ich bin im Fall völlig unbrauchbar als putzende Hausfrau», platzt sie schon in der Vorstellungsrunde heraus. Dafür scheint sie als backende Hausfrau total brauchbar zu sein. Das Tomatenbrot, das Dolores mitgebracht hat, sieht verdammt fein aus. Doch ich halte mich zurück, schliesslich hab ich mit den Kindern vorhin schon zu Abend gegessen.

Ausser Dolores und mir sind alle Habituées, das merkt man gleich. Sie haben den Jargon drauf: «Man sagt dem nebelfeucht ...», «Wäisch, muesch zerscht uufemulgiere!», «Für den Lavaboabfluss nimmst du einfach den Cleanstick.» Nebelfeucht? Aufemulgieren? Cleanstick? Ich verstehe Bahnhof. Jetzt verteilt Beatrice Traktätchen, auf denen saubere, schön ausgeleuchtete, aufgeräumte Menschen ferienprospektlächeln.

Als wäre Putzen das höchste Glück auf Erden. Wanderpredigerin Beatrice hat ihre Produktepalette schön auf einem Tisch ausgebreitet, schon wird mir ein staubbindender gelber Putzhandschuh gereicht und hernach zur Demonstration, wie gut die Ware hält, noch mal ein gleicher gelber Handschuh, gebraucht und sieben Jahre alt.

Gelb, lernen Dolores und ich, ist die Reinigungsfaser für den leichten Alltagsschmutz. Die anderen wissen das längst. Grün bedeutet: starke Verschmutzung. Blau ist für extreme, hartnäckige Verschmutzungen. Diese Putzlumpen kann man nicht im Laden kaufen, nur bei seiner pesönlichen Beraterin. Jemako – sprich «Tschémaggo» – hat ihren Sitz im nordrhein-westfälischen Städtchen Rhede und operiert in Deutschland, der Schweiz, Österreich, Frankreich, Italien und den Niederlanden via sogenannte Vertriebspartner, die meist -partnerinnen sind und auf eigenes Risiko arbeiten. Unsere Beatrice betreibt das halbprofessionell, andere haben ihren Beruf aufgegeben und den Vertrieb von Jemako-Produkten zum Business gemacht. Dazu wurden sie eigens geschult. Es vergeht kein Monat, da nicht irgendwo in der Deutschschweiz neue Reinlichkeitsapostel ausgebildet würden.

Die Formel: Wenig bis gar kein Putzmittel, spezielle Chemiefasern, «pflegeleicht, umweltfreundlich, fusselfrei», wie mir Beatrice in Vertrauen erweckendem Singsang vorbetet. Man muss sich unsere Beatrice vorstellen als eine Mischung aus Mutter Beimer aus der «Lindenstrasse» und der «Sii badet grad d Händ drin»-Claire aus dem Palmolive-Werbespot vergangener Tage. Dass sie etwas verkaufen will, ist ja klar, aber sie tut es nie marktschreierisch, sondern im tiefen Glauben an ihr Produkt. «Jedes muess wüsse, was für ihns s Bescht isch», sagt sie immer wieder.

»

Für mich ist es das Beste, wenn ich jetzt endlich zugreife. Ich nasche von dem Tomatenbrot, wissend, dass all die fettigen Zutaten – Oliven samt Olivenöl, getrocknete Tomaten, Parmesan – mich in meiner Ich-will-im-Schwimmbad-nicht-wieder-so-den-Bauch-einziehen-müssen-wie-letzten-Sommer-Diät um Wochen zurückwerfen. Ein bisschen Sünde muss sein. Das findet auch Dolores. Einfach goldig, wie sie jetzt verkündet: «Also ich putze die Fenster nur alle …» – «Alle sechs Monate?», frage ich ihr ins Wort, hoffend, eine Verbündete für meine hausmännische Nachlässigkeit zu finden. «Alle drei Jahre», sagt Dolores zum Entsetzen der Runde.

Die anderen Frauen beraten über Kurz- und Langflorfasern, tauschen sich aus, wie ein hundertjähriger Schieferboden zu behandeln sei und wie die vom Cheminée verrusste Verglasung eines Wintergartens. Jemako hier, Jemako da – sie kommen alle schon draus. Was denn an diesen Tüchern besser sei als an irgendeinem Mikrofastertuch für drei Franken aus dem Warenhaus, frage ich zwischen zwei Bissen Tomatenbrot, da ertönts aus sechs Mündern unisono: «S isch äifach nöd s Gliich.» Eine Glaubensgemeinschaft. Beatrice braucht nicht besonders Gas zu geben, ihre Kundinnen leisten von sich aus Überzeugungsarbeit. Sie ergänzt nur das Fachliche: Für einen einzigen Quadratzentimeter ihrer Tücher würden 10 000 Meter Faden verarbeitet. Unvorstellbar.

Fett in der Dampfhaube, Staubablagerungen auf Schränken und unter CD-Gestellen, Spinnweben in hohen Zimmerecken, Striemen vom letzten Fensterputzen – dass Beatrice für jedes Problem eine Lösung weiss, ginge ja noch, doch sie weiss auch für jede Lösung ein Problem. Bisher hielt ich unsere Wohnung für recht sauber, nun sinke ich tief und tiefer ins Sofa, mampfe Tomatenbrot und höre immerzu, was man noch alles putzen könnte. Beatrice erklärt, wie hausfrau eine Vorhangstange aus Kunststoff zu reinigen hat und wie eine aus Metall, und sie hat stets das passende Produkt parat.

Man hat nie ausgeputzt. «Es macht einfach süchtig!», schwärmt Susann, glühende Jemakoianerin. Ihre Verzückung hat religiöse Züge. Aber ich kann die Frauen verstehen. In diesem Kreis gilt ihre Arbeit etwas, werden ihre Sörgeli ernst genommen, hier kann frau fachsimpeln und für einmal so wichtig tun, wie Büromänner es immer tun. Hier kommt die Hausarbeit, gesellschaftlich zunehmend für nichtig erklärt, gross heraus.

Beatrice ist schon bei der Körperpflege, stellt gerade ein Abschminkhandschühlein vor, einen Zwischen-den-Zehen-Putzer und einen Rückenpeeling- und Sonnencrème-Einreibestab. Wer Jemako vertraut, vertraut Jemako in allen Lebenslagen. Für Männer gäbe es übrigens einen eigenen Prospekt: Auto und Grill putzen. Aber ich bin ja kein echter Kerl mit Kugelgrill und Kühlergrill, sondern Hausmann. Als ich unsere grossen Fenster erwähne, kommt Beatrice in Fahrt und demonstriert ein auf zwei Meter zwanzig Länge ausziehbares Vehikel, das Glas garantiert striemenfrei putzt. Ich darfs gleich ausprobieren.

In Noras Küche weiht Beatrice uns ins Geheimnis ihres Entkalkers auf Milchsäurebasis ein, der die Gummidichtung der Kaffeemaschine nicht angreife, im Bad dürfen wir den Sanitärreiniger austesten, die Gastgeberin hat die Glastür der Duschkabine für einmal eigens nicht geputzt.

Angesäuselt vom bereitgestellten Rotwein und euphorisiert von der Gruppendynamik, tue ich zuletzt, was ich nie für möglich gehalten hätte: Ich bestelle Ware für 134.50 Franken. Damit liege ich im Schnitt, Beatrice rechnet mit 120 bis 150 Franken pro Kopf, ihr Rekordumsatz an einem Abend betrug 2600 Franken. Aber was tuscheln Dolores und Beatrice dort in der Ecke? Ich lausche möglichst unauffällig, et voilà, das Unfassbare: Dolores vereinbart einen Termin für eine private Beratung bei sich zu Hause. Die Skeptikerin ist bekehrt.

Auch um mich kümmert sich Beatrice seither fürsorglich. Sie schreibt mir Brieflein und empfiehlt saisongerecht Sonnenschutz und Hornhautentfernerstein, sie ruft an, ermahnt mich, schon bald wieder an eine Präsentation zu kommen, um mein Wissen aufzufrischen, fragt, ob ich zufrieden sei. Und ich gestehe: Von dem meterlangen Abstaubstab, mit dem ich endlich den Staub unter meinem Bett wegkriege, bin ich sogar begeistert. Das Bett ist zwar schön, aber völlig unpraktisch, weil man mit nichts drunterkommt. Bisher wars halsbrecherisch, wenn ich den schweren Nussbaumrahmen alle paar Monate mal schräg hochstemmte und mir den Rücken vermurkste, derweil mein Sohn darunter in Lebensgefahr staubsaugte. Bereits weiss Beatrice am Draht neuen Rat: «Hast dus unterm TV-Möbeli schon probiert?» Jesses, das TV-Möbeli! Darunter wurde seit der letzten Züglete nie geputzt.

Eine echte Seelsorgerin. Mich wurmts schon ein bisschen, den Zitronenbalsam nicht bestellt zu haben, der einen Schutzfilm auf die Küchenkombination zaubert, an dem das Wasser dann abperlt. Ich könnte an der nächsten Party dann lässig den Habitué markieren: «Weisch, muesch drum zersch uufemulgiere!»

Aber das Beste ist: Dolores hat mir das Rezept für ihr Tomatenbrot geschickt. Traumhaft!

Jedes muess wüsse, was für ihns s Bescht isch._Jede muss wissen, was für sie das Beste ist. / Züglete_Umzug

TOMATENBROT «DOLORES»

Zutaten für den Teig
850 g Halbweissmehl*
40 g Hefe (ich löse die Hefe in temperierter Milch auf)*
2 gehäufte Teelöffel Salz*
2,5 EL Tomatenpüree*
80 g geriebener Parmesan*
2–3 EL getrocknete ital. Kräutermischung*
140 g in Öl eingelegte Tomaten, in feine Streifen geschnitten*
8 EL Olivenöl (evtl. Öl von eingelegten Tomaten verwenden)
5 dl Milch
Zutaten für die Füllung
150 g mit Peperoni gefüllte Oliven (quer halbieren)
3 EL Kapern

Vorgehen_Alle Zutaten mit Sternchen mischen, Öl und Milch beigeben, kneten, Teig aufgehen lassen, bis er etwa doppelt so gross ist. Die Hälfte des Teigs rechteckig (ca. 25 x 35 cm) auswallen, mit Peperoni-Oliven und Kapern bestreuen, aufrollen und in eine Cakeform geben. Mit der zweiten Hälfte des Teigs dasselbe, sprich: Es gibt zwei Brote. Während 40 Minuten auf der untersten Rille des auf 200 Grad vorgeheizten Backofens backen.

EIN SIEGER_ Anna Luna hätte noch eine Bitte. «… peinlich», verstehe ich zuerst nur, steuere mein Velo näher an das ihre heran, wir kollidieren beinahe. «Was hast du gesagt?» – «Sei dann bitte nicht wieder so peinlich, Vati!», wiederholt sie. Wir sind auf dem Weg zu ihrem Heimspiel gegen die E-Juniorinnen aus jener Schwyzer Gemeinde, wo das Frölein Hingis sein Eigenheim samt blitzblanker, weil nie benutzter Küche stehen hat und wo Skandalbanker Martin Ebner sein schnelles Geld günstig versteuert. Und ich liess mich letztes Mal nicht nur zu übertriebenen «Hopp Blue Stars!»-Rufen hinreissen, sondern frotzelte nach dem 2:2 auch eine Spur zu laut: «Jetzt multiplizieren wir das Resultat noch mit den Steuerfüssen von Zürich und Freienbach, und dann haben wir gewonnen.»

Ehrgeizige Sport-Eltern sind das Schlimmste. Vor allem, wenn man es selber ist. Ich bin nervöser, als wenn YB spielt, und aufgeregter, als wenn ich selber auf dem Platz rumstürchle. Erscheint meine Tochter auf ihrer Verteidigerinnenposition mir zu passiv, rufe ich, was mein Libero Fisch mir stets zuruft: «Mach no ne Schritt!», und sie tadelt mich mit einem strengen Blick. Gelingt ihr ein Zuspiel, wird mein Gekreische vollends peinlich. Doch einer ist heute noch schlimmer als ich. Ein Kläffer mit Vokuhilafrisur kläfft alle drei Sekunden «Schäisse!», und als unsere Bianca von der Mittellinie aus den Ball zum Ausgleich ins weite hohe Eck schlenzt – ein Tor des Jahres, fantastisch! –, spuckt er das Wort dreimal nacheinander aus: «Schäisse! Schäisse! Schäisse, Mann!»

Der Kläffer ist der Coach des Gastteams. Seinen Girls gelingt der vermeintliche Siegtreffer, doch die Schiedsrichterin erklärt ihn für ungültig – Offside. «Verdammte huere Schiissdräck», beschimpft er die Unparteiische, und als unser Trainer ihn be-

ruhigen will, geht er auf ihn los: «Ich verstahn mfall meh vo Fuessball als du, han sälber gspielt!» Von Fussball – mag sein. Von kleinen Mädchen sicher nicht. Von Anstand schon gar nicht.

Ihn interessiert nur der Sieg, seine drei Jüngsten setzt er während der zweiten Halbzeit keine Sekunde ein. «Sorry, aber jetzt ist es zu knapp», raunt er ihnen zu. Unser Coach schickt nicht nur die Besten aufs Feld, sondern alle, unbesehen des Resultats. Er muntert auf, spornt an, erklärt, als Anna Luna das Spielfeld für einen Wechsel verlässt, noch rasch: «Auf den Ball schauen, nicht auf die Beine der Gegnerin!», klopft ihr auf die Schulter und sagt: «Aber susch isch super gsii!» – «Schiissdräck!», kommentiert der andere schon wieder einen Pfiff der Schiedsrichterin, und man fragt sich, warum die mitgereisten Eltern ihm nicht Einhalt gebieten. In letzter Sekunde drückt eine seiner Spielerinnen den Ball doch noch zum 2:3 über die Linie, und der Kläffer lässt sich feiern, als wäre er soeben Weltmeister geworden.

Der Trainer unserer Kinder lobt sein Team nach der knappen Niederlage: «Ihr habt alles gegeben! Ihr könnt stolz sein.» Meine Tochter ist für den Rest des Wochenendes happy. Und vielleicht, denke ich beim Heimradeln, müsste man unserem Coach einfach mal sagen: «Merci.»

Ich verstahn mfall meh vo Fuessball als du, han sälber gspielt!_Ich versteh im Fall mehr von Fussball als du, hab selber gespielt! / Rumstürcheln_Herumstolpern / Aber susch isch super gsii!_Aber sonst wars super!

IM BLINDFLUG_ Bei der letzten Nummer vergräbt Anna Luna ihr Gesicht in meinem Schoss. «I cha nid häreluege!» Bis hierhin haben sie und Freundin Enya zu meiner Linken den «Knie» giggelnd genossen, auch mir gefällt das Programm voller Slapstick, Musik und Akrobatik. Alles Nummern, wie sie schon vor vierzig Jahren hätten gezeigt werden können, ohne neumodische Pseudopoesie, dafür mit klassischen Zirkusclowns, wilden Pferden – und mit der feschen Géraldine. Hansli, der mit Chindsgigschpänli Noa zu meiner Rechten sitzt, hat sich glaubs schon ziemlich verguckt in die Zebradresseurin.

Aber jetzt diese Wahnwitzigen! The Flying Michaels aus Brasilien purzeln hoch unterm Zeltdach durch die Luft, dass einem der Atem stockt. Einer vollführt mit verbundenen Augen einen Dreifachsalto, und sein Kollege am Flugtrapez fängt den Blindflieger im aller-, allerletzten Moment auf. Hundertstelsekunden entscheiden, die kleinste Unachtsamkeit kann zum Unfall führen. «Musst keine Angst haben», lüge ich, um Anna Luna zum Hinschauen zu ermuntern, «da passiert nichts, das ist denen ihr Beruf.»

Jesses, geht mir angesichts der artistischen Präzision durch den Kopf, und wie schluderig erledige ich meinen Job? All die kleinen Unzulänglichkeiten, all die Fauxpas, die man sich im Haushalt erlaubt… Geben Sies zu, Leserin, Sie haben grad gestern ein Fenstercouvert zum Altpapier gelegt, ohne vorher die Plastikfolie des Fensterchens herauszulösen! Und Sie haben schon – «Nur dieses eine Mal!» – Jogurtbecherli in den Güsel geworfen, ohne vorher die Kartonhülle zwecks separater Entsorgung entfernt zu haben, stimmts? Nobody is perfect. Ich zum Beispiel schlecke, wissend, wie unhygienisch das ist, beim Kochen Tomatenpüree- und Senfrestchen von der Tube, ehe ich den

Deckel wieder draufschraube. Ich lasse es zu, dass die Kinder ihre Ämtlein vernachlässigen – Zeitung holen, Zimmer auf- und Geschirr abräumen –, weil selber machen eh schneller geht. Ich stopfe zum Ärger meiner Frau den Zürisack nicht randvoll, ehe ich ihn in den Container werfe. Ich fluche hueregopfertami Flüche, die ich den Kindern nie erlauben würde – schönes Vorbild. Ich leiste mir ab und zu einen Fixfertigsalat. Ich werfe die schwarze Flasche vom spanischen Schaumwein, weil ich inzwischen weiss, dass die blaue vom Prosecco zum Grünglas gehört, aber noch immer rätsle, wohin Schwarz kommt, einfach in den Behälter für braunes Glas. Und ich muss zugeben: Seit Tagen ignoriere ich den Staub hinter Hansens Lego-Eisenbahn-Kiste. Kurz und schlecht, ich bin alles andere als eine perfekte Hausfrau.

Insofern deprimiert mich die Zirkusvorführung. Diese Artisten üben ihren Beruf absolut fehlerfrei aus. Liesse der Jongleur doch einen der Bälle fallen, die er in irrwitzigem Tempo herumwirbelt! Aber nix da. Wenigstens kackt dann ein Elefant mitten in der Vorstellung in die Manege und lässt wie aus einem Feuerwehrschlauch Wasser, dass mans nur Brunzen nennen kann. Ein tröstlicher Zwischenfall. Doch Hansli hält selbst den für einstudiert: «Das ghört sicher zum Nummero!»

I cha nid häreluege!_Ich kann nicht hinschauen!

WIR SCHLAMPEN_ Handle ich jetzt nicht, ergehts mir mal wie meiner Mutter. Die hat ihr Haus noch heute bis unters Dach voll mit Holzschiffen und Löwen aus Knetmasse, die meine Geschwister und ich vor vierzig Jahren geformt haben. Je länger man Gebasteltes aufbewahrt, desto schwerer fällt der Abschied. Drum sollte ich heut Hanslis überfülltes Zimmer räumen. Es belastet mich seit Wochen. Ach …

Wie gut tut da all der Zuspruch, nachdem ich letzte Woche angesichts der hyperperfekten «Knie»-Artisten meine kleinen Haushaltsünden gebeichtet habe. Wir Hausfrauen, meint etwa Rita aus Hochdorf, dürften ruhig mal schlampen, schliesslich stünden wir beim Schrubben in keiner Manege: «Bekäme ich jedes Mal, wenn ich die ganze Wohnung auf Hochglanz poliert habe, Aufmerksamkeit und Applaus wie im Zirkus, ich wäre bestimmt motiviert, meinen Job so genau zu verrichten wie eine Artistin», mailt Rita. «Doch kaum sind die ‹Putzhudle› weggeräumt, spaziert meine Tochter mitsamt Hund quer hindurch und hinterlässt deftigste Spuren! Nein, ehrlich, sie kommen nie dreckverschmierter nach Hause und ungehemmter bis in die Stube, als wenn ich frisch geputzt habe.»

Haushalt bedeutet: Immer wieder den gleichen Scheiss von vorn, schon wird einem das Resultat wieder zunichte gemacht – just wie dem armen Sisyphos. «Wir müssen uns Sisyphos als einen glücklichen Menschen vorstellen», schrieb Albert Camus. Aber ob Monsieur Camus je einen Haushalt besorgt hat? Da wird man zuweilen «selbst für eine Topleistung ausgebuht», wie Rita anmerkt: «Wer stand nicht schon stundenlang in der Küche, bereitete ein Spitzenmenü, das jedem Gourmet das Wasser im Munde zusammenlaufen liesse – doch die Jungmannschaft hätte lieber Spaghetti gehabt?» Stimmt,

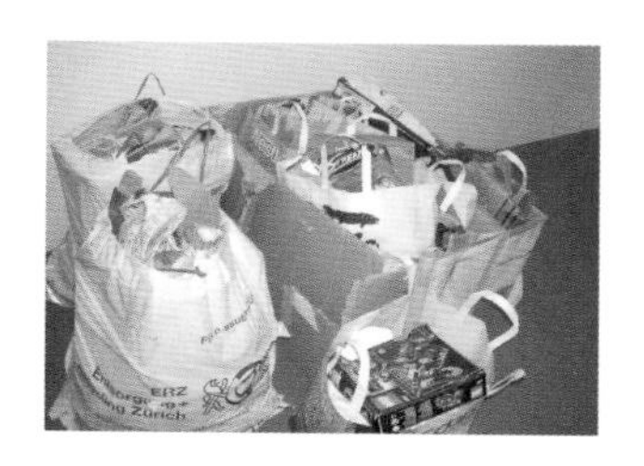

letzte Woche schrie Anna Luna ob meines mit Hingabe zubereiteten Currygeschnetzelten mit Couscous, serviert in halbierten Melonen und garniert mit exotischen Kräutern, auf, noch ehe sie sich setzte: «Und DAS sollen wir essen?!» Ritas Rat: «Da gönn ich uns zwischendurch gern einen Fertigsalat, da lässt mich das Gemotze kalt. Hab mir ja eh keine Mühe gegeben.» Und ihr Fazit: «Eben weil ich nicht alles superhundertstelgenau mache und mir ein paar Sünden erlaube, bin ich glücklich, liebe Kind und Hund über alles, werde noch x Motzattacken aushalten, in keinem depressiven Loch versinken und mir den Applaus selber auf die Schulter klopfen.»

Nur hat Rita offenbar keinen bastelnden Sohn. Meiner kommt Tag für Tag mit einer Riesenbastelei vom Chindsgi heim. Voller Fantasie klebt er dort Wellkarton, Käseschachteln, Bonbonbüchsen und Sagexstücke zu Unterseebooten, Raumsonden, Überschalljets zusammen. Und so grandios seine Schöpfungen sind – alle paar Monate muss das Zimmer wieder begehbar gemacht werden. Dabei ringe ich nicht nur mit meiner eigenen Rührung, sondern auch mit der Angst: Was, wenn er mich beim Entsorgen des zwei Meter langen «Momphibienfahrzeugs» erwischt, das er mit seiner Freundin Elena gebastelt hat? (Elena und Hans sind überzeugt, dass es Mom- und nicht Amphibie heisst.)

Auf dem Föteli sehen Sie, was ich an einem Nachmittag schlechten Gewissens aus Hans' Zimmer geschafft habe, derweil er draussen sändelte. Gegen sechs kommt er rein. «Du, Vati, morgen ist Kartontag. Wollen wir nicht mal mein Puff entsorgen?»

BUBENZEUGS_ Nun soll ich also dem hübsch gescheitelten Monsieur Bertarelli wochenlang bebenden Herzens beim Segeln zuschauen? Aber ich bitte Sie! Da kann die UBS meinetwegen noch so viele Berichterstatter nach Valencia einbetten, pardon: einfliegen, und diese noch so viele bunte Seiten vollschreibseln – ohne mich. Schon muss ich wieder «Segelnation Schweiz» lesen, will man in mir wieder ein vaterländisches Feuer entfachen. Als hätte die 180 Millionen Franken teure Jacht Alinghi etwas mit unserem Land zu tun. Ernesto Bertarellis Team besteht aus einem Dutzend Neuseeländern, fünf Amerikanern, vier Franzosen, drei Italienern, je zwei Holländern und Spaniern, einem Deutschen, einem Kanadier, je einem Segelprofi von den Virgin Islands und aus Südafrika und, ja, tatsächlich auch vier Schweizern. United Colors of Bertarelli, ziemlich globalisiert. Dagegen ist nichts einzuwenden.

Aber warum sollte ich in patriotische Wallung geraten, nur, weil der reichste Schweizer – reich geworden, weil er die Firma seines Vaters verkaufte – sich einen Bubentraum erfüllt? «Segeln gibt mir die Mögichkeit, kindliche Emotionen neu zu entdecken», hat der illustre Milliardär der «Schweizer Illustrierten» diktiert. Kindliche Emotionen, schön für ihn. Der Mann postet sich, was er will. Er hat eine adrette Exmiss zur Frau, und er würde täubeln, gewänne er den America's Cup nicht ein zweites Mal.

Das Kind im Manne? Es wohnt mir selber inne. Kann es kaum erwarten, dass Hansli zu seinem Geburtstag im Oktober endlich die ersten Märklin-Schienen bekommt, und ich werde mit Anna Luna nächsten Sommer wieder wie blöd Panini-Bildchen sammeln. (Biete schon jetzt drei Dzemaili für einen Hakan Yakin.) Wir Männer sind Buben, privat ist das ja okay. Nur mag ich nicht mitfiebern, wenn wieder so ein erwachse-

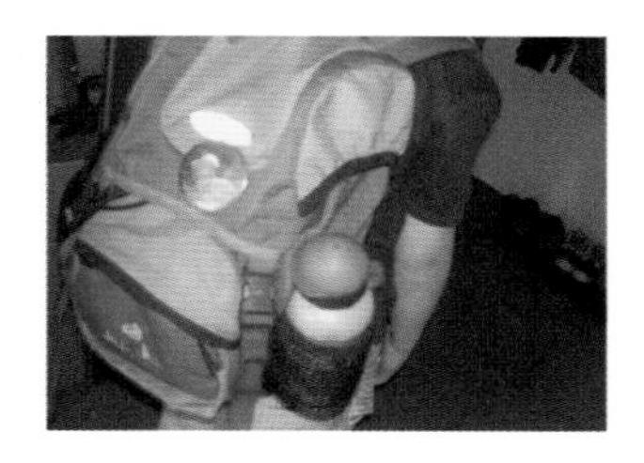

ner Bub allein mit seinem Satellitentelefon auf einer Scholle irgendwo im sibirischen Eismeer treibt und das TV stündlich über das Leiden der Angehörigen daheim in Interlaken berichtet.

Dauernd suchen Einhandsegler und Extrembergsteiger, gesponsert von Grossbank Soundso oder Edeluhrenmarke Dingsbums, das ganz grosse Abenteuer – Arktisdurchquerung, Südpolumkreisung, Äquatorumrundung per Ballon, per Luftschiff, per Kanu, was weiss ich, immer auf der Hatz nach einem Weltrekord. Und wenn das Wagnis dann in die Hose geht, wenn einer schampar heroisch in einer Südwand im Himalaja zappelt, werde ich in Funk und Fernsehen zur Anteilnahme genötigt. Dabei würd ich am liebsten denken: Selber schuld.

Und immer sind sie Familienväter, die Typen, die irgendwo «da draussen» dem letzten Kick nachjagen. Bernard Stamm zum Beispiel, der von Oktober bis Mai vaterseelenallein um die Welt segelte, um die Regatta «Five Oceans» zu gewinnen. Frau und Töchter warteten jeweils brav an den Etappenorten. Männer, was treibt euch hinaus aufs Meer, hinauf auf die Gipfel und weg von euren Kindern? Was müsst ihr euch beweisen? Mike Horn, der schon alles Verrückte gemacht hat, will von 2008 bis 2011 reitend, schwimmend, Ski fahrend und zu Fuss die Welt umkreisen. Und immer wieder lässt er in Les Moulins seine Gattin und zwei süsse Mädchen zurück, für Monate, für Jahre.

Mich mit solchen Helden identifizieren? Sorry, aber ich weigere mich. Auf die Gefahr hin, dass sie mich im FC wieder den «eidg. dipl. Frauenversteher» nennen.

BASTELN MIT BEUYS_Wegschmeissen! Darin hat die geneigte Leserinnenschaft mich bestärkt: Gebasteltes, Gezeichnetes, Gekritzeltes kann hausman nicht ewig aufbewahren. Im Forum auf Migrosmagazin.ch berichtet Yasi, sie miste von Zeit zu Zeit aus und stecke nur die ganz gelungenen Zeichnungen in eine Mappe. Netty hält die Werke mittels digitalen Föteli fest: «So können die Kinder ihre Sachen immer wieder am PC bewundern, und es braucht nicht so viel Platz und Nerven wie im Zimmer oder im Keller.» Beinahe philosophisch schliesst Netty: «Sie haben sich durch die Fotos an die reelle Vergänglichkeit ihrer Kunstwerke gewöhnt, aber virtuell sind alle noch da.»

Und dann Hermine: Sie hat jüngst ein Piratenschiff gekübelt, das ihr Gatte, heute vierundvierzigjährig, einst als Drittklässler schuf. «Es ist ein Staubfänger und nicht einmal schön (Sorry Daniel).» Was ihre Sechsjährige heute bastelt, lagert Hermine drei Monate im Keller zwischen. «So lange gebe ich ihr Zeit, danach zu fragen. Wenn sie nicht fragt, vermisst sie es auch nicht mehr.»

Schön wärs, Hermine! Fragen unsere Lieblingsmonsterchen nicht genau an dem Tag nach etwas, da man es endlich fortgeschmissen hat? Vorher nie. Und nie fragen sie nach den Sachen, die man behalten, sondern nur immer nach der einen Bastelei, dem einen Spielzeug, das man schweren Herzens der Karton- oder Kehrichtsammlung übergeben hat! «Wo ist mein Mäkdonelzspielzeuglein?!» Und wenn man dann notlügt, ist es irgendwie fies: «Öhm, keine Ahnung, wo du das wieder hingetan hast ...» Dem Hansli entsorgte ich einen kaputten Kran, den er vierzehn Monate lang nicht mehr berührt hatte. Aber just am Tag, da er weg war: «I wott mi Kraaaaan!»

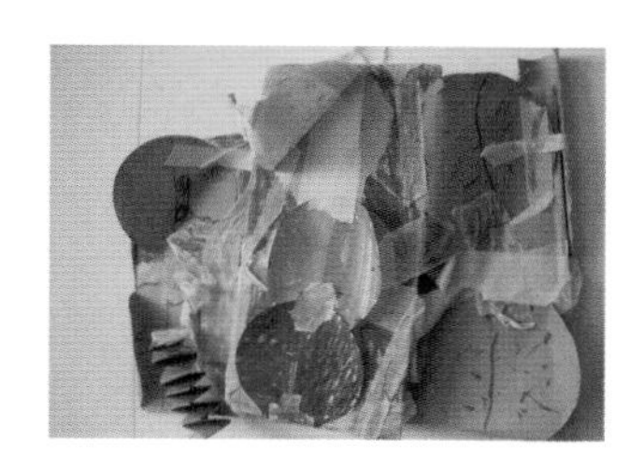

Worauf Vati beim Versandhandel flugs einen neuen Kran bestellte. Der steht seither unbenutzt herum.

Nur, was, wenn mein Sohn ein berühmter Forscher wird, und ich habe seinen ersten Bauplan für ein Schatzsucher-U-Boot mit Krakenfangvorrichtung nicht aufbehalten? Oder er wird Künstler, und ich Depp habe sein abstraktes Frühwerk weggeschmissen? Welch Zwickmühle. Hielten wir uns ans Diktum des deutschen Künstlers Joseph Beuys, wonach «jeder Mensch ein Künstler» sei, wäre alles aufbewahrenswert. Oder meinte Beuys es grad umgekehrt? Jeder ein Künstler, also sind die Werke «richtiger» Künstler nicht mehr wert als das Gebastel eines Kindes? Dann wäre alles vergänglich, und das Wegschmeissen nicht so schlimm.

Beuys selber schmierte ja mal fünf Kilogramm Butter an die Wand seines Ateliers in der Staatlichen Kunstakademie Düsseldorf und nannte das Werk «Fettecke». 1986, nach seinem Tod, wischte eine dienstfertige Putzfrau das Geschmier weg. Worauf ein Schüler Beuys', der behauptete, Besitzer der Fettecke zu sein, auf Schadenersatz klagte und vom Land Nordrhein-Westfalen prompt 40 000 DM erhielt. Ein stolzer Butterpreis.

Wie wollte ich also abschätzen, ob die Werke unseres Buben nicht dereinst von unschätzbarem Wert sind? Besser als das meiste, was an der Art Basel soeben für horrende Summen die Hand wechselte, gefällt mir Hanslis neuste Collage allemal. Ich werde sie aufbewahren.

TOAST HAWAII_ Obacht, es ist wieder Grillchefzeit! Grillzangenbewehrt stehen sie in Gärten und auf Balkonen ihren Mann, rauchschwängern das halbe Quartier, feuern an, brandbeschleunigen, heizen ein und bräteln schliesslich, was s Mami am Morgen eingekauft und am Nachmittag mariniert hat. Auf ihrer Schürze steht wahlweise «Hier kocht der Chef!», «Bier hat diesen wunderschönen Bauch geformt» oder «Jack Daniel's Old Time Quality Tennessee Sour Mash Whiskey No. 7». Und ich würde noch nichts sagen, hätte der Grillmeister nur in der Realität Hochsaison. Aber ich laufe ihm stündlich über den Weg, dem Grillchef im roten Grillchefshirt. Er klebt als Folie in Trams und Bussen, er prangt an Plakatwänden, grinst sein semidebiles Grinsen vom TV-Schirm und aus Inseraten, er lauert mir als Pappkamerad in mehreren Quartierläden meines Vertrauens auf, stets flankiert von seinen Grillgroupies, eines blond, das andere brünett, und verkündet: «Grillen ist keine Hexerei.»

Das ist eine Lüge. Ich zum Beispiel kriege noch nicht mal eine anständige Glut hin, aus meinen Grillierversuchen resultiert ungeniessbares Fleisch, das aussen verkohlt und innen noch roh ist, und die Kinder finden dann: «Du, Vati, i hätt lieber es Schlangebrot.»

Aus mir wird nie ein Grillchef. Dafür bereite ich sonst einige Hundert Mahlzeiten pro Jahr zu. Die gelingen meist. Obschon – uns Männern hats ja niemand beigebracht. Der Hauswirtschaftsunterricht war nur für die Mädchen, uns blieb später das Selbststudium «einfacher Rezepte, die sicher gelingen». Mein Sechsjähriger kann heute schon besser kochen, als ich es mit fünfundzwanzig konnte. Spaghetti kriegt er ganz allein hin, und am liebsten wirkt er gemeinsam mit seiner Schwester: «Vati, gang us dr Chuchi, hütt choche mir!» Sie nehmen dann «Kochen mit Petterson und Findus» zur Hand und backen Toast Hawaii. Mich kostet der Verzehr besagter Toasts noch immer ein bisschen Überwindung, weil im Mordfall von Kehrsatz, der damals als «Fall Zwahlen» nationale Schlagzeilen machte, ein Toast Hawaii eine unappetitliche Rolle gespielt hat. Sie erinnern sich nicht? Dann haben Sie die Gnade der späten Geburt. Seien Sie froh! Meine Frau verfolgte den Prozess als Gerichtsberichterstatterin und erzählte mir jeweils beim Znacht die Details, wir werden nie mehr unbefangen Toast Hawaii essen können.

Dafür gibts jetzt eine Zeitschrift eigens für kochende Männer. Die braucht es natürlich nicht, denn es gibt «männliches Kochen» genauso wenig wie etwa weibliches Lastwagenchauffieren. Rezept ist Rezept, und mich ärgert ein wenig, wenn man uns Männer als Deppen hinstellt. Die Werbekampagne fürs Männerkochheftli suggeriert nämlich: Mit Kochen kriegst du die Frauen ins Bett.

Jesses, wenn ich an mein allererstes selber zubereitetes Nachtessen denke! Ich erwartete hypernervös eine «gute Kollegin». Auf Anraten des WG-Kumpans Päscu kochte ich ein Linsengericht mit Speck. «Ist einfach und gelingt sicher!», rief er noch und verliess das Haus. Erstens brannte mein Linsengericht mit Speck dann brutal an. Zweitens war sie Vegetarierin. Diese Frau hab ich jedenfalls nicht ins Bett gekriegt.

Vati, gang us dr Chuchi, hütt choche mir!_Vati, geh aus der Küche, heut kochen wir!

IGITTISCH_ «Ou Mann, dieser Friedli!», enerviert sich eine Kurzhaarige, das «Migros-Magazin» auf dem Schoss, im Intercity, Bern ab 23.30 Uhr, und dass ich im Abteil hinter ihr sitze und mithöre, ist fieser Zufall. «Dieser Friedli muss aber auch immer zu allem seinen Senf geben!»

Wie recht sie hat. Besonders zur Salatsauce. Den Kindern genügelt es schon allmählich – ich immer mit meinem Honey-Mustard-Dressing, nachempfunden einer Kneipe in Memphis, Tennessee, wo ich vor Jahren mal den weltbesten Salat serviert bekam. Und jedes Fleisch, egal ob Nierstück oder Hohrückensteak, muss der Vati mit mindestens mittelscharfem Senf bepinseln, ehe ers brät. Hans und Anna Luna findens «igittisch».

Natürlich wollte ich, als ich hier meinen Senf dazugab, nichts gegen Männer am Herd sagen, bewahre! Mich nervt nur, wie die Kochheftli das Thema behandeln. Heftli eins sucht «den schlechtesten Koch der Schweiz», Heftli zwei überhöht das Kochen der Männer zum lifestyligen Hobby. Beides ist doof. Wäre es nicht möglich, uns weder zu ahnungslosen Vollidioten zu stempeln, noch das Kochen, sobald Männer es betreiben, zur Kunst zu erheben? Könnten kochende Männer nicht – bitte, bitte! – einfach stinkfurznormal sein?!

Der szenige Koch, der seine erlesenen Zutaten frisch vom Markt auf dem Helvetiaplatz hat, kann mich mal mit seinem halb rohen Thunfisch à la Weissnichtwas. Der soll mal den Spülglanz nachfüllen! Könnte er bitte auch gleich das schleimige Haar-Seife-Gekleber aus dem Duschabfluss klauben? Und wenn er vielleicht noch das Hochbett des Juniors neu einbetten würde? Darüber, wie huerego*§¿+!**mi knifflig es ist, ein Kinderhochbett neu einzubetten, schweigen die Heftli sich aus. Unser Szenekoch putzt weder das WC, noch erledigt er sonst eine der Hausarbeiten, für die es keinen Applaus gibt. Aha, dafür hat er eine portugiesische Putzfrau. Die lässt er schwarz arbeiten, ohne AHV, ohne Feriengeld, voll illegal und voll cool, wäisch.

Ich sähe die Herren, die rumerzählen, sie kochten gern, gern auch im Alltag kochen, nicht nur, wenn Freunde kommen, sondern das Mittagessen für die Kinder: Rührei, Spinat. Hören wir auf, den Mann am Herd als sexy Ausnahme zu zelebrieren, lassen wir ihn ganz gewöhnlich werden! Ein dreifaches Hoch auf den Zürcher Kantonsrat, der eben die Rüebli-RS wiedereingeführt hat, den dreiwöchigen hauswirtschaftlichen Internatskurs für Mittelschülerinnen und -schüler. Gut, man kann sich fragen, ob es Aufgabe der Schule sei, den Kindern Abfalltrennung, Saisonküche und Mottenbekämpfung beizubringen. Aber wenn die Eltern versagen – wer dann, wenn nicht die Schule?

Hauptsache, der Kurs ist auch für Burschen obligatorisch. Auf dass der kochende Mann irgendwann in mittelscharfer Zukunft gängig werde. Denn ich mag das Gefasel, wonach es spezifisch weibliches und männliches Kochen gebe, nicht mehr hören. Meine Frau und ich passen höllisch auf, keine Muster à la «Mami kocht mit Bedacht, Papi voll aus dem Bauch» aufkommen zu lassen. Bei beiden gibts viel Grünzeug, dafür bei beiden auch mal Pommes frites. Nur dass der Vati zu allem viel zu viel Senf gibt.

OBACHT, DERB!_ «Wollt ihr ein bisschen mit uns die Welt verändern?», fragt der herzige Sänger der deutschen Band Revolverheld ins Mikrofon, und über den TV-Schirm flimmert die Aufforderung: «Sende ein SMS mit ‹Stimme› an die Zielnummer 70707 und gib der Erde deine Stimme!» Das globale Fernsehvehikel Live Earth machts möglich. Man hängt daheim im Sofa, gibt der Erde hurtig per SMS seine Stimme und öffnet noch ein Miller Genuine Draft (Import). Prost! Prost auf die Erde und auf unseren Gölä! Der singt auch gegen den Klimawandel an, live from Zurich, Switzerland. Er ist im Offroader vom Berner Oberland zu seinem Auftritt ins Zürcher Hallenstadion gefahren, er hält die Eisenbahn drum im Kopf nicht aus. Nie war es einfacher, die Erde zu retten, denke ich noch … und dann muss ich, während TV-Mann Beck und Gitarrrrrrist Slädu auf SF 2 weniger fach- als vielmehr simpelten, eingenickt sein. Anderntags dünkt es mich, das «Rettet unser Klima!»-Spektakel sei ein Aufguss von Posen gewesen, die wir längst kennen, eine bemühte Reinszenierung von Live Aid, anno 1985. Was haben wir damals nur schon gerettet? Afrika oder so?

Aber es kann ja sein, dass Popstars tatsächlich besser politisieren als die Politiker. Live-Earth-Initiant Al Gore wird schon wissen, warum er, einst Politiker, sich heute als Popstar gebärdet. Nur fällt mir, wenn ich an Gore denke, immer – nein, nicht Al junior ein, der Sohn, der unlängst voll verladen mit Xanax, Valium, Vicodin und Adderall mit 165 Stundenkilometern auf einem verlorenen Highway erwischt wurde ... Nein, mir fällt Tipper ein, Al Gores liebreizende Ehefrau. Die setzte 1985 durch, dass Eltern und Lehrerschaft mittels Warnkleber vor struben Texten auf CDs gewarnt würden. Prüdes, moralsaures Amerika? Yes, Sir. Aber für einmal warens nicht die Republikaner. Tipper

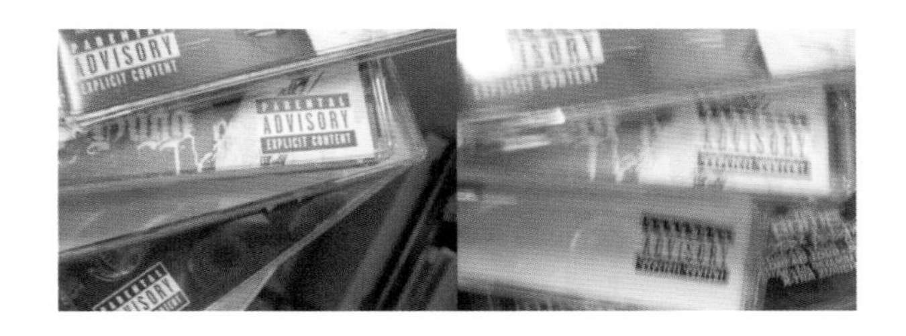

Gore, Frau des späteren demokratischen Vize- und noch späteren Beinahepräsidenten Al, erwischte ihre damals elfjährige Tochter zwar nicht beim Masturbieren, aber immerhin, wie sie in ihrem Zimmer ein Lied anhörte, in dem Prince sang, wie ein Mädchen es sich selbst besorgt.

Besorgt trommelte sie andere Politikergattinnen zusammen, die sich furchtbar über Sex, Drogen und Gewalt in Popsongs aufregten – bis die Musikindustrie freiwillig den «Parental Advisory» auf CDs klebte, der vor derben Texten, «explicit lyrics», warnen sollte. Dumm nur: Mit diesem «Tipper Sticker», wie er alsbald benamst wurde, tat Frau Gore der Szene den grössten Gefallen. Was als Brandmarke gedacht war, wurde zum Gütesiegel. Jeder, vor dem gewarnt wird, ist cool. Den Advisory gibts als T-Shirt, als Poster und als Abziehbildchen für den Schultornister. Kein Heavymetaller, kein Pönker, kein Rapper von Cleveland bis Chur will darauf verzichten. Sogar auf Kolumnenbüchern prangt er. Der Schuss ging, sozusagen, hinten raus.

Sollte nun freilich dem Umweltbewusstsein durch Live Earth gleichsam ein Advisory-Sticker verpasst worden sein, sollten die Jugendlichen das Engagement fürs Klima plötzlich geil finden, habe ich mi Gotts Seel nichts dagegen.

Bei uns jedoch grölen Anna Luna und Hans im Einklang mit der grandiosen neuen Schtärneföifi-CD tagein, tagaus «Ba-di-ba-di-ba-di, Ba-di-ba-di-badiwätter!» Den Sound mit dem Parental-Warnkleber drauf hört der Vati.

STILFRAGEN_Ein lesbisches Pärchen, beide tätowiert und kurzgeschoren, feuert am Juniorinnenturnier in Effrektikon eine der kleinen wilden Fussballkerlinnen an. Mein «Chömet, Görls, hopp Blue Stars!» ist wiedermal bis nach Bassersdorf zu hören, doch zu meiner Überraschung sind die beiden Frauen genauso fanatisch, eine filmt sogar die Spiele ihrer Kleinen. Mir kommt, weil ich immer in Songs denke, Ben Harpers «Mama's Got a Girlfriend Now» in den Sinn. Nicht, dass ich mir etwas anmerken liesse, man wär ja gern aufgeschlossen. Doch insgeheim überlege ich mir schon, läck, wie ist das wohl für eine Neunjährige, wenn die Mutter eine Partnerin hat? «Duvatisäg», platzt Anna Luna auf der Heimfahrt heraus, «sagt dieses Mädchen dann der einen Mami und der anderen Papi? Oder beiden Mami?» Bombig, wie locker die Kinder solchen Situationen begegnen und wie entwaffnend ihre Fragen sind.

Bahnhof Bern. Hier lungern, Sie wissen es aus einer früheren Kolumne, denkmalgeschützt Berns Drögeler. Wegen Umbaus der Unterführung lungern sie derzeit überirdisch beim Treppenaufgang zur Heiliggeistkirche. Ein Punk hat sich den Schädel rasiert und nur einen Kamm stehen gelassen, den dafür knallgrün, mit Haargel zementiert. Ich: «Schau, Hansli, dieser Frisur sagt man ‹Irokes›, ist nach einem Indianerstamm benannt.» Hans überlegt, schweigt. Acht Minuten später, im Bus zum Tierpark: «Vo wo het de dä Indianerstamm Gel gha?»

Anna Luna will, wenn sie gross ist, dann mit mir SMSeln. «Hast du auch geSMSelt mit deinem Vater? » – «Damals gabs das nicht.» Vater starb 1983. Anna Luna: «Hä?!» Für sie gibts keine Welt ohne SMS. Schon ist man geneigt, in Früher-war-alles-besser-Nostalgie zu verfallen. Heute zum Beispiel kann, wer einen Schulthek kaufen muss, nur

noch zwischen hässlich und extrem hässlich wählen – schöne gibts nicht. Die Motive: für Mädchen Delfine, Feen, Prinzessinnen, Elfen und Rösslein, Rösslein, Rösslein, für Buben Monstertrucks, Boliden, Baumaschinen, Tschütteler und bestenfalls Orkas, so eine Art Walfische. Ja, ja, früher war alles bes… War er denn wirklich besser, mein Kuhfelltornister? Sie müssen vielleicht wissen, ich wurde in ein Wirtschaftswunder-einfamilienhüsli im Grünen hineingeboren. Anfangs brachte der Pöstler noch zweimal am Tag den «Bund». Darin stand, dass es irgendwo da draussen eine Welt gab. Hier gabs nur Kühe. Sie weideten, beglockt und lärmig, gleich hinterm Haus, und nur vor den tief fliegenden Flugzeugen, die im nahen Belpmoos landeten, fürchtete ich mich noch mehr als vor diesen Ungeheuern. Die Eltern nannten sie «Chueli», doch es waren Monster, und sie wollten mich fressen. Und dann schenken sie mir zum Schulbeginn einen Schuelsack, wie das im Bernbiet hiess, mit Kuhfell!

Unlängst rüstete ein befreundeter Innenarchitekt, Ästhet durch und durch, seinen Sohn mit solch einem felligen Retroteil aus, und ich dachte noch: Der arme Bub. Wir fahren ja auch nicht mehr mit Velos aus den Fünfzigerjahren rum. Dann erblickt unser werdender Erstklässler Hans in der Papeterie ebendiesen Kuhfelltornister für 259 Franken – und sagt: «Wow, Vati, däääää isch de schön! Dafi so eine?»

Vo wo het de dä Indianerstamm Gel gha?_Woher hatte dieser Indianerstamm denn Haargel? / Thek_Ranzen / Däääää isch de schön! Dafi so eine?_Der ist aber schön! Darf ich so einen haben?

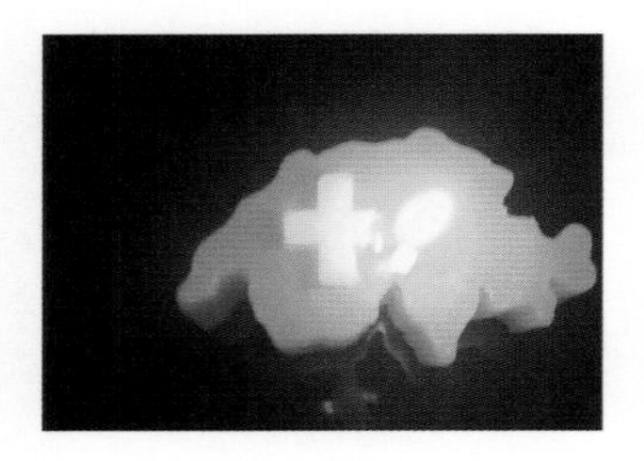

ERSTE UNRUHEN_ Das sei jetzt öppe noch eine Augustrede gewesen, frohlockt der Präsident unseres örtlichen Gewerbevereins, nicht so wie die im Vorjahr! Da hatte offenbar ein Linker gesprochen. Diesmal legte sich ein Herr von der Erdölvereinigung gegen all die Miesmacher ins Zeug, und jetzt ist die Kirche wieder im Dorf. Nachbar Ernst spendiert noch eine Runde Kafi Schnaps, Hansli zupft mich am Ärmel: «Warum hett men einglech Ouguschtrede?», und Anna Luna ist mega enttäuscht, dass sie keine Bengalische zünden darf. Es seicht in Strömen, aber offenbar kam der Regierungsrat nicht mehr dazu, das wegen der Dürre der letzten Wochen verhängte Feuerverbot aufzuheben. «So ist das halt mit der Politik», erkläre ich den Kindern, was auch nicht weiterhilft.

Das war unser 1. August 2006 auf dem Quartierhoger. Mir fielen die Stoppelfelder meiner Kindheit ein. Mal mähte Bauer Schädeli, mal Bauer Lobsiger ein Feld für die Feier, wir rannten dann mit unseren Lampions barfuss ums Feuer, und die Strohstoppel piekesten.

Jahre später, ich war achtzehn, wollte der Gemeinderat mal einen Jungen reden lassen, und weil ich die grösste Schnurre am Ort hatte, traf es mich. Ich würde keine patriotischen Gefühle für die Schweiz hegen, dafür Gefühle für meine unmittelbare Umgebung, sagte ich, zitierte aus Otto F. Walters «Die ersten Unruhen» und hielt die etablierten Parteien an, die Aktionen von uns Jungen – wir sammelten damals Unterschriften gegen den Abbruch eines alten Hauses – nicht nur herablassend zur Kenntnis, sondern ernst zu nehmen. Unsere Jugendgruppe hiess Vulkan und sorgte für Zündstoff im Dorf. «Man duldet unser Tun höchstens deshalb, weil man in uns künftige Parteigänger sieht.» Das war weissgott nicht frech, aber aufmüpfig genug, dass einer «Dreckskommunist!» schrie.

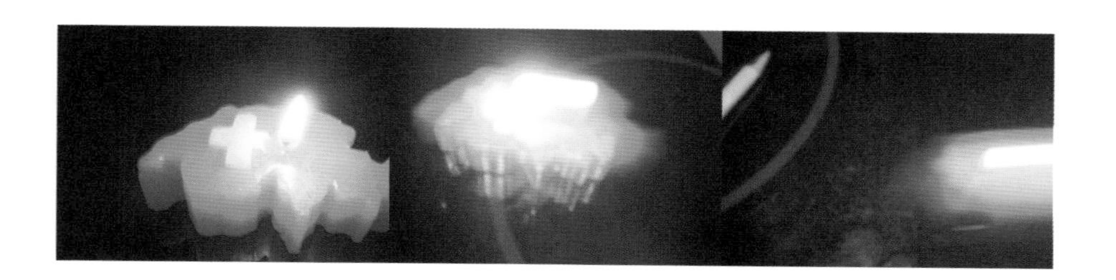

Es blieb meine einzige Augustrede. 1985 dann, es war gerade «Jahr der Jugend», wurde ich für eine grüne Bürgerinitiative in die Exekutive der 10 000-Seelen-Gemeinde gewählt und als «jüngster Gemeinderat der Schweiz» von «Brückenbauer» bis «Zischtigs-Club» durch die Medien geschleift. Als Erstes wollte ich der Bevölkerung die Velonummern gratis abgeben. Ich wurde überstimmt. Danach wurde ich vier Jahre lang meistens überstimmt. Die SVP hatte die absolute Mehrheit, ihre Vertreter ärgerten sich, dass ich Stürmi die Sitzungen verlängerte und man nicht mehr so früh im «Kreuz» beim Beaujolais war wie ehedem. Im Rat flogen mal Bundesordner, mal die Fäuste, und als ein Volksparteiler mich als «verdammte Soulugihung» titulierte, als Drecksaulügner, und ich die Schmähung protokolliert haben wollte, stand eine Woche später im Protokoll: «Der Rat beschliesst mit 8 zu 1, dass den unschönen Ausdruck, den Gemeinderat Friedli protokolliert haben möchte, niemand gehört oder gesagt hat.» Das war Demokratie live, und meine kleine Erfahrung lässt mich seither an der grossen Politik zweifeln.

Geändert? Hat sich wenig. «Jugendgewalt!», dröhnts von rechts, «Jugendgewalt!», schallts neuerdings von links zurück. Beiden Seiten ist egal, was die Jungen wirklich umtreibt. Die Parteien sehen die Jugendlichen bestenfalls als potenzielle Wähler, bald schon mit sechzehn.

Immerhin: Das Haus, für dessen Erhalt wir 1983 kämpften, steht noch. Deshalb, Hansli, hält man Augustreden.

Hoger_Hügel, Anhöhe / Schnurre_Schnauze, Klappe

IM RESERVAT_ Und? Haben Sie die Sommerferien schon gebucht? Ich meine die übernächsten. Da muss man früh ran. Wir wollten ja heuer nach Dänemark, und als wir im Internet ein hübsches Häuschen gefunden hatten, direkt am Meer und nicht mal so teuer, klickten wir auf den Mietplan – für die Monate Juli und August war das Häuslein ausgebucht, nicht nur dieses Jahr, sondern auch 2008, 2009 ... bis und mit Sommer 2014. Ob die Kinder 2015 noch mit uns nach Dänemark reisen wollen?

Familienferien sind das Schwierigste. Weil alle anderen Familien der Welt dann auch Ferien haben, muss man Jahre zum Voraus planen. Als Dinks – «double income, no kids» – war man das nicht gewohnt. Man sagte sich am Freitagmorgen: «Lass uns nach Barcelona fahren», und fuhr Freitagnacht hin. So spontan gehts mit Kindern nicht. Und bekindert machen Städtetrips weniger Spass. Schon nach der dritten Sehenswürdigkeit jammerte Hans letzten Herbst in Paris: «Vati, warum hast du uns nicht gesagt, dass das Wanderferien werden?» Also im Auto ein Land erkunden? Da kötzelt Anna Luna uns nach wenigen Kilometern in den Mietwagen. Alles schon ausprobiert.

Was bleibt, sind die Family Resorts. Mit Strand und Wasserrutsche und Vollpension. Die dicken Kinder aus Buxtehude vom Nebentisch holen am Buffet dreimal Vorspeise und dreimal Dessert, schlabbern alles rasch runter, watscheln nach achtzehn Minuten von dannen, «Papa, ich brauch noch sechs Euro fürn Flipperkasten!», worauf die sonnenverbrannten Eltern sich am Tisch eine Stunde lang anschweigen – deprimierend mitanzusehen. Jan aus Thalwil will schon wieder Schweiz gegen Deutschland tschutten, dabei tun mir die Knie noch von gestern weh. Da haben wir die Schwaben 5:1 gedemütigt, Anna Luna und ich schossen je ein Tor. Okay, ohne Gianluca aus Turin, der

bei uns aushalf, hätten wir nicht gewonnen. Am Pool zückt der Sägereibesitzer aus der Innerschweiz zum siebten Mal das Handy – Klingelton: Shakira –, brüllt: «Ja, unbedingt kaufen! Sechs Klafter! Und nimm noch zwei Ster Tannenholz dazu!» Und weil dein Sohn mit seinem Nico sändelt, musst du mit dem Kerl am Abend während der Kinderdisco auch noch Duzis machen, mit Büchsen-Heineken.

Manchmal verirren sich Kinderlose in solch ein Familienreservat. Setzen sich in ihren schönen Hemden zum Abendessen auf die Terrasse, bestellen Flaschenwein und himmeln den Sonnenuntergang an. Wenn sie Pech haben, sitzen sie neben uns wie damals im «Marmari Beach» auf Kos (Da waren Sie auch schon, ich weiss). Hansli hatte Spaghetti mit Tomatensauce ausgewählt. Er sass in seinem Kindersitzchen, und weil wir Eltern vom griechischen Wein etwas beduselt waren und mehr auf den Sonnenuntergang als auf unseren löffelschwingenden Buben achteten, er war knapp zweijährig, merkten wir erst beim Aufstehen, dass er das weisse Hemd des Tischnachbarn, der uns seinen Rücken zuwandte, hinten über und über mit Tomatenspritzern besprenkelt hatte.

Sah irgendwie noch schön aus. Aber ich glaube nicht, dass sich die roten Flecken je wieder auswaschen liessen.

Duzis machen_Jemandem das Du anbieten

DER GELBE SACK_ Hans hat sich dann doch für einen anderen Schulsack entschieden als fürs nostalgische Kuhfellmodell. Einen mit einer Feuerwehr drauf, knallrot und voller Leuchtreflektoren, nicht mal so hässlich. Und er muss nicht bangen, ein anderes Kind habe denselben Thek, Hansli hat den «Ranzen», wie die Deutschen sagen, nämlich in Deutschland gefunden. Und, hey, in Deutschland sehen nicht nur die Schultornister anders aus. Schon eigenartig, du passierst hinter Stein am Rhein die Grenze und bist in einer anderen Welt. Bald heissen die Ortschaften Kötz und Elend und Spinnenhirn und Deppenhausen und Saulgau, du denkst, an solch einer Adresse möchtest du nicht wohnen – aber vielleicht finden durchreisende Deutsche unsere Ortsnamen wie S-chanf, Chäs u Brot, Frasnacht und Dürstelen genauso kurlig.

Vorn am Strässchen stand «Anlieger frei», die Kinder begriffen rasch, dass das «Zubringerdienst gestattet» bedeutet, wir also mit unseren Velos, 'tschuldigung: Rädern, passieren durften, und abgesehen von den Orts- und Flurnamen waren die Ferien traumhaft! Flache Velostrecken zuhauf, eine Badi schöner als die andere. Wir hatten ja Glück, dass uns Freund Dieter, nachdem wir unsere Dänemarkpläne so jämmerlich versiebt hatten, sein Häuslein am deutschen Bodenseeufer zur Verfügung stellte. Denn von Familienreservaten hatten wir, wie Sie der letztwöchigen Kolumne unschwer entnehmen konnten, nach den Erfahrungen der letzten Jahre die Nase voll.

Der einzige Nachteil ist halt, dass man im Ferienhaus den Ferienhaushalt selber besorgen muss. Und in Deutschland, kann ich Ihnen sagen, lernt hausfrau mächtig dazu. Vor dem Haus stehen die braune Biotonne, die blaue Papier- und Kartontonne, die graue Tonne für den sogenannten Restmüll. Und in den gelben Sack kommen alle Ver-

packungen, egal, ob Kunststoff oder Metall. So lernst du Land und Leute kennen! Denn bis ich raushatte, was denn nun genau Restmüll sei und was in den gelben Sack gehöre, musste ich das halbe Dorf interviewen. Gopf, da meint man immer, wir Schweizer seien ökologisch spitze. Denkste! Punkto Abfalltrennung sind die Deutschen viel gründlicher. Ihr System von Einwegpfandflaschen und Mehrwegpfandflaschen ist so ausgeklügelt, dass, wie meine Nachfragen im Supermarkt «Neukauf Münchow» ergaben, selbst Eingeborene es nicht durchschaut haben. Doch der Hammer ist der gelbe Sack. Der ist durchsichtig! Was sich mit guteidgenössischer Diskretion vermutlich nicht vereinbaren liesse, denn wo ein Bankgeheimnis ist, muss auch ein Ghüdergeheimnis sein. In Deutschland hingegen kann jeder kontrollieren, was in deinem Sack steckt. Und wehe, da steckt was Falsches drin! Dann nimmt die Abfuhr deinen gelben Sack nicht mit. Und die kommt nur alle vier Wochen.

Gottlob nimmt Nachbarin Heinbach mich am Vorabend verschwörerisch zur Seite und schwäbelt: «Den lassense dann stehn!» Sie meint den gelben Sack, den Dieter uns noch überlassen hat. Worauf ich, igitt, Dieters Zigarettenkippen aus dem müffelnden wochenalten Sack klaube und sie dahin tue, wo sie hingehören: in die Restmülltonne. «Restmüll», überlege ich danach beim Händewaschen, wäre der perfekte Titel für einen Psychothriller, und wasche mir sehr lange die Hände.

Kurlig_Eigenartig / Ghüder_Kehricht

VOM MANN IM MOND_ Das «Negerbegräbnis» hab ich den Kindern vorgespielt. Ein trauriges Trompetentröten, das sich unvermittelt zur fröhlichen Marschmusik aufschwingt, und hopp, zwei, drei … «New Orleans Function» heisst der Titel im Original, und man darf «Negerbegräbnis» ja nicht mehr sagen. Nur damit Sie wissen, wovon ich rede. «Das ist Louis Armstrong», dozierte ich, «der hat den Jazz erfunden. Das ist der berühmteste Musiker überhaupt, oder ämel der wichtigste. Den müsst ihr euch merken.» Hansli: «Ja, ich weiss, ich musste mir schon mal den Louis Armstrong auf dem Mond merken.» – «Das war Neil Armstrong, nicht Louis», besserwissere ich. Hansli: «Egal. Ich merke mir jetzt einfach den auf dem Mond.»

Daraus lernen wir erstens: Mir, dem Musikfreak mit zwei linken Händen, hat das Schicksal einen technisch und handwerklich interessierten Buben beschert. Gefragt, auf welches Schulfach er sich freue, antwortet er: «Handarbeiten.» Zweitens lernen wir: Hans merkt sich nur, was er will. Ob das für seinen Schulbeginn eine gute Taktik ist?

Natürlich hat er sich auf seinen ersten Schultag mit dem knallroten Feuerwehrtornister gefreut. Endlich ein Grosser! Anna Luna, neu in der dritten Klasse, hat sich genauso gefreut. Nicht nur auf die Kameradinnen, sondern auch auf die Lehrerinnen. Hmm, fragte ich mich, wann fängt das mit dem Anschiss eigentlich an? Wann wird einem die Schule lästig, wann beginnt man zu schwänzen, die Ufzgi zu verpennen …?

Letzte Woche – da waren bei uns in Zürich noch Ferien – begleitete ich die acht- bis vierzehnjährigen Juniorinnen des FC Blue Stars ins Trainingslager. «Gaat so», war noch das Freundlichste, was dort zum Thema Schule zu hören war, «'ch gang nöd gärn i d Schuel» der Tenor, manch eine maulte: «Schiisst mich mega aa.» Nun muss

man wissen, dass diese Girls alles andere als abgelöscht sind, sondern 38 total aufgestellte, bodenständige, herzige Mädchen. Obschon sie den ganzen Tag «I'm a Barbie Girl» plärrten, sind sie das Gegenteil von Schminktussen. Wie sie Streit schlichteten, wie die Grösseren sich um die Kleineren kümmerten, wenn die Längizyti oder Boböli oder Zickleinkrieg hatten, hat mir imponiert. Nicht mal beim Putzen murrten sie, und ganz nebenbei bodigten sie in einem Testspiel die bemitleidenswerten Juniorinnen des FC Uzwil mit 21:2. So feine Girls! Und gehen so ungern zur Schule …

Daheim singe ich beim Kohlräblirüsten leise «Hurra, hurra, die Schule brennt» vor mich hin, den Hit aus meiner Jugend, als die Neue Deutsche Welle noch neu war. «Das ist geil, das ist geil! Hurra, hurra, die Schule brennt!» – «Was hast du gesungen, Vati?», fragt Anna Luna. «Ich? Öhm, Dings, ääh … nichts, warum?» – «Du hast etwas von der Schule gesungen!» – «Nein, nein, nur so ein Liedlein von früher, vergiss es.» Stunden später, wirklich wahr, tönts aus ihrem Zimmer: «Wänn i z Abig d Ufzgi mach, dänk i, s wär e glatti Sach, wänns im Schuelhus bränne tät, d Fürwehr chämt und d Sanität.» Ich, schockiert: «Was hast jetzt du da gesungen?» Schon singt sie weiter: «Wie wär das glatt, mir hetted frei, kei Sorge gäbs, kei Hetzerei, wie wär das toll, mir chönted hei, und Ufzgi hätted mer ä-kei.» Wo sie das gelernt hat? In der Schule.

Ämel_Jedenfalls / Gaat so_Geht so / 'ch gang nöd gärn i d Schuel._Ich geh nicht gern zur Schule. / Längizyti_Heimweh / Boböli_Wehwehchen / Wänn i z Abig d Ufzgi mach, dänk i, s wär e glatti Sach, wänns im Schuelhus bränne tät, d Fürwehr chämt und d Sanität._Wenn ich abends die Hausaufgaben mach, denk ich mir, es wäre toll, wenn die Schule brennen würde – die Feuerwehr käme und der Krankenwagen.

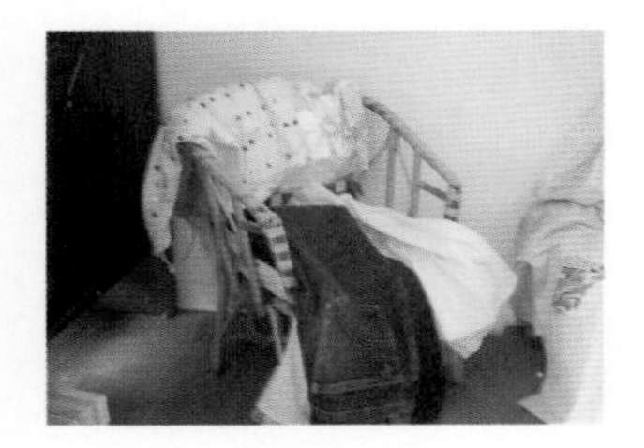

GESUCHT: CEO_ Trinke ich jetzt noch den Frühstückstee oder arbeite ich schon? Die Kinder zu wecken, sie in der Kleiderwahl zu beraten – «Vati, ist heut kurz- oder langärmliges Wetter? Vati, sag, warum nicht kurzärmlig? Sag!» –, ihnen Frühstück zu bereiten und Znüni einzupacken, sie vom Lego-Feuerwehrboot wegzulotsen und sie schliesslich zu ermahnen, das Turnsäcklein mitzunehmen, war anstrengend. Anna Luna ist dann doch kurzärmlig aus dem Haus gestürmt; sie hat, weil mein Bescheid ihr nicht passte, rasch eine Second Opinion beim Mueti eingeholt. «Vergiss nicht: Neun mal neun gibt einundachtzig», rufe ich ihr noch nach, «tschü-h-üüüss, bis am Mittag!» Jetzt sind sie auf der Piste. 08.16 Uhr, meine Zeit beginnt. Doch es ist, wenn man sein eigener Chef ist, ein bisschen schwierig, den Arbeitsbeginn festzulegen. Ich müsste die Betten auslüften, das Badezimmer putzen, staubsaugen. Müsste eine Fugenfüllmasse zum Abdichten von Hans' rinnendem Plastikbschütttiwagen besorgen, Anna Lunas neuen Telefonalarm laminieren und endlich die gewaschenen Schlafsäcke vom Trainingslager im Keller verstauen. Ich müsste Wäsche zusammenlegen, den Menüplan aufstellen, einkaufen. Aber mein Chef, also ich, kann mich mal. Jetzt les ich erst mal Zeitung.

Als meine liebe Freundin Karin, dreifache Mutter, vor einigen Jahren sagte, der Start nach den Sommerferien sei streng mit all den neuen Stundenplänen, dachte ich noch: «Na ja, übertreib mal nicht!» Und jetzt bekomme ich schon ab zwei Stundenplänen Vögel. Hätt ich nun Hans das Turn- und Anna das Schwimmzeug mitgeben sollen oder umgekehrt? Hat sie heut Spezialunterricht im anderen Schulhaus? Hätte sie ihr Diktat auf heute üben sollen? Karin hatte recht: Die neuen Stundenpläne plus

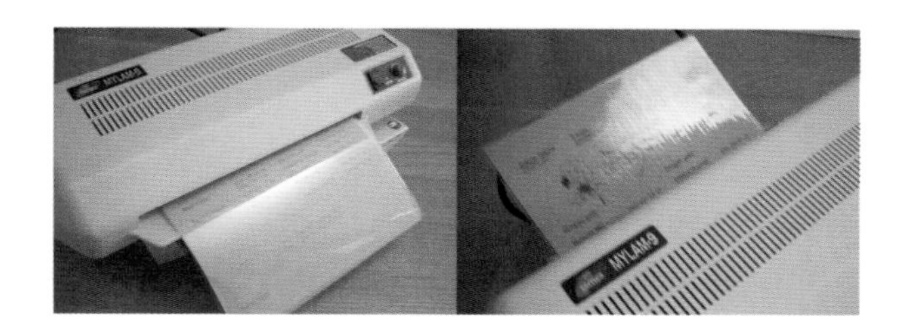

Klarinettenstunde plus Schülergarten plus Pfadi plus Fussballtraining plus kirchlicher Unti plus Schwimmkurs plus Zeckenimpfung beim Kinderarzt ergeben eine Terminjonglage, ob deren einem schwindlig wird. Kommen die Kinder, seis nur für einen Boxenstopp, heim, muss man parat sein mit Zvieri und Zuspruch und vielleicht doch noch einem langärmligen Pulli – «Ich habs dir ja gesagt!»

Da blättere ich, ehe ich mich ans Tagewerk mache, lieber noch ein bisschen. Von einem «selbständigen und dynamischen Tätigkeitsbereich» lese ich da. «Gefragt ist eine Persönlichkeit mit proaktiver Handlungsweise. Sie sind entscheidungsfreudig, flexibel, vielseitig, extrem belastbar, klar in Ihren Aussagen und konsequent in Ihrem Tun.» Meinen die mich? «Sie sind initiativ, stark in der Kommunikation, besitzen Umsetzungsstärke, Einsatzbereitschaft, organisatorisches Geschick, strategisch-konzeptionelles Flair und eine ausgeprägte Fähigkeit zur Konfliktlösung.» Die müssen mich meinen! «Eine verhandlungssichere und verantwortungsvolle Persönlichkeit, die sich durchzusetzen weiss.»

Bin im Stellenanzeiger für Kaderpositionen gelandet. Gesucht werden: ein CEO für die Jungfraubahn, ein Customer Development Manager, ein Leiter Finanzen/Administration im Immobilienbereich, ein Senior Operations Product Capabilities Manager und ein/e Controller/in für die Gesundheits-, Sozial- und Umweltdirektion des Kantons Uri. Ich schenk mir noch ein Tässchen Rauchtee ein, und mir ist, als stünde in all den Inseraten «Gesucht: Hausfrau/-mann.»

Bschüttiwagen_Jauchewagen / Unti_Unterricht, Unterweisung

GUETNACHTGSCHICHTLI_Gutenachtgeschichte

TELLS GESCHOSS_Zu nachtschlafender Stunde stehen bärtige Kerle in einem Wald bei Interlaken auf einer Lichtung beisammen und recken die rechte Hand zum Eid. Unser Sechsjähriger darf heute länger aufbleiben und zuschauen, wie die Schweiz gegründet wird. Er krallt seine Fingerchen in meinen linken Unterarm – «Schau, Vati! Sie schwören.» Und ich müsste lügen, wollte ich nicht zugeben, dass auch ich ergriffen bin. «Tell-Freilichtspiele» heisst die Laienaufführung, die hier seit Menschengedenken gegeben wird. Hans und ich haben Männerweekend, und natürlich verraten wir Schwester und Mutter erst nach unserer Rückkehr, wo wir gewesen sind.

Eine Tribüne wurde eigens mitten in den Wald betoniert. Hier können wir uns an dem Mythos laben, den ein ausländischer Dichter für uns vor zweihundert Jahren hübsch erfunden, mit viel Action ausgestattet und auf das Gründungsjahr der Eidgenossenschaft, 1291, zurückdatiert hat: Friedrich Schillers «Wilhelm Tell» beschreibt einen anarchischen Freiheitskampf samt Tyrannenmord, wie er sich angeblich in den damaligen Waldstätten zugetragen hat. Garniert mit Kühen und Geissen und wild galoppierenden Pferden ergibt dies ein Spektakel, das auch das koreanische Pärchen neben uns mitreisst, wenngleich es von geflügelten Worten wie «Der Starke ist am mächtigsten allein» kein Wort versteht.

Nun schliessen die Männer im Fackelschein ihren Bund gegen fremde Vögte: «Wir wollen sein ein einzig Volk von Brüdern ...», deklamieren sie. Von Schwestern wird nichts gesagt. Immerhin hat die Regisseurin Frauen ins Stück platziert, die es noch nicht gab, als ich die Aufführung vor 32 Jahren zum ersten Mal sah. Lehrer Krenger fuhr mit uns hin, Tell war damals Pflichtstoff. Neu fungieren die Frauen als Chor, gleichsam als Einflüsterinnen. Und ist man Schiller geneigt, kann man sein Drama durchaus so lesen, dass hinter Tell, dem starken Mann, eine noch stärkere Frau stehe.

Auf dem Rütli freilich sind die Kerle unter sich. «Warum hats nur Männer?», will mein Sohn wissen. Seine Mama geht arbeiten, dem Aurel und dem Noa seine auch, und dem Nils seine politisiert. Doch 1291 bleiben die Frauen daheim am Herd. Dort will sie bekanntlich der Präsident unserer Volkspartei 716 Jahre später noch immer haben: «Es ist schlecht, wenn Mütter arbeiten», zettelte Herr Maurer pünktlich zum Wahljahr ein «Frauen an den Herd!»-Debättchen nach dem Vorbild der deutschen Dame an, deren Namen ich nicht mehr zu erwähnen versprochen habe. Unser Ueli ist halt ein besonders Schlauer. Spricht auf dem Rütli einer der Seinen zum 1. August, ist die Gründungsstätte der Nation ihm heilig. Soll dort wie heuer eine Sozialdemokratin reden, ist das Rütli für Maurer aufs Mal «nichts als eine Wiese mit Kuhdreck drauf».

Seis drum. Hansli hat seine Staatskundelektion gelernt. Tags darauf nach den Gründungskantonen gefragt, antwortet er: «Uri, Schwyz und Sumiswald.» Dazu muss man wissen, dass sein Grossvater, Hans senior, einst in Sumiswald im Emmental Stationsvorstand war. Selber hat Hans junior übrigens einen überaus vernünftigen Berufswunsch: Er will Weltraumforscher und Hausmann werden.

DOPINGKONTROLLE_ Diese Kolumnen entstanden unter dem Einfluss des chinesischen Rauchtees Tarry Lapsang Souchong und des Grüntees Long Jing Bio aus dem «Länggass-Tee» in Bern, Miller Genuine Draft aus der Flasche und Mocca light Frappuccino aus dem Starbucks. Und unter dem Einfluss dieser fünfzig Songs, immer und immer wieder gespielt:

Steve Earle_«Ft. Worth Blues» / Ryan Adams_«You Will Always Be the Same» / Martha Wainwright_«Bloody Mother Fucking Asshole» / Rosanne Cash_«Lovin' Him Was Easier (Than Anything I'll Ever Do Again)» / Martina Topley-Bird_«Anything» / Paola Turci_«Ti Amerò Lo Stesso» / Indigo Girls_«Mystery» / Lisa Marie Presley_«Now What» / John Mellencamp_«Pink Houses» / Dayna Kurtz_«Nola» / Lucinda Williams_ «Where Is My Love?» / Baze feat. Greis und Endo Anaconda_«Wohäre geisch?» / Marcia Ball_«Louisiana 1927» / Negramaro_«Un Passo Indietro» / Brett Dennen_ «I Asked When» / Ani DiFranco_«Hypnotized» / Gretchen Wilson_«Sunday Mornin' Comin' Down» / Buddy Miller_«With God on Our Side» / Melissa Auf der Maur_ «Lightning Is My Girl» / Ron & Carmen Consoli_«Cambio Stagione» / Northern State_ «Nice With It» / Mary J. Blige feat. Bono_«One» / Steve Riley & The Mamou Playboys_ «Marie Mouri/Marie Has Died» / Kim Carnes_«Still Warmed by the Thrill» / Solomon Burke_«That's How I Got to Memphis» / Los Lobos_«Two Dogs and a Bone» / Bruce Springsteen_«Devils & Dust» / Common_«Chi City» / Irma Thomas_«Another Lonely Heart» / Filewile feat. RQM_«The Weatherman» / The Black Keys_«Just Got to Be» / Roy Rogers & The Delta Rhythm Kings_«Down in Mississippi» / Aaron Neville_

«A Change Is Gonna Come» / The Jayhawks_«What Led Me to This Town» / Lou Ford_«Sad, But Familiar» / Bettye LaVette_«I Do Not Want What I Haven't Got» / Tab Benoit with Henry Gray_«Too Many Dirty Dishes» / Ben Harper_«Black Rain» / Jewel_«Long Slow Slide» / India.Arie_«The Heart of the Matter» / Patti Smith_«Smells Like Teen Spirit» / Ursula Rucker feat. King Britt_«Untitled Flow» / Rio Reiser_«Für immer und dich» / Tom Waits_«Bottom of the World» / The Roots feat. Erykah Badu_ «You Got Me» / Norah Jones_«Sunrise» / Renaud_«Les Bobos» / Luca Carboni_«Segni Del Tempo» / Ali Farka Toure feat. Ry Cooder_«Savane» / Gillian Welch _«Elvis Presley Blues» / Und stets unerreicht über allem: Del Amitri_«Nothing Ever Happens»

DER AUTOR_ Bänz Friedli, 1965 in Bern geboren, lebt in Zürich. Seit der Geburt der gemeinsamen Kinder teilt er sich mit seiner Partnerin, die beim Schweizer Fernsehen arbeitet, in die Hausarbeit. 1983 bis 2005 Arbeit für Presse, Radio und TV in den Bereichen Sport und Populärkultur, zuletzt während zehn Jahren Redaktor beim Nachrichtenmagazin «Facts».
Heute Hausmann und Kolumnist fürs Schweizer «Migros-Magazin» und die deutsche «Emma». Kolumnen schrieb er schon früher, 1985 bis 1992 den «Berner Alltag» in «Der Bund», 2000 bis 2004 die «Pendlerregeln» in «20 Minuten». Die gibt es gesammelt als Buch zu kaufen, mit Bildern von Alexander Egger: «Ich pendle, also bin ich».
Soweit es die Beanspruchung als Desperate Househusband erlaubt, ist Friedli als freier Autor für «Rolling Stone», «Das Magazin», die «NZZ am Sonntag», das «Sportmagazin» und die Samstagssatire «Zytlupe» auf Radio DRS1 tätig.

Neuigkeiten, Lesungen, Buchbestellungen_www.derhausmann.ch
Bänz Friedlis Forum_www.migrosmagazin.ch
«Der Hausmann» als kostenloser Podcast_www.hoerkolumnen.ch
Lesungen koordiniert Christoph «Yogi» Birchler_www.roehrenderhirsch.ch

CREDITS_

B._Queen of Fucking Everything / Anna Luna und Hans_ Ihr könnt mir das Buch dann mal um die Ohren hauen. Aber dr Vati het öich ganz fescht gärn. / Wernie «Würden Sie diesem Mann einen Gebrauchtwagen abkaufen?!» Baumeler_My own personal Jesus. Ohne dich kein Buch! / Sam Bieri, korrektiv@bluewin.ch_Korrektör meines Vertrauens. Selbst zu nachtschlafender Stunde der Beste seines Fachs! (Oder schreibt man «beste» hier klein?) / Bernhard Giger_Danke für alles / Ruedi Wietlisbach_Der Drucker, der nie unter Druck gerät / Chirsoph «Yogi» Birchler_«Mein Mää-nää-tscheeer erledigt das für mich ...» Fühle mich geehrt! / Hans Schneeberger, bester Chefredaktor aller Zeiten, und Barbara «Bossa nova» Siegrist, beste stellvertretende Chefredaktorin aller Zeiten_Danke für die Offenheit und das Vertrauen – und dass ihr hueregopfertami noch nie ein Wort geändert habt! Well, fast nie. / Ursula Käser_Stay Rebel, Stay Rude! / René von Euw_Du hast noch viele Flaschen Primitivo zu gut / Bernt Maulaz_Verlagsleiter «Migros-Magazin» / Marius Hagger_Leiter Redaktionen und Verlage Limmatdruck AG / Redaktion und Verlag «Migros-Magazin» und Limmatdruck AG_ besonders Sylvia Steiner, Esther Trutmann, Beat Stephan, Heinz Stocker / Denis Nordmann_hoerkolumnen.ch / Giovanni Ravasio_ buch 2000 / Herbert Graf_AVA / Chrigel Hunziker_Hunziker Partner AG, Winterthur / Hanspeter «The Man in Black» Eggenberger_I wonder what's next, Maestro / Melissa Auf der Maur_Thank you for encouraging me!

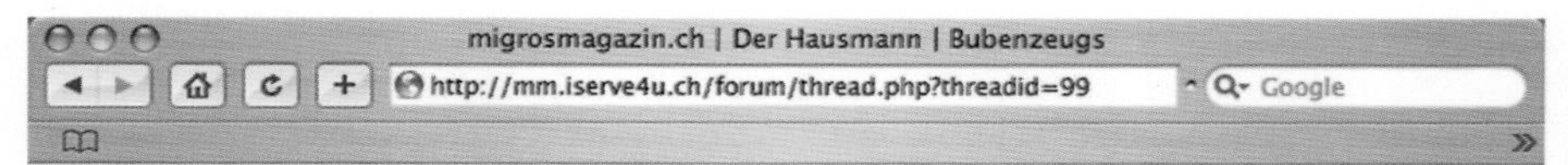
migrosmagazin.ch | Der Hausmann | Bubenzeugs
http://mm.iserve4u.ch/forum/thread.php?threadid=99
Google

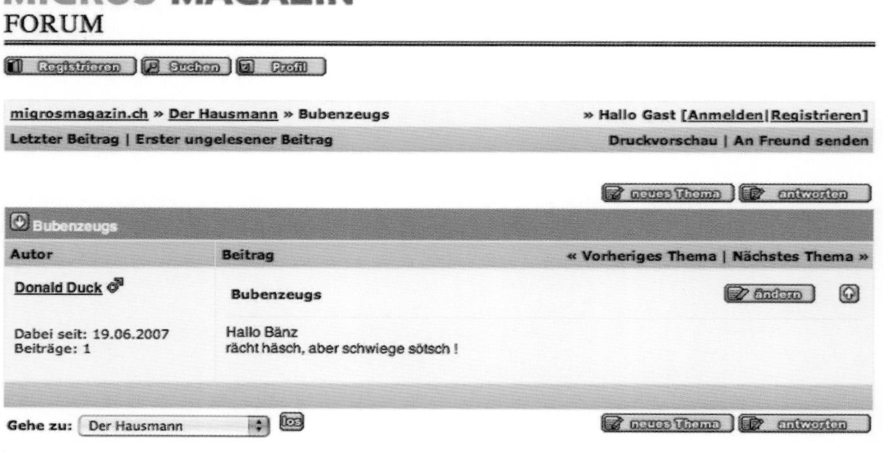
MIGROS MAGAZIN
FORUM
Registrieren
Suchen
Profil
migrosmagazin.ch » Der Hausmann » Bubenzeugs
» Hallo Gast [Anmelden|Registrieren]
Letzter Beitrag | Erster ungelesener Beitrag
Druckvorschau | An Freund senden
neues Thema
antworten
Bubenzeugs
Autor
Beitrag
« Vorheriges Thema | Nächstes Thema »
Donald Duck
Bubenzeugs
ändern
Dabei seit: 19.06.2007
Beiträge: 1
Hallo Bänz
rächt häsch, aber schwiege sötsch !
Gehe zu:
Der Hausmann
los
neues Thema
antworten
migrosmagazin.ch » Der Hausmann » Bubenzeugs

DAS LETZTE WORT_haben Sie!_www.migrosmagazin.ch